本书是教育部人文社会科学研究青年基金项目"荀子对郭店楚简的批判性继承研究"（18YJC720008）的研究成果

江淮学苑经典文库

汪先平　主编

郭店儒简与荀子
思想比较研究

李加武　/　著

社会科学文献出版社
SOCIAL SCIENCES ACADEMIC PRESS (CHINA)

江淮学苑经典文库编委会

目 录

引　言

一　研究缘起

1. 对郭店儒简的简要说明

1993 年冬，考古工作者在湖北省荆门市郭店 1 号楚墓发掘出一批竹简，共计 804 枚。经过整理，得到有字竹简 730 枚，其中大部分保存完整。根据竹简长度，这批竹简可以分为三类：第一类简长 32.5 厘米左右；第二类简长 26.4 厘米至 30.6 厘米；第三类简长 15 厘米至 17.5 厘米。根据竹简编线，可以分为两类：一类编线两道；另一类编线三道。根据简端形状，也可以分为两类：一类两端平齐；另一类两端修削成梯形。由于编线腐朽和数经盗扰，这批竹简在出土时业已散乱。整理者根据竹简形制、字体特点及内容对其进行了分篇和缀连，然而已无法完全恢复简册的原貌。1998 年 5 月，由彭浩、刘祖信先生缀连和注释，经裘锡圭先生审定并加按语的《郭店楚墓竹简》（以下简称"郭店楚简"）一书由文物出版社出版。

从内容上看，郭店楚简包含儒、道两类文献。其中，儒家文献包括《缁衣》《五行》《性自命出》《六德》《尊德义》《成之闻之》《唐虞之道》《忠信之道》《穷达以时》《鲁穆公问子思》《语丛》（一）（二）（三）（四）计 14 篇，道家文献包括《老子》（甲本）（乙本）（丙本）《太一生水》计 4 篇。由于本书的研究对象是其中的儒家文献（以下简称"郭店儒简"），故对道家文献略去不论。根据竹简长度、编线情况、简端形状和字体特点等外在形制，我们可以将郭店儒简分为七类（见表 1）。

郭店儒简公布以来即在海内外学界引起强烈反响，各种形式的学术研讨会陆续召开，较具代表性的有：①1999 年 10 月，由武汉大学中国文化研究院、美国哈佛燕京学社、国际儒学联合会、中国哲学史学会、湖北省哲学史学会联合举办的"郭店楚简国际学术研讨会"，会议成果集结为《郭店楚简国际学术研讨会论文集》出版；②2000 年 1 月，由陕西师范大学组织召开的"郭店楚简与历史文化座谈会"；③2003 年 12 月，在郭店楚简出土十周年之际，由荆门市人民政府主办、荆门市博物馆郭店楚简研究中心承办的"郭店楚简国际学术研讨会"召开，会后编辑出版了《古墓新知——纪念郭店楚简出土十周年论文专辑》。

表 1 郭店儒简的分类

篇名形制	竹简长度（厘米）	编线数	编线间距（厘米）	简端形状	文字特点	类型
《性自命出》	32.5	2	17.5	梯形	鸟虫书	1
《成之闻之》	32.5	2	17.5	梯形	鸟虫书	1
《尊德义》	32.5	2	17.5	梯形	鸟虫书	1
《六德》	32.5	2	17.5	梯形	鸟虫书	1
《缁衣》	32.5	2	12.8~13	梯形	楚国通行字体	2
《五行》	32.5	2	12.9~13	梯形	楚国通行字体	2
《鲁穆公问子思》	26.4	2	9.6	梯形	楚国通行字体	3
《穷达以时》	26.4	2	9.4~9.6	梯形	楚国通行字体	3
《忠信之道》	28.1~28.3	2	13.5	平齐	齐国文字	4
《唐虞之道》	28.2~28.3	2	14.3	平齐	齐国文字	4
《语丛（一）》	17.2~17.4	3	—	平齐	古文篆书	5
《语丛（二）》	15.1~15.2	3	—	平齐	古文篆书	6
《语丛（三）》	17.6~17.7	3	—	平齐	古文篆书	5
《语丛（四）》	15.1~15.2	2	6~6.1	平齐	楚国通行字体	7

荆门市博物馆的发掘报告认为，郭店儒简的下葬年代为公元前 4 世纪中期至公元前 3 世纪初。彭浩、刘祖信、李学勤、李伯谦等学者根据考古类型学的方法，将郭店儒简的下葬年代进一步推定到公元前 4 世纪末。[1] 庞朴先生认为，郭店儒简"入葬于公元前 300 年左右，成书年代自当更早，其为孟子以前作品无疑[2]。而公元前 4 世纪前后正是七十子之徒及其弟子活动

[1] 王永平：《郭店楚简研究综述》，载《社会科学战线》2014 年第 3 期。
[2] 庞朴：《竹帛〈五行〉篇校注及研究》，万卷楼图书有限公司，2000，引言。

的频繁时期，也是儒学分化演变的关键时期。《韩非子·显学》列举当时儒学的代表人物就有子张之儒、子思之儒、颜氏之儒、孟氏之儒、漆雕氏之儒、仲良氏之儒、孙氏之儒、乐正氏之儒等，此外，《荀子·非十二子》还提到子夏氏之儒和子游氏之儒。然而以前由于相关资料的短缺，导致人们对这一历史时期的社会状况，尤其是思想状况知之甚少。而郭店儒简的出土正好部分弥补了这一史学"茫昧"时期的"史文阙轶"现状，对于我们深入了解这一时期的思想状况，特别是儒学发展状况，具有重要的理论意义。

有鉴于此，一些学者也对郭店儒简的思想史价值给予了极高评价。例如，庞朴先生指出："这次郭店的楚简，虽说数量最少，若从学术史的角度来看，也许价值最高。因为，它填补了儒家学说史上的一段重大空白。"[①]萧萐父先生将郭店儒简的出土意义拟于孔壁得书、汲冢出书及甲骨文的发现，认为这"势必促成对先秦学脉、儒门多派、儒道关系、儒墨关系以及经学源流等重大问题的重新疏理和重新定位""进而有可能重新改写中国学术史、经学流变史以及楚国文化史等。"[②] 杜维明先生认为，郭店儒简的发现，使"我们对孔、孟之间先秦儒家资料的认识"[③] 产生质的飞跃，对于我们重新建立先秦儒家的思想传承谱系具有重要意义，同时，它也"证明原始儒道两家的和平共处以及先秦儒家天道性命思想资源的丰富深厚，这必将导致整个中国哲学史、中国学术史的重新改写"[④]。欧洲汉学家鲁道夫·瓦格纳（Rudolf G. Wagner）先生甚至认为，在世界考古史上能够与郭店儒简的出土相媲美的学术发现只有 20 世纪中叶在死海附近陆续发现的《圣经》古抄本。[⑤]

2. 对当前研究方向的一些思考

杜维明先生指出，"在学术研究中，研究者的希望与期待，有时候会直

① 庞朴：《古墓新知——漫读郭店楚简》，载姜广辉主编《中国哲学第二十辑——郭店楚简研究》，辽宁教育出版社，1999，第 8 页。
② 萧萐父：《郭店楚简的价值和意义》，载《郭店楚简国际学术研讨会论文集》，武汉大学中国文化研究院编，湖北人民出版社，2000，第 16 页。
③ 杜维明：《郭店楚简与先秦儒道思想的重新定位》，载《中国哲学第二十辑——郭店楚简研究》，第 5 页。
④ 杜维明：《郭店楚简的人文精神》，载《郭店楚简国际学术研讨会论文集》，第 24 页。
⑤ 转自冯国超《郭店楚墓竹简研究述评［上］》，载《哲学研究》2001 年第 3 期。

接地影响到对文献的解释。在郭店楚简的研究中，这种'期待'应该就是期待发现《子思子》，也就是期待孔孟之间儒家材料的出现"①，这在一定意义上道出了20多年来郭店儒简的主流研究方向。白儒简出土以来，不少学者便将其纳入思孟学派的研究范围，在国内掀起了一股发现与研究思孟学派，尤其是子思学派的思想热潮。当然，这有着深厚的思想史根源。

我们知道，虽然《汉书·艺文志》提到"《子思》二十三篇"，《隋书·经籍志》《旧唐书·经籍志》《唐书·艺文志》《宋史·艺文志》也有"《子思子》七卷"的记载，但是"《子思》二十三篇"自汉代以后就不见著录，七卷本到清代也已经亡佚。现在能见到的版本都是后来的辑佚本，主要有南宋汪晫的《子思子》内外篇和清代黄以周的《子思子》七卷两种。这些本子虽然具有很高的参考价值，但毕竟不是原始的资料，因此对于我们了解子思学派的思想原貌也就缺乏足够的文献支撑度和理论说服力。如此一来，可资借鉴的材料只剩下今本《礼记》中的四篇文献了。《隋书·音乐志》引南朝沈约答梁武帝之语曰："《中庸》《表记》《坊记》《缁衣》，皆取《子思子》。"② 而且这四篇文献顺序相连、体裁相似，在风格上"与《礼记》其他各篇明显不同"③，研究者根据《意林》《太平御览》所引《子思子》之语均能从这四篇文献中找到依据的情况，判断它们属于子思学派文献。然而，这四篇文献中的大部分内容（包括《表记》《坊记》《缁衣》的全部以及《中庸》的一部分）均为子思绍述孔子之言，所表达的思想都属于儒门通义。因此，我们也就很难借之以了解子思学派的思想特质。从这个意义上来说，郭店儒简的出土正好有效缓和了这一"文献不足征"的理论现状，如果它们确实属于子思学派文献的话。

郭店儒简内含《缁衣》《五行》《鲁穆公问子思》三篇。其中，《缁衣》见诸今本《礼记》，《五行》似乎也从侧面印证了荀子在《非十二子》篇对子思和孟子的批判，而《鲁穆公问子思》则是先秦子书流行的问答语录。根据"二重证据法"，我们可以将这三篇文献纳入子思学派。对此，学界也

---

① 杜维明：《郭店楚简与先秦儒道思想的重新定位》，载姜广辉主编《中国哲学第二十辑——郭店楚简研究》，辽宁教育出版社，1999，第26页。
② 《隋书》（第二册），中华书局，1973，第288页。
③ 杨儒宾：《子思学派试探》，http：//wenku.baidu.com/view/a402f5868762caaedd33d48e.html，2010年8月29日。

较少异议。然而很快，越来越多的出土儒书被划归子思学派，甚至直接被认为是散佚已久的《子思子》原文。如李学勤先生将《性自命出》《成之闻之》《尊德义》《六德》《缁衣》《五行》六篇归诸子思一系；周凤五先生根据竹简形制，将《性自命出》《成之闻之》《尊德义》《六德》《缁衣》《五行》《鲁穆公问子思》《穷达以时》《语丛》（一）（二）（三）（四）计12篇划归子思学派；李景林先生则认为，除《语丛》外，郭店儒简其余诸篇均应为子思一系作品。

虽然不少研究者都肯定郭店儒简大体上属于子思学派，但在具体判定哪些篇章属于子思学派作品时，却互有出入，甚至相互冲突（见表2）。这一现象本身就表明他们提出的子思学派认定标准尚有斟酌之余地，这表现在：第一，一些标准往往具有模糊性，如"通过子思的思想性格""以《荀子·非十二子》之语为参照"之类；第二，不同研究者提出的认定标准存在相互参差、甚至相互抵牾的现象。如关于子思的人性论是否属于"性善"论的问题，庞朴和杨儒宾先生的观点就完全相反；又如能否通过荀子在《非十二子》篇对子思、孟子的批评之语判定郭店儒简《五行》属于子思一系的作品，姜广辉和郑吉雄先生的意见也完全相左。上述现象无疑都向我们表明，目前学界在对子思学派思想特质的认识上并未达成一致。

表 2　部分学者对郭店儒简学派归属的看法

（阴影部分表示相关学者认定此篇为子思学派文献）

学者＼篇名	性自命出	成之闻之	尊德义	六德	缁衣	五行	鲁穆公问子思	穷达以时	忠信之道	唐虞之道	语丛（一）（二）（三）	语丛（四）
周凤五	■	■	■	■	■	■	■	■			■	■
李学勤	■	■	■	■	■	■						
姜广辉	■	■		■	■	■	■	■				
郭沂	■	■	■	■	■	■	■	■				
杨儒宾	■	■	■	■	■	■						
李景林	■	■	■	■	■	■	■	■	■	■		
王葆玹	■	■	■	■	■	■		■				
陈来	■	■	■	■	■	■						

续表

学者\篇名	性自命出	成之闻之	尊德义	六德	缁衣	五行	鲁穆公问子思	穷达以时	忠信之道	唐虞之道	语丛（一）（二）（三）	语丛（四）
廖名春												
梁涛												
顾史考												
詹群慧												

毋庸置疑，明确一篇文献的学派归属确实有助于我们深入解读它的思想，但是考虑到在郭店儒简各篇文献的学派归属问题上学界尚未达成一致，以及这些意见往往还停留在猜测和假设的阶段，"究竟有多少价值，值得怀疑。甚至还会对正确应用郭店简研究思想史产生负面影响。"① 因此不是把郭店儒简"作为某一学派的资料，而是把它视作孔子、七十子及其后学的部分言论与论文的汇编、集合，亦即某一时段（孔子与孟子之间）的思想史料来处理"② 的方法和态度，就显得更加科学和合理。这样不但可以避免因既定的学派归属意见影响实际的研究进程和结果，还可以为我们营造出更加广阔、自由和轻松的研究氛围，促使我们在深入挖掘郭店儒简的丰富思想以及它与前后期儒学复杂关联的道路上走得更远。而本书的研究对象，即是在这样的理论前提下选定的。

3. 选题的原因及意义

其实，关注并研究郭店儒简与荀子的思想关系问题，学界向来不乏其人。在郭店儒简公布之初，杜维明先生就指出："既然这批包括子思学派在内的原始资料早在孟子之前，当然也即是荀卿学派的源头，能找到不少与荀学一脉相承的痕迹，也就是合情合理的。"③ 梁涛先生认为："竹简的内容不仅与以后的孟子存在联系，对以后的荀子也产生影响，这说明子思以后儒学的分化实际是双向的，而不是单向的，将郭店简定位为'孔子与孟荀

---

① 王永平：《郭店楚简研究综述》，载《社会科学战线》2014 年第 3 期。

② 郭齐勇：《郭店儒家简与孟子心性论》，载《武汉大学学报》（哲学社会科学版）1999 年第 5 期。

③ 杜维明：《郭店楚简的人文精神》，载《郭店楚简国际学术研讨会论文集》，武汉大学中国文化研究院编，湖北人民出版社，2000，第 23 页。

之间'可能更合适。"① 顾史考先生也认为："《郭店楚简》儒家逸书，对孔孟之间人性论的形成，及此后荀子等流派的思想由来，皆给我们提供极其珍贵的讯息。如《性自命出》之言道之始于情而终于义，《尊德义》之以礼乐为率民之道，《成之》之论求己以用民，均与大约同时及稍后的《孟》、《荀》与《礼记》诸篇战国间儒书，大有相互辉映之处。"② 以上三位学者的观点有其相同之处，即他们都是在承认郭店儒简与孟子存在思想关联的基础上，同时肯定它与荀子的思想关系，也就是将郭店儒简作为孟子和荀子的共同思想源头看待。与此相较，一些学者则更加重视郭店儒简与荀子的理论联系，而否认它与孟子的思想关系。如李泽厚先生指出，在这批竹简中，"虽有《缁衣》《五行》《鲁穆公问子思》诸篇，却并未显出所谓'思孟学派'的特色（究竟何谓'思孟学派'，其特色为何，并不清楚）。相反，竹简明确认为'仁内义外'，与告子同，与孟子反。因之断定竹简属'思孟学派'，似嫌匆忙，未必准确。相反，竹简给我的总体印象，毋宁更接近《礼记》及荀子。《礼记》是一杂凑合集，其中荀学份量不轻"③。陈鼓应先生也认为，郭店儒简中并未见孟子的性善说，却多处出现义外说，众多儒简与孟子的心性说对立，不属于所谓的思孟学派甚明。④

　　虽然学界从很早就意识到郭店儒简与荀子的思想关系，但是将这一认识付诸行动的具体研究却不甚丰富。目前，这一领域的研究成果主要以学术论文的形式出现，还缺乏全面性和系统性的研究论著。而且，这本来就为数不多的研究成果又呈现出以下六个特点。

　　第一，多聚焦于郭店儒简中的少数几篇文献，而忽略了对其余诸篇的关注。在这方面的代表性成果有：①颜炳罡（2009）、吕学远（2009）、谢君直（2012）分别指出了《性自命出》与荀子在性情哲学、心性论、心术观方面的关系；②丁淳薇（2012）、谢科峰（2013）分别介绍了《穷达以

---

① 梁涛：《我的十年思孟学派研究》，http：//yishujia.findart.com.cn/244082-blog.html，2009年12月11日。
② 顾史考：《郭店楚简〈成〉等篇杂志》，载《清华大学学报》（哲学社会科学版）2006年第1期。
③ 李泽厚：《初读郭店竹简印象纪要》，载陈鼓应主编《道家文化研究第十七辑》，三联书店，1999，第420~421页。
④ 陈鼓应：《〈太一生水〉与〈性自命出〉发微》，载陈鼓应主编《道家文化研究第十七辑》，第404页。

时》与荀子在天人观、文本学上的联系；③常森（2013）则分析了《五行》与荀子的思想传承关系。可见，在郭店儒简与荀子的关系研究中，受研究者较多关注的是《性自命出》《穷达以时》《五行》数篇。第二，多停留在单个主题的对比分析上，还缺乏综合性、系统性的比较研究。目前，学术界的研究重心主要集中在天论及天人观［李英华（2001），曾振宇（2008）］、心性论［孙伟（2014）］、政治思想［白奚（2017），雷米·马修（2019）］、道德修养论［陈光连（2010）］或义外说［刘丰（2001）］中的某一个主题上，而忽略了对其他主题的关注。第三，多停留在对郭店儒简与《荀子》某一篇文献的关系研究上，而缺乏全面性的对比分析。在这一方面，受研究者较多关注的是《不苟》《宥坐》《乐论》《哀公》数篇［姚春鹏等（2011），吴劲雄（2015）］。第四，多停留在表层的文本对读上，而很少关注出现这些相同或相似表述的理论根源，更没有在体系建构的视野下探寻作者的深层动机。第五，多停留在对一些相同或相似概念的直接比附上，而很少考虑到这些概念所指涉的实际内容可能完全不同。例如，在研究之初，不少学者对《穷达以时》与《荀子》的关系表现出浓厚兴趣，一个重要原因即在于两者都提出了"天人有分"的观念，但他们却忽略了这一相同概念所表达的不同内容。第六，多聚焦于郭店儒简与荀子在思想上的"异"中之"同"，而很少关注它们的"同"中之"异"，以及为什么会出现这些相同点或不同点？荀子"立异"或"求同"的理论出发点是什么？出于对上述情况的回应，本书将郭店儒简与荀子的思想关系作为研究对象，但这并不代表笔者认为郭店儒简属于所谓的"孙氏之儒"或"弓荀学派"，因为在目前"文献不足征"的情况下，耗费过多精力于学派归属的探究上，往往只能取得事倍功半的效果。

而从荀子的一面来看，生当战国之季的他正好赶上"亡国乱君相属，不遂大道而营于巫祝，信机祥，鄙儒小拘，如庄周等又猾稽乱俗"① 的混乱世道。为了回应社会剧变所带来的一系列现实问题，为了应对来自儒家外部的挑战并为儒家争取更多的话语权，也为了应对来自儒家内部的挑战从而确

① （汉）司马迁撰，（南朝）裴骃集解，（唐）司马贞索隐，（唐）张守节正义《史记》（第七册），中华书局，1959，第2348页。

立自己的正统地位，他不仅批判地继承了此前的儒家文化传统，还广泛吸收了儒家以外各派思想的优秀因子，这也成就了他作为儒家文化集大成者，乃至诸子思想集大成者的名声和美誉。既然郭店儒简是孔子、七十子及其后学的部分言论和论文汇编，那么它也应当在荀子的批判与继承之列。

4. 对《荀子》的简要说明

在对郭店儒简已经有所了解的基础上，我们也应该对比较研究的另一方，即荀子思想做一个简要介绍。考虑到《荀子》一书是今日我们了解荀子思想的主要渠道，因此我们有必要对今本《荀子》以及它与荀子的关系做一个扼要说明。

今本《荀子》共三十二篇，其成书过程历经以下两起标志性事件。第一，刘向的校雠。刘向在《孙卿书录》中说："所校雠中孙卿书凡三百二十二篇。以相校，除复重二百九十篇，定著三十二篇，皆以定杀青"①。即刘向在中秘校书阶段，对此前流传的《孙卿书》各个不同版本，或单篇或丛编，进行校对，删除重复，得到三十二篇，别为编次，著为定本，名为《孙卿新书》，以与他之前的版本加以区别。第二，杨倞的校注。杨倞《荀子序》说，在他生活的唐宪宗元和年间（公元806年至820年），《孙卿新书》已"编简烂脱，传写谬误，虽好事者时亦览之，至于文义不通，屡掩卷焉。"② 为了解决这一问题，一方面，他给当时人们已经难以读懂的部分加上注解；另一方面，他根据不同篇章的思想关联重新编排文本顺序，从而形成今本《荀子》的篇次。在此基础上，他将原来称为《孙卿新书》的本子重新命名为《荀子》。经过刘向和杨倞两人的先后努力，今本《荀子》的篇次和内容基本成形。

最早论及《荀子》各篇性质的也是杨倞。他在《大略》篇题解中说："此篇盖弟子杂录荀卿之语，皆略举其要，不可以一事名篇，故总谓之《大略》也。"③ 在《宥坐》篇题解中他又指出："此以下皆荀卿及弟子所引记传杂事，故总推之于末。"④ 可见，他将《荀子》各篇的性质分为三类：第一类是荀子自著，包括《大略》篇以前的二十六篇；第二类是弟子所记荀

① （清）严可均辑《全上古三代秦汉三国六朝文》，中华书局，1958，第332页。
② 王先谦：《荀子集解》，中华书局，2013，第63~64页。
③ 王先谦：《荀子集解》，第573页。
④ 王先谦：《荀子集解》，第614页。

子之语，即《大略》篇；第三类是荀子及其弟子整理之资料，包括《宥坐》《子道》《法行》《哀公》《尧问》五篇。

此后，对这一问题有较深入探讨的是梁启超先生。他在《〈荀子书〉之著作及其编次》一文中指出："是以《荀子书》为荀卿所手著也。今案读全书，其中大部分固可推定为卿自著。然如《儒效篇》，《议兵篇》，《强国篇》，皆称'孙卿子'，似出门弟子记录。内中如《尧问篇》末一段，纯属批评荀子之语，其为他人所述尤为显然。又《大略》以下六篇，杨倞已指为荀卿弟子所记卿语及杂录传记，然则非全书悉出卿手盖甚明。"① 这是在杨倞分类的基础上做出以下三点改动：第一，在"三分"的基础上增加了第四类，即"后人附益之作"，并将《尧问》篇纳入其中；第二，将《儒效》《议兵》《强国》三篇由第一类调整为第二类；第三，将《大略》篇由第二类调整为第三类。

对于梁启超先生所做的三点改动，廖名春先生只接受了第二点。但他同时将《仲尼》篇纳入第二类，即视为门弟子对荀子言行的记录，而非荀子自著，这与郭沫若先生的观点一致。郭沫若在《荀子的批判》一文中指出，"《荀子》书中又每每言术，如《仲尼篇》的'持宠处位终身不厌之术'，'求善处大重，理任大事，擅宠于万乘之国必无后患之术'，'天下之行术'（行者通也）……读起来有些实在太卑鄙，太乡愿了，特别像'持宠处位终身不厌之术'，实在有点不大像荀子所说的话。"② 而且，这也与《臣道》篇反对"偷合苟容，以持禄养交而已"的思想相互矛盾。同时，《荀子》全书反复强调"礼"，而《仲尼》篇却没有一个"礼"字，这在向来被认为是荀子手笔的二十六篇中是唯一的例外。以上两点共同表明，《仲尼》篇并非荀子自著，或为门弟子所记。

不过对于郭氏此说，商聚德先生在《〈荀子·仲尼〉篇作者问题辨析》一文中已驳之其力，他指出：第一，"持宠处位终身不厌之术"这个提法的确带有过分为自身谋划的意味，但它所讲的具体内容却丝毫没有苟合取容、诌媚取宠、曲意逢迎之类的意思。因此，它与那种"不恤君之荣辱，不恤国之臧否，偷合苟容，以持禄养交而已"的"国贼"行径显然大相径庭，

① 梁启超：《要籍解题及其读法》，岳麓书社，2010，第41页。
② 郭沫若：《十批判书》，东方出版社，1996，第255页。

在这一点上，《仲尼》与《臣道》两篇思想毫无二致。第二，虽然《仲尼》篇没有出现一个"礼"字，但这只不过是字面上的问题。就内容而言，其上半部分讲王霸之辨，认为霸不如王；下半部分讲事君之"术"，这与荀子的"礼"论完全相合，为荀子亲手所著自当无疑。①

笔者认为，从思想内容上看，将《仲尼》篇纳入荀子自著之列并无多大问题。与此相对，一个容易受到忽视但更为复杂的问题关乎《成相》篇的性质。《汉书·艺文志·诸子略》提到"《孙卿子》三十三篇"，而同书《诗赋略》又记有"《孙卿赋》十篇"和"《成相杂辞赋》十一篇"。然而，今本《荀子》已经包含《赋》《成相》两篇在内了。如果去掉这两篇，则只剩下三十篇，当然也就不合上文提到的"刘向本三十二篇"之数了。应当如何看待这一问题呢？梁启超先生指出，这可能是由今本《荀子》篇目非复刘向本之旧造成的。刘向旧本当是在除今本《成相》《赋》两篇之外，别有三十二篇。那么相对于刘向本，今本《荀子》缺失的两篇为何呢？他分析说：

> 本书《大略篇》首"大略君人者隆礼尊贤而王……"，"大略"二字与下文不相属，明是标题。（杨倞注已言之）而《儒效篇》篇末一段云："人论志不免于曲私……"，"人论"二字不与下连，《王制篇》篇中一段云："序官宰爵知宾客……"，"序官"二字与下不连。体例正如《大略篇》。是"《人论》""《序官》"本为两篇名，略可推见。（王念孙谓"论当读为伦"，未免求之太深，"人论"为一篇名，正如书中《天论》《礼论》《乐论》诸篇耳。）……信如是也，则《仲尼篇》第七之下，宜次以《儒效篇》第八，《人论篇》第九，《王制篇》第十，《序官篇》第十一，其《富国》《王霸》至《尧问》《君子》诸篇以次从第十二递推至三十二。②

王先谦在《王制》篇"序官"一节也指出：

① 商聚德：《〈荀子·仲尼〉篇作者问题辨析》，载《河北大学学报》（哲学社会科学版）1984年第3期。
② 梁启超：《要籍解题及其读法》，岳麓书社，2010，第43~44页。

《乐论》篇云:"其在序官也,曰修宪命,审诛赏,禁淫声,以时顺修,使夷俗邪音不敢乱雅,太师之事也。"则"序官"是篇名。[①]

如果刘向本包含《人论》《序官》,而不包含《成相》《赋》,那么《汉书·艺文志·诸子略》所录"《孙卿子》三十三篇"就当是在刘向旧本的基础上,又囊括《孙卿赋》十篇于内。这种既将《孙卿赋》十篇编进《孙卿子》丛编之中,又将其单独列出,放在"赋"之行列的做法,亦屡见于《汉书·艺文志》所录的其他著作当中。如顾实先生就指出:"《记》百三十一篇,内有《尔雅》、《孔子三朝记》、《明堂阴阳》,而又别出《明堂阴阳》三十三篇、《孔子三朝记》七篇、《尔雅》三卷二十篇,则为重篇;至《弟子职》一篇,亦即《诸子略·管子》书中之重篇。"[②] 如果是这样的话,那么今本《赋》篇当为《孙卿赋》十篇中的内容,且为荀子自著。

至于今本《成相》篇,当为后人仿照《汉书·艺文志》"成相杂辞赋"体例所作,后不知出于何因而误入今本《荀子》。它与荀子本人的思想明显不类,并且呈现出杂驳的特点,如荀子猛烈抨击"禅让"说,而《成相》篇却高度颂扬之;荀子激烈批判墨子"兼爱"说,而《成相》篇却积极称许之。明代学者胡应麟对此亦有论及,他在《诗薮·外编卷一·周汉》中说:"荀卿有赋十篇,今传仅半。成相杂辞十一篇,亦不止今所传也。"[③] 即他只承认《赋》篇为荀子所作,而不承认《成相》篇,并将后者纳入《汉书·艺文志》"成相杂辞赋"的行列。

在综合考虑诸家见解的基础上,笔者将今本《荀子》各篇的性质分为以下四类:第一类是荀子自著,包括《劝学》《修身》《不苟》《荣辱》《非相》《非十二子》《仲尼》《王制》《富国》《王霸》《君道》《臣道》《致士》《天论》《正论》《礼论》《乐论》《解蔽》《正名》《性恶》《君子》《赋》凡二十二篇;第二类是弟子所记荀子的言行,包括《儒效》《议兵》《强国》《大略》共四篇;第三类是荀子及弟子整理之资料,包括《宥坐》《子道》《法行》《哀公》《尧问》共五篇;第四类是他人作品之窜入,与荀

---

① 王先谦:《荀子集解》,中华书局,2013,第 196 页。
② (汉)班固编撰,顾实讲疏《汉书艺文志讲疏》,上海古籍出版社,2009,第 3 页。
③ (明)胡应麟:《诗薮》,中华书局,1958,第 122 页。

子本人思想明显不类，包括《成相》一篇。其中，第一类和第二类是我们研究荀子思想的主要依据。

二 研究综述

近些年来，大量与荀子所处时代接近的简帛文献的出土，使得人们对荀学的认识程度进一步加深，这也为荀学发展带来了新的契机。针对传统观点认为郭店儒简属于思孟学派，是"孔子—子思—孟子"传承谱系中的一环，一些学者试图指出"孔子—郭店儒简—荀子"这一常被人忽视的传承路线。他们利用比较研究的方法，得出荀子在概念表达、文体形式以及思想观念等方面都不同程度受到郭店儒简影响的结论，甚至指出，郭店儒简对于荀子的影响已经深入到后者的体系建构层面，因此远远超过了其前辈孟子。荀子以"生"言"性"的人性质朴论、"明于天人之分"的天人观、立足于"人道"的道论、以"情"论"乐"的诗乐发生论，以及"美情""生德"的诗乐功用论，都可以从这批儒简中找到根据［刘延福（2013），刘光胜（2009），陈英立（2009）］。另外一些学者则在肯定郭店儒简部分作品属于思孟一系的前提下，强调它对人们重新定位荀子与思孟，尤其是与子思之间思想关系的重要意义。如刘光胜（2009）认为，以往由于我们过于关注荀子在《非十二子》等篇章中对思孟的批判，而片面夸大了荀子与思孟在思想上的差异与对立，却忽视了他们之间可能存在的思想传承关系，这实际上是对早期儒家学派内部关系的重大误读。

具体来说，在天论及天人观层面，研究者已经注意到：第一，荀子"明于天人之分"的观念明显受到《穷达以时》"天人有分"说的影响。虽然说荀子不是这一思想的开创者，但是他仍然能做到不落窠臼、有所创新。这表现在，《穷达以时》借由阐发"天人有分"的观念来安慰怀才不遇的君子，并试图对孔子失意的人生做出解释；而荀子则借此说明社会长治久安的道理，终归于人类的作为［丁淳薇（2012），李英华（2001）］。第二，《荀子·宥坐》篇部分保存了《穷达以时》的思想，前者提出的"遇不遇，时也"与后者提出的"遇不遇，天也"含义相同，都是强调"时""命"等无法预料的外在因素对个人发展的影响［曾振宇（2008），李英华（2001）］。第三，《荀子·荣辱》篇"夫天生蒸民，有所以取之"与《语丛一》"天生百物，人为贵"类似，都是强调"天"作为"生之本始"的意义［曾振宇（2008）］。第四，《荀子·不苟》篇"变化代兴，谓之天德"与《成之闻之》"天降大常，以理人伦"的说法相同，其所论之"天"都是"德化之天"或"义理之天"［曾振宇（2008）］。

在心性论层面，研究者已经注意到荀子与《性自命出》的思想渊源关系，这表现在：第一，荀子与《性自命出》相同，都是持"生之所以然者谓之性"的观点，这样的"性"本身无所谓善恶，也就是荀子所说的"本始材朴"之义［陈光连（2010），颜炳罡（2009）］。第二，由于"性"中并不包含仁义道德，所以荀子与《性自命出》都十分重视后天礼乐教化的作用，而且荀子"礼义养情"的想法与《性自命出》"因情设教"的思维径路基本一致［陈光连（2010），颜炳罡（2009），雷米·马修（2019）］。第三，《性自命出》之"心"的认知义与荀子"心以知道"的认知心能够相互兼容［吕学远（2009）］。第四，荀子与《性自命出》都十分强调"性"与"心"的区别，认为"性"代表本源性的情感和欲望，而"心"则是能自觉进行价值选择的主体，心中之"志"通过外在"学"与"教"的方式获得道德知识，从而具有了指导"性"中"情"和"欲"的力量［孙伟（2014）］。

在政治思想层面，研究者注意到，过去许多被认为是属于荀子的政治思想均可以从郭店儒简中找到根据，这表现在：第一，战国末期充斥于政治关系中的虚伪和背叛使荀子非常重视"忠信"的政治立场，他从《忠信之道》《鲁穆公问子思》《六德》中吸收了这方面的思想，指出对臣子教育的核心是教育他们对自己的君主忠诚［雷米·马修（2019）］。第二，荀子的教育思想并非只针对个人，而是指向整个社会。他把教育视为政治道德的基础，认为教育是协助君主稳固政权和提高人民道德水准的政治及道德工具。在这方面，他明显受到《性自命出》《成之闻之》《尊德义》《缁衣》的影响［雷米·马修（2019）］。第三，荀子礼法互补的治国理论的提出和成熟，受到郭店儒简的深刻影响，是儒家学派自身理论发展和与时俱进的结果［白奚（2017）］。

在文体形式方面，研究者注意到郭店儒简对于《荀子》文本研究的借鉴和启示意义，这表现在：第一，《鲁穆公问子思》是先秦诸子问答式文体的一个重要发展环节，荀子自觉继承了这一文体形式，并集中体现在《哀公》篇记载的一段发生在鲁定公与颜渊之间的对话中［吴劲雄（2015）］。

第二，《穷达以时》与《荀子·宥坐》《孔子家语·在厄》《韩诗外传·卷七》《说苑·杂言》等传世文献都有关于"孔子困于陈蔡"这一事件的记载，通过文本对读人们不难发现，《宥坐》篇"由是观之，不遇世者众矣"一句系衍文，而且篇尾一段存在错简的可能性〔谢科峰（2013）〕。

在概念表达方面，研究者注意到在《荀子》与郭店儒简之间存在诸多相同或相似的表达方式，这表现在：第一，《荀子·不苟》篇的"慎独"概念，见于《五行》文本，却不见于《论语》和《孟子》。第二，荀子更愿使用"修身"这一见于《性自命出》《六德》诸篇作品中的表达方式，而不用《论语》中"修己"的表达方式〔雷米·马修（2019）〕。第三，"仁内义外"的概念为《六德》《尊德义》所习用，却为孟子所反对，荀子面对战国末期的社会现实，又强调礼义的外在规范性，回到了郭店儒简"仁内义外"的思路上〔刘丰（2001）〕。

另外，一些研究者有感于学术界过于关注郭店儒简《五行》与荀子在思想上的"同"中之"异"，而忽略了它们的"异"中之"同"，强调应该更多关注后一方面。如常森（2013）指出，只要我们认识到批判对手往往是从对手那里汲取智慧的途径，我们就能不被表面的现象所迷惑，也就能充分意识到，无论是在论事说理的方式上，还是在思想体系的建构上，荀子都有他继承《五行》思想的潜在之实。荀子学说大致包含修身和治民两个方向，他侧重于从前一方向接受了《五行》学说的深刻影响，但明显朝着后一方向发展。

三　研究方法

1. 比较研究法

不同于西方哲学重思辨、重知识论的特点，传统中国哲学则呈现出鲜明的实践色彩。它不但以实践作为自己的具体内容和价值取向，而且以实践作为自己的现实存在形态。在传统中国哲学中，实践的含义要比我们一般所理解的实践内涵宽泛得多，它不但包括人的物质活动，还包括人的精神活动。而在先秦儒家哲学中，实践又呈现出两种面向，即内在的修身面向和外在的治国面向。这两种面向是内在相通的，前者构成后者的基础，这也就是《大学》所反复倡言的修身、齐家、治国、平天下。具体而言，内在的修身面向主要体现在心性层面，外在的治国面向则体现在政治领域。

而且先秦儒家的实践哲学并不仅仅是在"人"这一单向的维度中展开的，相反，它是在天人关系这一双向的维度中展开的。因此，天人观也就构成个人实践的宏观背景。这也是本书拟从天人观、心性论和政治思想三个方面出发分析郭店儒简与荀子的思想关系之缘由。

既然将郭店儒简与荀子的思想关系作为研究对象，那么比较研究的方法便成为本书采用的主要方法。但比较的对象不会限定在郭店儒简与《荀子》中的少数几篇，也不会限定在个别主题上，而是发生在儒简与《荀子》的整体范围内，发生在思想的各个层面，因而可以说是一种全面、系统的比较研究。另外，本书并不满足于指出郭店儒简与荀子在哪些方面具有相同或相似点，在哪些方面具有差异性，亦即荀子在哪些方面继承并发展了郭店儒简的观点，在哪些方面又提出批判，而是期望在此基础上发现荀子的理论出发点。为此，本书引入了"基源问题研究法"。

2. 基源问题研究法

所谓"基源问题研究法""是以逻辑意义的理论还原为始点，而以史学考证工作为助力，以统摄个别哲学活动于一定设准之下为归宿"① 的研究方法。这一方法虽然是劳思光先生为研究中国哲学史所"定制"，但仍不失为研究个别思想体系的"通法"。劳先生指出："一切个人或学派的思想理论，根本上必是对某一问题的答复或解答。我们如果找到了这个问题，我们即可以掌握这一部分理论的总脉络。……就可以将所关的理论重新作一个展示"② 。而这个问题就是"基源问题"。具体到荀子哲学，如果我们能抓住这个基源问题，就能全面把握荀子的理论体系，就能认识到他对"许多次级问题"的态度与回答，也就能明白荀子批判地继承儒简思想的理论出发点。同时，本书的具体内容也会因这一基源问题的统摄而获得逻辑性和连贯性，而这一方法的实际应用将在本书"结语"部分的写作中有所体现。

---

① 劳思光：《新编中国哲学史》（卷一），广西师范大学出版社，2005，第10页。
② 劳思光：《新编中国哲学史》（卷一），第10~11页。

第一章 郭店儒简与荀子天人观比较

郭店儒简的天论及天人关系思想集中体现在《五行》《穷达以时》《成之闻之》三篇文献中，而且它们分别代表了一种不同类型的天论及天人关系形态。因此，要想全面分析和把握郭店儒简与荀子在这一主题上的关系问题，就应该从这三篇文献入手。

第一节 郭店儒简《五行》的天人观

一 郭店儒简以前"天"的意义演变历程

"天"字最早出现在殷代卜辞中，其甲骨文字形"或象人正立之形而特大其顶，或在人正立之形上加短画以标明头顶所在之处"[①]，本义是指人的头颠顶。在此基础上，又引申出高、上、广大之义，如"天邑商"即"大邑商"。此外，它还可以指地名、方国名或族名。"由此可见，'天'字在殷人的头脑里压根儿就没有至上神的观念"[②]。然而到了西周时期，"天"逐渐取代作为殷商时期至上神的"上帝"观念，成为新的至上神。在周人那里，"天"作为其崇拜对象，也经历了一个意义演变及成形的过程，即：首先，"天"由其本义即人的头颠顶引申为指头顶上的苍穹之天；其次，由与地相对之天引申为指那居于浩浩苍天之上的神灵。对于周人来说，作为至上神的"天"具有无上权威，它不仅是自然界的主宰，也是人类社会的主宰。它向天下万国颁授礼法，降命有德之人而讨伐有罪君王，倾听、关注下民

---

① 张桂光：《殷周"帝""天"观念考索》，载《华南师范大学学报》（社会科学版）1984年第2期。

② 同上。

疾苦，并根据民意来降佑或降灾。① 这里的"天"毋宁说是一个具有人格或神格的至高无上的主宰者。先秦时期的文献，如《诗》《书》《左传》《国语》，言"天"之处甚多，亦多是此义。②

冯友兰先生将传统文化中的"天"字析为五义：一是物质之天，指与地相对之天；二是主宰之天，指有人格的天或帝；三是命运之天，指人生中所无可奈何者；四是自然之天，指自然的运行及其规律；五是义理之天，指宇宙的最高原理。③ 那么西周时期的"天"，包括《诗》《书》《左传》《国语》等先秦文献中的"天"，"除指物质之天外，似皆指主宰之天"④。同时，西周人言"天"和"天命"总是与宏观的历史发展及社会变革相联系，而很少与个人的命运发生关联，这是因为，"回归殷周历史，'天命'之说，本属于周民族殪殷兴周以后，提出之革命理论。"⑤ 这一说法也得到反映西周时期社会历史状况之传世文献的充分印证，如《尚书·泰誓上》说："商罪贯盈，天命诛之。"《武成》说："我文考文王，克成厥勋，诞膺天命，以抚方夏。"《大诰》说："洪惟我幼冲人……矧曰其有能格知天命"等等，都是将"天"和"天命"看作社会历史变革的最终原因。

逮至孔子，"天"的内涵和外延都得到极大拓展。孔子继承三代言"天"的一贯之义，首先，他将"天"看作有意志的主宰之天。《论语·八佾》记载："王孙贾问曰：'与其媚于奥，宁媚于灶，何谓也？'子曰：'不然；获罪于天，无所祷也。'"这个"天"是指具有降灾和降佑能力的人格神。其次，他还将"天"看成一种人因力不能及而对其无可奈何的命运之天，《论语·颜渊》云："死生有命，富贵在天。"说的就是这个意义上的"天"。再次，孔子说的"天"有时也指自然的运行及其规律，即自然之天，如《论语·阳货》记载："子曰：'天何言哉？四时行焉，百物生焉，天何言哉？'"最为重要的一点是，孔子已经将"天"和"天命"的观念"由解释悠远宏大的朝代命运，转向说明切近己身的德性根源。"⑥ 其言"天生

① 白欲晓：《旧邦新命：周人的"上帝"与"天"之信仰》，载《宗教学研究》2011年第4期。
② 冯友兰：《中国哲学史（上册）》，华东师范大学出版社，2000，第34页。
③ 同上书，第35页。
④ 同上。
⑤ 郑吉雄：《试论子思遗说》，载《文史哲》2013年第2期。
⑥ 同上。

德于予"即是将个体的德性根源溯诸上天，从而开启后世儒家以德性、义理言"天"的肇端，这也是孔子对殷周以来"天命"说的最大革新之处。

作为孔子之后、孟子以前的一篇儒家文献，郭店儒简《五行》（以下简称《五行》）继承并发展了孔子的"天"论，最明显的表现是它将在孔子那里还处于理论萌芽状态的"德性之天"加以进一步引申和发展，形成了具有自身特色的天论及天人关系学说。

二　"德"作为天人合一的基础

《五行》简29-30说："'文王在上，于昭于天'，此之谓也。"《五行》简48-49说："'上帝临汝，毋贰尔心'，此之谓也。天施诸其人，天也。其人施诸人，狎也。"对此，池田知久先生指出，如果我们只是着眼于其外在表现，那么以上两处引文中的"天"就是指"监临"着"在下"的人，并在其内部生成"仁义礼知圣"五种"德之行"及其"杂泰成"的主宰者或神格。① 因此，这里的"天"似乎可以看作有人格的上帝或神灵，也就是所谓的"主宰之天"。但如果我们更加深入地思考就会发现，这里的"天"实际上并不是指有人格的神灵，而是指哲学性、伦理性的天，亦即"德性之天"，因为它的确切含义或是指人被赋予"仁义礼知圣"五种"德之行"这一情形的先天性、自然性，即"德犹天也"；或是指产生这五种"德之行"的根源性、实体性的天，即"天犹德也"②。正是在这一"德性之天"的意义基础上，《五行》展开了其内涵丰富的天人关系学说。

《五行》简4说："德之行五，和谓之德"。"德"在简文中有着确切所指，它既可以是形成于内在人心的"仁义礼知圣"五种"德之行"中的任何一个，也可以是这五种"德之行"的合一。丁四新先生指出："'德'之所自出在先秦文化系统中，或是上帝或是天命或是道体，概而言之皆可称为天或天道。"③ 这一论断同样适用于《五行》。《五行》简5说："德，天道也。"这不但是强调"德"的内在超越性，同时也强调了它的先天自然性，即"德"是人对天道之得，是天道在人心的凝结，是先天自然赋予人

① 〔日〕池田知久：《马王堆汉墓帛书五行研究》，中国社会科学出版社，2005，第102页。
② 王中江：《简帛〈五行〉篇"悳"概念的义理结构》，载《学术月刊》2011年第3期。
③ 丁四新：《略论郭店楚简〈五行〉思想》，载《孔子研究》2000年第3期。

的东西。如庞朴先生认为，这句话是说"德""是天的最得意（虽非唯一的）的表现或显形，是天道之被得于人——只有在这种被得的状态中（即形于内），天道方得以最好地显现"①。但也有学者对此提出质疑，如陈来先生就指出，将"德，天道也"理解为"德性是天道所赋予，天道得之在人"是缺乏文本根据的，这句话应该是说"德合于天道，而不是说德得自天道"②。其理由是，照《五行》的表达，"形于内并不是自然的禀赋，而是君子修身的结果，内在德性是养成的，不是天赋的；如果德性是天赋的，就不必倡言'形于内'了，也就无所谓形于内和不形于内了"③。然而正如有学者已指出的那样，《五行》"形于内"之"德"虽然有后天培壅的成分在内，但并不排除它已经以一种良好的可能性和潜在性的形式为人类先天具有了。虽然单就"德，天道也"一句而言，它可以被理解为"德"是纯粹学习天道的结果，但《五行》简48"天施诸其人，天也"一句，使这种极端的说法不能成立，它表明《五行》确实有先天德性的意识。④

《五行》简48说："'上帝临汝，毋贰尔心'，此之谓也。天施诸其人，天也。"这里的"上帝"等同于上文所说的"天"。这句话是说，"天"以"德"的形式将天道赋予个人，"德"就是下贯于人心的天道，并以"五行"的形式存在。因此，"天"和"人"正是通过"德"这一中介联系起来，不再彼此分离和对立。这个"德"，从人的一面来看，是人对天道的"得"，得天道于人心；从天的一面来看，是天道在人心中找到了自己的存在形式，通过人心最终实现了自身。⑤它一头联系着天，一头联系着人，成为天人沟通的媒介。

虽然从根源处看，天和人是自在合一的，但是在现实中，天和人又不是现成的不待后天人为的合一的。这是因为，作为天人沟通中介的"德"，"并不是作为现实的存在形态而在人生来的同时以百分之百最终完成了的形态被赋予的，相反是以为了实现和完成而需要后天的人为努力的端绪形式

---

① 庞朴：《〈五行〉篇述评》，载《史学月刊》1988 年第 1 期。
② 陈来：《竹简〈五行〉篇与子思思想研究》，载《北京大学学报》（哲学社会科学版）2007年第 2 期。
③ 同上。
④ 王中江：《简帛〈五行〉篇"悳"概念的义理结构》，载《学术月刊》2011 年第 3 期。
⑤ 黄熹：《儒学形而上系统的最初建构——〈五行〉所展示的儒学形而上体系》，载《中国哲学史》2001 年第 3 期。

被赋予的"①，这从简文的表述中就可以看出。帛书《五行》说文在解释经文 "能进之为君子，弗能进也，各止于其里"（简 42）一句话时，说："能进端，能充端，则为君子耳矣。"若参诸《五行》全篇之理路，我们不难发现，说文对经文的这个解释是极其忠实的，两者在意思上基本没有差别。② 说文将"德"的这种潜在存在形态称为"端"，同于孟子"四端"之"端"的用法，都是强调"德"的待完成性。正是由于现实中的"德"还只是一种潜在的存在，而不是某种现成的只需要表现出来的东西，这就导致天与人的合一还只是一种可能性，而不是一种现实性。在实际生活中，天与人依然是外在的和分离的。这又必然会导致个人只能在人道内解决问题，而不能从天与天道的根源处解决问题，当然也就不能从根本上解决问题，因为不能解决天的问题，而天与天道是根本。因此，现实中的人仍然会感到迷茫与痛苦。③ 为了避免上述情况的发生，就必须在现实人生中努力实现天与人的合一，而这从根本上又有赖于作为天人沟通之中介的"德"由潜在变为现实。

《五行》简 42 说："君子集大成。能进之为君子，弗能进也，各止于其里。"《五行》简 47 说："目而知之谓之进之，喻而知之谓之进之。譬而知之谓之进之。"这里的"进"是指推进或扩充"德"之端绪的工夫。说文对经文"弗能进也，各止于其里"一句话的解释是：

> 不藏欲害人，仁之理也；不受吁嗟者，义之理也。弗能进也，则各止于其里耳矣。充其不藏欲害人之心，而仁覆四海；充其不受吁嗟之心，而义襄天下。仁覆四海，义襄天下，而诚由其中心行之亦君子已！

这里存在着"里"与"天下""四海"一组相互对应的意向。对此，常森先生指出："'里'本指居落或地方行政组织，与'天下'、'四海'相对，指其小者；跟'里'相类比的，是仅拥有仁义等德行的

---

① 〔日〕池田知久：《马王堆汉墓帛书五行研究》，中国社会科学出版社，2005，第 109 页。
② 同上书，第 182 页。
③ 黄熹：《儒学形而上系统的最初建构——〈五行〉所展示的儒学形而上体系》，载《中国哲学史》2001 年第 3 期。

基源，或者已具备仁义等德行却未进一步推进、扩充的狭仄境界，跟"天下"、"四海"相类比的，是君子所拥有的德的大境界"①。而在简文看来，由"里"向"天下""四海"这一广大境界过渡的途径就是"进"的工夫，《五行》甚至对这一扩充"德"之端绪的工夫做了非常细致地描绘，《五行》简 21-22 说：

> 不勉不悦，不悦不戚，不戚不亲，不亲不爱，不爱不仁。
> 不直不肆，不肆不果，不果不简，不简不行，不行不义。
> 不远不敬，不敬不严，不严不尊，不尊不恭，不恭无礼。

这段文字详细描述了作为"仁""义""礼"之端绪的"变""直""远"是如何一步步扩充、上升为"仁""义""礼"之"德"的。简文其他地方对这种扩充"德"之端绪工夫的描绘所在多有，这可能是因为本篇的主题就是要说明这样一种扩充"德"之端绪的后天工夫吧？因而，扩充的理论对于《五行》来说就成为最重要、最本质的思想之一。② 明白了这一点，我们就不难理解为什么简文在开篇就强调"仁义礼知圣"五行的"形于内"，其本意恐怕也是为了强调如何使潜在性的"德"一步步上升为现实的完成了的"德"吧？

《五行》强调扩充的目的是要在完成了的"德"的基础上重新实现天与人的合一，实现人道对天道的复归。因此，一些研究者倾向于将《五行》理解为一种强调"复归"的思想体系。如池田知久先生认为，《五行》强调的这种从"天道"出发积累"人道"，最后再达到"天道"而完结的伦理实践过程，大体上可以看作是所谓"复归"的思想之一。③ 黄熹先生也认为，简文强调只有立足于最终完成了的"德"，个人才有可能最终复归于天，实现与天的合一，尽心、知性、知天才有可能。④ 但是要在完成了的"德"的基础上重新实现天与人的合一，实现人道对天道的复归，需要有主

---

① 常森：《简帛〈五行〉篇与孟子之学》，载《中国典籍与文化》2009 年第 3 期。
② 〔日〕池田知久：《马王堆汉墓帛书五行研究》，中国社会科学出版社，2005，第 76 页。
③ 同上书，第 110 页。
④ 黄熹：《儒学形而上系统的最初建构——〈五行〉所展示的儒学形而上体系》，载《中国哲学史》2001 年第 3 期。

体方面的内在依据，而这就涉及《五行》提出的"圣"。

三 "圣"作为实现"天人合一"的主体内在依据

春秋时期，"圣"已经被认定为一种人类感觉和认识世界的能力。陈来先生指出，早期人类社会对"圣"的强调可能与萨满文化崇拜超感觉能力有关。《国语·楚语下》论"巫觋"曰："其智能上下比义，其圣能光远宣朗，其明能光照之，其聪能听彻之，如是则明神降之，在男曰觋，在女曰巫。""圣智"与"聪明"在这里被理解为巫觋所具有的某种可以沟通神人的超感觉能力。西周和春秋时期，"圣"很少被当作一种德行看待，"圣"作为德行的被强调是春秋末期以后的事，可参诸《墨子》《管子》《列子》《文子》等书。① 研究者指出，从政治思想上看，"圣"这一观念的流行可能与"圣王"的观念有关。"圣王"是战国时期儒、墨、法各家通用的观念，突出"圣"的观念，不仅是对一般君子的道德要求，更是对"圣王"的一种政治要求。

在孔子那里，"圣"被当作一种人类所追求的道德至境看待。"圣"作为"仁"的最高层次，出乎其他德行之上，甚至超出一般人道德实践能够达到的范围，所以孔子把"圣"从"仁"中分离出来，虚置在"仁"的前面，近乎存而不议，只是在谈论古人时作为推崇备至的语言符号。② 在《五行》中，"圣"的地位比在《论语》中有所降低，它成为"五行"之一，与其他四行并列，虽然要比其他四行更加重要。同时，"圣"部分保留了它在春秋时期的固有意涵，即作为某种超感觉的认识能力。只是在《五行》中，具备这种超感觉能力的主体已经不再是巫觋，而是道德上完备的"君子"，而且它的认识对象也不再是有人格的神灵或上帝，而是超越的"天道"。

《五行》简 25-27 说："见而知之，知也。闻而知之，圣也。明明，知也。赫赫，圣也。'明明在下，赫赫在上'，此之谓也。闻君子道，聪也。闻而知之，圣也。圣人知天道也。"《五行》对"圣""知"进行了对比性说明："知"是对特定对象的"见而知之"，是基于视觉的知觉能力，它由

---

① 孙希国：《简帛文献〈五行〉篇与思孟学派》，吉林大学古籍研究所博士学位论文，2012年5月。

② 宋启发：《从〈论语〉到〈五行〉——孔子与子思的几点思想比较》，载《安徽大学学报》（哲学社会科学版）1999年第5期。

"所见知所不见""见贤人而知其有德",因而还是一种经验的形而下的推理认识;"圣"是对特定对象的"闻而知之",是基于听觉的知觉能力,是对"天道""君子道"及"德"的把握,相对于作为经验的形而下之认识的"知","圣"是一种先验的形而上的认识。池田知久先生认为,个体自觉到"天道""君子道""德"是在内在方面先天自然地被赋予的东西,就是"圣"。"圣"的能力明确了"五行"之"德"的天赋性,并保证了其完成的可能性。①

具体而言,"圣"具有以下两方面的特点。首先,从"圣"作为认识能力的本身特点来看,"圣"作为人类的闻知能力,并非一般的"闻",而是"闻"而"知"之。正如丁四新先生所说,"即使闻听到对象神圣的存在,然而未经心思之照察,亦未尝知道。只有既闻听到道之存在,又透彻地了悟、知见道之本体,才能说是所谓的圣"②。因此,"圣"包含了"闻"和"知"两方面的能力,类似于人们通常所说的感性认识和理性认识的能力,所以《五行》才会说:"闻而知之,圣也。"但是"圣"又不同于一般的感性认识和理性认识,也不同于一般的伦理分辨之知,它高于"由所见知所不见"的"知",高于推理并完成推理认识的理智能力③,所以我们不能把它下降到知识论或伦理学的高度理解。"明明在下,赫赫在上"一句即是强调"圣"不同于作为经验的形而下的推理认识,而是一种先验的形而上的认识。因此,有学者将"圣"看成一种感通、一种体知和一种神契之知。④

其次,"圣"的指向对象是"天道""君子道"及"德"。《五行》简15说:"圣之思也轻。""圣"有如气一样轻盈,它代表了人心与天道的感应和贯通,是主体对宇宙本体、生命本体的体悟,对超越天道的谛听与冥契,它好像是可以直接掌握宇宙精神实质的直觉。黄熹先生认为,"圣"之所以能把握天道,就在于圣之"思"与圣之"听"。这种"思"与"听"是一种精神性的直觉体验,是心灵感应。这种超凡的听觉"结于心""藏于耳",对天道"志耳而知之",多少带有一点神秘性的意味,通过它能使人

---

① 〔日〕池田知久:《马王堆汉墓帛书五行研究》,中国社会科学出版社,2005,第310、93页。
② 丁四新:《略论郭店楚简〈五行〉思想》,载《孔子研究》2000年第3期。
③ 黄熹:《儒学形而上系统的最初建构——〈五行〉所展示的儒学形而上体系》,载《中国哲学史》2001年第3期。
④ 郭齐勇:《再论"五行"与"圣智"》,载《中国哲学史》2001年第3期。

认识到高深莫测的天道。① 丁四新先生指出，圣之所"听"所"知"是高高在上的超越存在，即天命和天道。而所谓"做圣人"亦是在玄听冥知的过程中，将此"赫赫在上"的超越存在涵摄于内心，所谓"形于内"者也。简单来说，这也是一个天人合一的过程。② 那么，作为某种超感觉认识能力的"圣"就成为沟通天人、使人道复归天道的主体内在依据。

《五行》简 19-20 说："金声，善也；玉音，圣也。善，人道也；德，天道也。唯有德者，然后能金声而玉振之。"这是认为，"金声（善、人道）+玉振（圣）= 有德者（德、天道）。"③ 既然"圣"是沟通天人的中介以及人道上升为天道的阶梯，那么"圣"在主体内部又是怎样产生的呢？《五行》简 5-6 说："君子无中心之忧则无中心之知，无中心之知则无中心之悦，无中心之悦则不安，不安则不乐，不乐则无德。""知"在《五行》中有广、狭两层含义，狭义上的"知"是"五行"之一，广义上的"知"兼含仁、知、圣三者，这里的"中心之知"则是广义之"知"。④ 那么，作为广义之"知"一个组成部分的"圣"也就产生于君子内在的"中心之忧"。"君子无中心之忧"则无"中心之圣"，并不是说"圣"不存在于内心之中，而是说如果没有"中心之忧"作为条件，"圣"便无法作为主体的超感觉认识能力体现出来。⑤ 有学者指出，认为人类的德业、智慧来自主体内在的忧患意识，即人类文化起源于忧患意识的看法，并不是《五行》之创见，而是先秦儒家的共识，如在《孟子》《韩诗外传》等文献中就有类似思想的表达。这种"忧"，毋宁说是某种"内心的焦虑与不安，是某种欲以己力突破困难而尚未突破时的心理状态，或者说是一种坚强的意志与奋发的精神，是人对自己行为的谨慎与努力"⑥。

关于"中心之忧"的确切所指，《五行》简 9-12 说："未见君子，忧心不能惙惙；既见君子，心不能悦。 '亦既见之，亦既观之，我心则悦'，……未见君子，忧心不能忡忡；既见君子，心不能降。"这是认为，

① 黄熹：《儒学形而上系统的最初建构——〈五行〉所展示的儒学形而上体系》，载《中国哲学史》2001 年第 3 期。

② 丁四新：《略论郭店楚简〈五行〉思想》，载《孔子研究》2000 年第 3 期。

③ 〔日〕池田知久：《马王堆汉墓帛书五行研究》，中国社会科学出版社，2005，第 211 页。

④ 郭沂：《郭店竹简与先秦学术思想》，上海教育出版社，2001，第 151 页。

⑤ 梁涛：《郭店楚简与思孟学派》，中国人民大学出版社，2008，第 195 页。

⑥ 同上。

"忧"是由未见"君子"或未闻"君子道"引起的。具体来说，当"德"对于主体而言还处于潜在状态时，由于此时天与人、天道与人道还处于外在的分离阶段，这就导致主体只能从人道出发、而不能从天道出发来彻底解决问题，所以仍然会感到迷茫和痛苦，这就是所谓的"中心之忧"。这种"中心之忧"将驱使主体将内在的超感觉能力（"圣"）发挥出来，并通过"圣"的中介和杠杆作用，经由"说→安→乐"的历程去体验天道并形于人心，以实现天赋之德，这也就是思孟学派认定的"天道形于人心的基本秘密所在"①。

四 "天人合一"的理想形态是天道主导人道

《五行》追求的"天人合一"的理想形态是天道主导人道。《五行》简18-20说："君子之为善也，有与始，有与终也。君子之为德也，有与始，无与终也。金声而玉振之，有德者也。金声，善也；玉音，圣也。善，人道也；德，天道也。唯有德者，然后能金声而玉振之。"这是认为，"善"是人道，"德"是天道，"仁义礼知"四种"行"的合一是"善"，而"仁义礼知圣"五种"德之行"的合一是"德"。同时，简文认为，"不形于内谓之行""形于内谓之德之行"。由此可见，"人道"是指人的外在行为，"天道"是指人的内在德性。这一推论也得到《五行》说文的印证，说文将"君子之为善也，有与始，有与终"解释为"与其体始与其体终也"，将"君子之为德也，有与始，无与终"解释为"舍其体而独其心也"，认为"善"（人道）是指人的外在身体行为，一个人的外在行为是有始有终的，而"德"（天道）是指人的内在道德修养，一个人的德性培壅是没有止境的。②可见，《五行》将"德"看成一个比"善"更高的阶段，也就是将天道置于人道之上，认为实现了天道意味着一定实现了人道，反之则不然。因此《五行》追求的理想境界是在天道的主导下实现人道，即所谓"唯有德者，然后能金声而玉振之"。在简文看来，能够实现这一理想境界的只有"君子"。《五行》简6-7说："五行皆形于内而时行之，谓之君子。""君

---

① 庞朴：《文化一隅》，中州古籍出版社，2005，第134页。

② 陈来：《竹简〈五行〉篇与子思思想研究》，载《北京大学学报》（哲学社会科学版）2007年第2期。

子"是既能够在内心具备五种"德之行"即"天道"，又能够适时将它们体现出来并展现为"人道"的人。他不仅要具备"天道之德"，而且要具备"人道之善"，更要能够将内在的"天道之德"实现为外在的"人道之善"，即由"德"而"善"①。因此，"君子"就是能够在天道的主导下完成人道，在"德"的主导下完成"善"的人，由此他也成为天道与人道、德与善沟通的中介，所以《五行》简42说："君子集大成。"

《五行》简20-21说："不聪不明，不圣不知，不知不仁，不仁不安，不安不乐，不乐无德。"帛书《五行》说文对"不乐无德"的解释是"乐也者流体，机然忘塞，忘塞，德之至也，乐而后有德。"简文认为，有德的"君子"不仅要将作为"天道"的"五行""形于内"，还要将它"流体"，即流布于全身的每一处，展现为外在的行为，即"人道之善"。而这一由心到身、由德到善、由天道到人道的通体呈现过程，离不开"乐"的作用。"乐之用在于'忘塞'，这是人所共知的，于是在五行之后，便有了一个乐，然后过渡到德。这样的德，虽仍形于内，却不限于内了。"② 这种以天道主导人道的"天人合一"思想，在《五行》中甚至已挣脱出个人修养的范围，而扩大到社会政治领域。这是因为，社会政治生活作为个人活动的集合，在某种程度上仍然属于"人道"的范畴。

《五行》简29-30说："和则乐，乐则有德，有德则邦家举。文王之见也如此。'文王在上，于昭于天'，此之谓也。"这是将"德"与"邦家"联系起来，其中的"德"是天道，"邦家"作为人类活动的载体，属于人道的范畴。"有德则邦家举"一句充分说明了天道对于人道的主导作用，这表现在"天道之德"不仅体现为"人道之善"，即"邦家举"是"有德"的结果；而且，"天道之德"是实现"人道之善"的前提，即"有德"才能"邦家举"。

以上分别从"天人合一"的基础、主体内在依据以及理想形态三个方面分析了《五行》的天人关系学说，并通过"天人合一"这一逻辑主线对《五行》的整体思想做了一个全方位的呈现。在对简文思想体系进行宏观勾勒的同时，笔者也对其中的一些重要概念，诸如天道与人道、德与善、五

---

① 潘小慧：《〈五行篇〉的人学初探——以"心—身"关系的考察为核心展开》，载《哲学与文化》1995年第5期。

② 庞朴：《〈五行篇〉述评》，载《史学月刊》1988年第1期。

行与四行、圣与知、君子等进行了细致分疏。正是在这一宏观勾勒与微观分疏有机结合的方法之下,《五行》的思想主旨也由遮蔽状态逐渐变得清晰起来。

第二节 《五行》与荀子天人观比较

关于荀子之"天"的性质和内容,学界一般认为是"自然之天"。如冯友兰先生认为:"孔子所言之天为主宰之天;孟子所言之天,有时为主宰之天,有时为运命之天,有时为义理之天;荀子所言之天,则为自然之天,此盖亦由于老庄之影响也。"[①] 宋志明先生也指出:"荀子用自然之天取代了孟子建构的义理之天,切断了天人之间的道德价值关系。""荀子只从存在的角度看待天,不从道德价值的角度看待天,认为天与人之间不存在道德关系。""在荀子的哲学视野中,天在价值上是中立的,无所谓善恶。"[②] 但如果荀子之"天"仅仅是"自然之天"的话,那么其理论体系必然会遭遇到一个棘手的问题,即礼义的价值根源在哪儿? 对此,牟宗三先生指出:"自孔孟言,礼义法度皆由天出,即皆自性分中出,而气质人欲非所谓天也。自荀子言,礼义法度皆由人为,返而治诸天,气质人欲皆天也。彼所见于天者唯是此,故礼义法度无处安顿,只好归之于人为。此其所以不见本源也。"[③] 如果真是这样的话,那么作为荀子思想体系中最重要概念的"礼",也就成了没有根源的存在了。

然而,事实果真如此吗? 笔者以为不然。因为荀子曾明言:"礼有三本:天地者,生之本也","礼""上取象于天,下取象于地""与天地同理,与万世同久"。在这里,他明确将"天"作为"礼"的根源,认为"礼"是根据天道设立的,在本源上与天和天道一致,"礼之可以为国也久矣,与天地并"。荀子由此也就为"礼"寻找到了一个形上根据——"天",从而为"礼"奠定了超越性和绝对性的基础。同时,作为"礼"之形上根据的"天",毫无疑问就不是"自然之天"了。因为"自然之天"在价值

① 冯友兰:《中国哲学史》(上册),华东师范大学出版社,2000,第216页。
② 宋志明:《荀子的礼学、人学与天学——兼论荀孟异同》,载《东岳论丛》2009年第1期。
③ 牟宗三:《名家与荀子》,台湾学生书局,1979,第214页。

上是中立的，而作为人类社会伦理规范的"礼"无疑是包含道德价值的，从无价值的"自然之天"中是推导不出有价值之"礼"的。① 因此，从逻辑上说，作为"礼"之形上根据的"天"，只能是具有道德属性的"德性之天"了。退一步说，即便如现在流行的观点，以"自然"来指称荀子之"天"，那么这个"自然"也应当是包含了价值内容在内的，而绝不会是现代科技社会下被过度外化的自然②，这也就是欧阳祯人先生所说的"自然之天，亦须义理之天来规约，否则，它就将失去人学的意义"，"自然之天就不可能脱离义理之天而完全独立"。③

一 荀子之"天"的德性义

对于荀子之"天"是否在某种程度上包含了道德价值这一问题，越来越多的学者给予了肯定回答。如欧阳祯人先生指出，虽然荀子之"天"的自然义成分很重，但如果我们就此认为《荀子》中所有的"天"都是"自然之天"，那就大错特错了。④ 在先秦思想家当中，无论是孔子、孟子、老子、庄子，还是荀子，都不可能完全排除"天"的宗教性和义理性。荀子之"天"绝不会仅仅是自然意义上的天，因为他曾明确提出"礼上事天，下事地，尊先祖而隆君师"，我们完全无法想象，置身于一个尊先祖、隆君师、崇礼义的思想系统之中，而完全不考虑"天"的至高无上性。我们应该明白的一个基本事实是，没有"天"的博厚高明，荀子的理论是完全站不住脚的。郑力为先生认为，既然荀子认为对于作为"礼之三本"的"天"，人们须以礼事之，且将其与"先祖""君师"联系起来，那么这个"天"也就不是被治的自然义之天了。根据王先谦的《集解》以及叶绍钧的《选注》，这一点更可以得到确证。联系"天地者，生之本也"一句话，这

---

① 柳熙星也认为，由"自然之天"不能导出"价值"，在"自然之天"上并没有荀子所谓礼的根源（价值根源）。人虽然由认识自然的法则性（知天）而"制天""用天"，但从所知的自然法则不能得到价值根据。所以视"天"只为自然之天，则不能确立"礼"的正当化。参见柳熙星《试论荀子"礼"的价值根源问题》，载《鹅湖月刊》1997 年第 3 期。

② 刘又铭：《合中有分——荀子、董仲舒天人关系论新诠》，载《台北大学中文学报》2007 年第 2 期。

③ 欧阳祯人：《先秦儒家性情思想研究》，武汉大学出版社，2005，第 25、36 页。

④ 同上书，第 38 页。

个"天"便是作为形上的"实体之天"了。① 晁福林先生认为，荀子的"天"具有道德属性，在"天"的诸种道德属性中，最重要的是"诚"。"天"的诚实不欺保证了它化育万物的功能，即所谓"天地为大矣，不诚则不能化万物。"《天论》篇还从多个角度论证了"天"的公正无私与毫不偏袒，"天"的这种道德属性也为人间的统治者提供了圭臬，说他们应当"居如大神，动如天帝"②。曾振宇先生指出，在《荀子》中，"天"的义项繁复不一，并非单纯指自然之天。③《不苟》篇说："变化代兴，谓之天德"，这里的"天"就是指"德化之天"和"义理之天"。④ 卢永凤、王福海先生认为，虽然荀子在大多数情况下谈到"天"的时候，都是用来作为自然界的总称，但也有少数情况，他是在价值源头的意义上说的。《修身》篇说："老老而壮者归焉，不穷穷而通者积焉，行乎冥冥而施乎无报，而贤不肖一焉。人有此三行，虽有大过，天其不遂乎。"这个"天"和孔孟所说的"价值之天"一样，也是在道德源头的意义上使用的。⑤ 梁右典先生指出，荀子之"天"不能完全等同于"自然之天"。虽然荀子较为注重"天"的自然义，但是他也论及"天"对万物的生成之功，并目之为"神"。⑥ 还有学者指出，荀子明确提出"天德"概念，所谓"天德"就是"天"的德性。可见，在荀子的理论视域中，"天"是一个有德性的存在，而"天德"的根基是"诚"，君子以至诚养心，终究会上达"天德"。因此，荀子的"天"论并没有完全超出孔孟的樊篱，其天道思想亦含具道德本体论的意义。荀子之"天"的德性意涵也构成它与儒简《五行》在天论及天人观层面进行比较的基础。

《五行》简 5 说："德，天道也"，这是认为"天"是产生"仁义礼知圣"五种"德之行"的根源和实体。可见，在《五行》中，"天"的德性义是甚为显赫的，或者说《五行》之"天"就是哲学性、伦理性的天，亦即"德性之天"。同时，"德"在《五行》中也有着确切所指，它既可以指

① 郑力为：《荀子〈天论〉篇以外的"天"论》，载《鹅湖月刊》1981 年第 1 期。
② 晁福林：《论荀子的"天人之分"说》，载《管子学刊》2001 年第 2 期。
③ 曾振宇：《"性质美"：荀子人性论辩诬》，载《中国文化研究》，2015 年春之卷。
④ 曾振宇：《从出土文献再论荀子"天"论哲学性质》，载《齐鲁学刊》2008 年第 4 期。
⑤ 卢永凤、王福海：《荀子与兰陵文化研究》，山东人民出版社，2013，第 68 页。
⑥ 梁右典：《论荀子思想的宗教性面向》，载《当代儒学研究》2011 年第 11 期。

形于内在人心的"仁义礼知圣"五种"德之行"中的任何一项，也可以指这"五行"的合一。然而，在《荀子》中，"天"并没有直接和"德"联系起来，"天"和"德"的关联是通过其他概念的中介完成的，这些概念包括"生""诚""礼"。

首先，荀子肯定天有"生"的功能。《礼论》篇说："天地者，生之本""天地合而万物生""天能生物"，《王制》篇说："天地者，生之始"。天既能生物，当然也包括生人，故《王制》篇说："天地生君子。"《强国》篇说："人之命在天。"人的各种感觉器官和心官都是由天所生，所以又被称为"天官"和"天君"，此即《天论》篇所云："耳目鼻口形能，各有接而不相能也，夫是之谓天官。心居中虚以治五官，夫是之谓天君。"那么这样一个既能生物又能生人的天，当然就是形上的创生之天，它代表着一种超越性和本原性的创生力量。先秦儒家将形上之天的这种生生不息、化育万物的特点视为最高的德性，所以《周易·系辞下传》说："天地之大德曰生。"

形上之天正是基于其内在的蕴生功能及造生现实而具有了道德属性，所以《王制》篇说："天之所覆，地之所载，莫不尽其美，致其用，上以饰贤良，下以养百姓而安乐之。夫是之谓大神。"在冥冥之中施生养之恩的"天"在价值上是至善的，也是超越于人的，所以《不苟》篇说："天不言而人推高焉。"《儒效》篇说："至高谓之天。"而且，这也构成王者自觉敬天和祀天的根据，《礼论》篇说："王者天太祖。"王者之所以将天当作自己始祖一样来奉祀，即在于它的生养之功。同时，形上之天的这种创生力量是不见其事而见其功的，是蕴藏于有形之后的无形，故荀子目之为"神"。

其次，荀子肯定天具有"诚"的品质，《不苟》篇说："天不言而人推高焉，地不言而人推厚焉，四时不言而百姓期焉。夫此有常，以至其诚者也。……天地为大矣，不诚则不能化万物。"这是认为，天之所以能化育万物，就在于它具有"诚"的品质，君子也应当效仿天道培育自己"诚"的品性，唯有如此，才能化育万民。天也因为"诚"而具有了道德属性。

最后，荀子认为天是"礼"的形上根源。"礼"是圣人在"上察于天"和"取象于天"的基础上制定出来的，在形式上虽然表现为"圣人之伪"，在本质上却体现了"天地之理"，通过"礼"的价值义我们可以逆推出天的德性义。通过比较，我们不难发现，虽然荀子与《五行》一样，都赋予"天"以德性意涵，并且认为它是人间一切价值的源头，但相较而言，荀子之"天"的德性义已逐渐走向隐而不显的位置，而它的自然义却得到显著加强。这表明从《五行》到荀子，儒家的"天"论实际上走的是一条不断趋向于理性化和合理化的路子。

在肯定天之德性义的基础上，《五行》同时认为，天也将"仁义礼知圣"五种"德之行"中的每一项以及它们的调和统一，先天而自然地赋予每个人。《五行》简48说："'上帝临汝，毋贰尔心'，此之谓也。天施诸其人，天也。"天以德的形式将天道赋予个人，德因此也就成为天道下贯于人心的东西，天道落实于内在人心，以"五行"的存在形式成为人心中的一部分内容。因此，在先天自然的层面，天与人是合德的。德，一头联系着天，一头联系着人，成为天人沟通的基础。但在主张自然人性论的荀子看来，人性中并不包含道德价值，因此在《荀子》中，德还只是停留于天道的层面，而没有成为下贯于人性的内容，更没有成为天人沟通的中介，"荀子并没有把'天'和'性'结合在一起"①。虽然在每个人是否先天而自然地具有德性这一点上，《五行》和荀子分别表达了不同的观点，但这并没有成为两者理论探讨的焦点，而只是它们进行体系建构的前提。与此相对，它们都不约而同地将关注的重心放在如何实现现实中的天人合德上，即在完成了的主体德性基础上，重新实现天与人的合一。

虽然《五行》与荀子在实现天人合德的最终目的上具有一致性，但两者在具体实践层面却呈现出完全不同的面貌。在《五行》中，虽然天与人在先天自然的层面已经统一于"德"了，但是在现实层面，由于作为天人沟通中介的"德""并不是作为现实的存在形态而在人生来的同时以百分之百最终完成了的形式被赋予的，相反是以为了实现和完成需要后天的人为努力的端绪形式被赋予的"②。因此，如何在现实层面，在完成了的"德"的基础上，重新实现天与人的合一，实现人道对天道的复归，就成为《五行》的关注重心。正是在此意义上，一些学者倾向于把《五行》理解为一种强调"复归"的思想体系。而在荀子那里，由于"人就其自天而来的最初存在形式而言，实在是一无所有"③，当然也就不存在对天与德的复归了。

① 杨向奎：《荀子的思想》，载廖名春选编《伟大传统——荀子二十讲》，华夏出版社，2009，第118页。
② 〔日〕池田知久：《马王堆汉墓帛书五行研究》，中国社会科学出版社，2005，第109页。
③ 韩德民：《荀子天人观的哲学透视》，载《哲学与文化》2000年第2期。

一无所有的个人，要想在现实层面成为有德性的主体，实现与上天的合德，必然导致对后天作为的强调。因此，相对于《五行》强调天人合一的"复归"性特点，荀子体现出强调天人合一的"开拓"性特色，他更加重视后天人为的作用。在天人关系方面，从《五行》到荀子一条不变的主线是，人的地位和价值越来越得到凸显，而天却逐渐沦为一种背景性的存在。

二　"知"作为实现"天人合一"的主体内在依据

与《五行》相同，荀子也将实现天人合一（德）的最终根据诉诸主体的内在机能，但两者在主体内部寻找到的根据却不相同，《五行》找到的是主体的内在之"圣"，而荀子找到的则是主体的内在之"知"。下面我们就对《五行》之"圣"和荀子之"知"的基本特点做一个对比性分析。

首先，和《五行》之"圣"一样，荀子将"知"看作人先天具有的能力。作为每个人与生俱来的资质，"知"具有"不学而能"和"不事而成"的特点，故《解蔽》篇说："人生而有知……心生而有知""凡以知，人之性也"。《正名》篇说："所以知之在人者谓之知。"《礼论》篇说："凡生乎天地之间者，有血气之属必有知。"作为每个人先天具有的机能，"知"在主体内部的承担者是心和耳目鼻口形体等感觉器官。不同于其他感觉器官，心生来就具有兼知多种事物的能力，可以形成对事物的不同认识，所以《正名》篇说："心有征知。"《解蔽》篇说："心生而有知，知而有异，异也者，同时兼知之。"

其次，相对于《五行》之"圣"包含"闻"和"知"两种能力，即类似于通常所说的感性认识和理性认识的能力，荀子也把"知"分为感性认识和理性认识前后两个阶段。感性认识又被称为"天官意物"或"缘天官"。"天官"，即人类先天具有的感觉器官，包括耳目鼻口形体五者，在某些时候也包括心。① 在感性认识阶段，感觉器官各自发挥着不同作用，并且不能相互替代，所以荀子说它们"不可以相借官""各有接而不相能也"。感觉器官接触客观事物，会产生不同的感觉印象，进而形成感性认识。在

---

①　在荀子那里，"心"在某些时候是作为感觉器官被使用的。如《正名》篇说："形体、色、理以目异，声音清浊、调竽奇声以耳异，甘、苦、咸、淡、辛、酸、奇味以口异，香、臭、芬、郁、腥、臊、洒、酸、奇臭以鼻异，疾、养、沧、热、滑、铍、轻、重以形体异，说、故、喜、怒、哀、乐、爱、恶、欲以心异。"

感性认识的基础上，荀子又肯定心具有"征知"的功能，《正名》篇说："征知则缘耳而知声可也，缘目而知形可也"，即心具有"验证和考察从感性认识得来的感觉材料"① 的能力，这就达到理性认识的阶段。荀子指出，在感性认识和理性认识之间存在如下的辩证关系，即：一方面，理性认识必须以感性认识为基础。《正名》篇说："然而征知必将待天官之当簿其类然后可也"，心要发挥征知功能就离不开感觉器官的"簿类"功能，即感性认识构成理性认识的前提；另一方面，感性认识必须超越自身上升到理性认识的高度，否则，主体就无法正确认识到事物的本质，这是由感性认识的自身特点决定的：第一，如果只有感性认识而没有理性认识，感性认识就会失去对外部事物的敏感性，所以《解蔽》篇说："心不使焉，则白黑在前而目不见，雷鼓在侧而耳不闻。"《正名》篇说："心忧恐则口衔刍豢而不知其味，耳听钟鼓而不知其声，目视黼黻而不知其状，轻暖平簟而体不知其安"；第二，感性认识并非完全可靠，有时也会产生错觉，此即《解蔽》篇所说："见寝石以为伏虎也，见植林以为后人也"；第三，人的各种感觉器官各有接而不相能，即它们具有不同的官能而不能相互联系，如果没有心的居中调节，就不能形成对于事物的统一性认识。相较于《五行》之"圣"而言，荀子将"知"的感性认识能力和理性认识能力分属感觉器官和心官，并详细分析了感性认识和理性认识的相互关系，这都向我们表明，从《五行》到荀子，儒家学者对人类的认识规律有了更加全面和深入的把握。

再次，相对于《五行》之"圣"的对象是"天道""君子道""德"，荀子也认为"知"要以"道"为对象。他在《解蔽》篇说："凡以知，人之性也；可以知，物之理也。"即肯定主体具有认识能力和外物具有可知之理。但他同时又认为需要对认识的范围加以合理限定，《解蔽》篇说："故学也者，固学止之也。恶乎止之？曰：止诸至足。曷谓至足？曰：圣也。……故学者，以圣王为师，案以圣王之制为法。"这是要求将"学"和"知"的对象限定在"圣王"及"圣王之制"上，而"圣王"和"圣王之制"所体现的精神原则是"道"，所以这就是要求将"道"作为认识的对象。

---

① 李伟民、张惠君：《荀子认识论新探》，载《惠阳师专学报》（社会科学版）1988 年第 1 期。

荀子为什么要将"道"作为认识的对象呢？这与他对"道"的独特理解密切相关。虽然在《荀子》中，"道"具有"自然天道"和"人道"的双重含义，但他无疑更加重视"人道"，故《儒效》篇说："道者，非天之道，非地之道，人之所以道也，君子之所道也。"而"人道"的具体内涵是作为"治之经理"的礼义文理，故《礼论》篇说："礼者，人道之极也。"《强国》篇说："道也者何也？曰：礼让忠信是也。"《非相》篇说："故人道莫不有辨。辨莫大于分，分莫大于礼。"《劝学》篇说："学至乎《礼》而止矣。夫是之谓道德之极。"在对"道"的具体内容的理解上，荀子体现出与《五行》的某种相似性，这也是他们同属儒家学派的一个具体表现。

同时，荀子认为，"人道"既是道德层面的人伦规范，也是本体层面的宇宙之本，因为它是圣人在"上察于天""取象于天"的基础上制定出来的，在本质上体现了"天地之理"。所以从根本上来说，"人道"与"形上天道"是内在合一的。无独有偶，《五行》也将"君子道"与"形上天道"联系起来，《五行》简 26-27 说："闻君子道，聪也。闻而知之，圣也。圣人知天道也。"在将与形上天道直接相通且内含道德因素的"人道"作为认识的对象这一点上，荀子显露出与《五行》的内在一致性。

但在《五行》中，"天道""君子道""德"还是不着形迹的，亦即缺乏承载的客体，因此主体要想认识它们，还需要在一般的理性认识之外，求助于更加神秘的个人体验。这就决定了"圣"在《五行》中，除了指一般的感性认识和理性认识之外，还意指"一种精神性的直觉体验、一种心灵感应、一种神契之知"，在《五行》中则表述为"圣之思也轻"，即"圣"有如气一样轻盈，它代表着人心与"君子道""形上天道"的感应和贯通，是个体对生命本体、宇宙本体的内在冥契和直觉体认。

与此相对，荀子认为，作为认识对象的"道"并不是不着形迹的，相反，它有着具体的载体，即儒家经典。儒家经典和"道"呈现为内容和形式的关系，即儒家经典是"道"的表现形式，"道"是儒家经典的精神内核。这样一来，主体就可以通过读经以明"道"、缘经以求"道"、学经以识"道"。儒家经典也就成为主体在知"道"过程中所无法绕开和回避的中间环节，故《劝学》篇说：

　　学恶乎始？恶乎终？曰：其数则始乎诵经，终乎读礼；……故

《书》者，政事之纪也；《诗》者，中声之所止也；《礼》者，法之大分、类之纲纪也，故学至乎《礼》而止矣。夫是之谓道德之极。

《儒效》篇说：

> 天下之道管是矣，百王之道一是矣，故《诗》《书》《礼》《乐》之归是矣。《诗》言是，其志也；《书》言是，其事也；《礼》言是，其行也；《乐》言是，其和也；《春秋》言是，其微也。

荀子认为，"道"的全部精神原则都体现在《诗》《书》《礼》《乐》《春秋》这几部儒家经典中。学者只要能好好消化这几部经典，仔细体会它们背后的微言大义，就可以明"道"，就可以达到"道德之极"的状态，也就可以"做圣人"。当然在这几部经典之中，荀子尤其重视的是《礼》，故有"隆礼义而杀《诗》《书》"的说法。但无论如何，"认识对象的性质规定了主体的认识方式，对象不同，认识方法也不相同"①。既然荀子所知的对象是承载着道的儒家经典，而不是不着形迹的"君子道"和"德"，那么这就决定了荀子之"知"在性质上完全不带有丝毫神秘性，它就是一般的感性认识和理性认识的统一，是借着对儒家经典的解读以明白其背后的"道"。由此我们也可看出，从《五行》到荀子，儒学发展不断趋向于理性化和合理化的道路。

最后，《五行》认为，中心之"圣"的现实发动离不开主体内在的"中心之忧"。如果没有"中心之忧"作为条件，中心之"圣"便无法作为主体的超感觉认识能力发挥出来。而"中心之忧"是由"未见君子"或"未闻君子道"引起的，由于"未见君子"或"未闻君子道"，导致主体只能在人道内解决人的问题，但这并不能从根本上解决问题，因为天与天道是根本，所以主体仍然会有迷茫与痛苦，这便是"中心之忧"。在"中心之忧"的驱使下，主体将内在的超感觉认识能力——"圣"发动起来，去体验"天道"并形于人心，实现本来的"德"。简言之，《五行》是将"忧"作为"圣"得以发动的前提。

---

① 吉兴：《解蔽与成圣：荀子认识论新探》，载《河北学刊》2004 年第 5 期。

而在《性恶》篇，荀子也提出了这样一个问题："圣可积而致，然而皆不可积，何也？"即在理论上人人都可以成为具有"仁义法正"之道的圣人，然而在现实中却很少有人能够成为圣人，这是为什么呢？荀子认为，这是因为虽然一方面每个人都具有可以认识"仁义法正"之道的能力，另一方面"仁义法正"之道也具有可知之理。然而，在现实中人们却未必肯去认识"仁义法正"之道，并最终成为圣人，这与"小人可以为君子而不肯为君子，君子可以为小人而不肯为小人"的道理一致。与《五行》的作者一样，实际上荀子在这里必须要解决好这样一个问题，即激发主体去认识"道"的内在动力到底有没有？如果有，又是什么？劳思光先生认为，对这个问题的回答直接关系荀子的理论体系能否成立，而且这也是荀子思想的"盲区"，他说："荀子以为……人之文化成分，则待自觉努力以成就之。……但问题在于此种自觉努力如何而可能？倘根本上人只具动物性，并无价值自觉，则何能有此努力乎？……盖此乃荀子思想之真纠结所在，或十分糊涂之处。"① 又说："（荀子）不能说明'性恶'之人何以能有'人为之善'，……遂伏下荀子理论之致命因子。"② 蔡仁厚先生也认为，在荀子那里是"欠缺这种内发自发的愤悱不容已的力量"③ 的。

然而，事实果真是这样吗？笔者以为不然。因为《性恶》篇曾明言：

> 凡人之欲为善者，为性恶也。夫薄愿厚，恶愿美，狭愿广，贫愿富，贱愿贵，苟无之中者，必求于外；故富而不愿财，贵而不愿势，苟有之中者，必不及于外。用此观之，人之欲为善者，为性恶也。今人之性，固无礼义，故强学而求有之也；性不知礼义，故思虑而求知之也。

荀子在这里明确指出人有"欲为善"的内在欲求。同时，他还将主体的这一内在向善欲求类比于人的自然生理欲望，《荣辱》篇说："凡人有所一同：饥而欲食，寒而欲暖，劳而欲息。"人的自然生理欲望来自主体内部

① 劳思光：《新编中国哲学史》，广西师范大学出版社，2005，第253页。
② 同上书，第252页。
③ 蔡仁厚：《孔孟荀哲学》，台湾学生书局，1984，第398页。

的缺乏状态，"匮乏导致了需要，需要产生了欲望，需要与满足构成了人性存在的基本结构。"① 同理，人之所以欲为善，乃在于人性中没有礼义，故强学以求有之，而且，荀子认为主体这一内在向善欲求的具体内容实际上也是一种"忧"。《修身》篇说："见善，修然必以自存也；见不善，愀然必以自省也。善在身，介然必以自好也；不善在身，菑然必以自恶也。""愀然"，杨倞解释为"忧惧貌"。忧惧，即主体内心追求善、远离恶的道德意识。那么这也就表明，主体有自觉追求并认识"仁义法正"之道的内在动力，而这也就是唐君毅先生所说的，在《荀子》中，主体"自有一超拔乎恶性，以求知道中理而为善之'能'"②。

三 个人修养与政治关怀："天人合一"的现实指向

《五行》和荀子都从个人道德修养和社会政治生活两个层面讨论了天人合一（德）的目的及指向问题。首先，天人合一（德）涉及的是一个个人道德修养的问题。在这个层面，《五行》认为，所谓"天人合一"实际上是讲人的外在道德行为与内在德性的有机统一问题。"人"，即"人道"或"善"，是指人的外在道德行为。"天"，指"天道"或"德"，是指人的内在德性。《五行》简18-19说："君子之为善也，有与始，有与终也。君子之为德也，有与始，无与终也。"这是说一个人的外在道德行为是有始有终的，而一个人的内在德性培壅却没有止境。在个人道德修养层面，《五行》追求的"天人合一"的理想境界在作为最高人格指称的"君子"身上很好体现了出来。《五行》简6-7说："五行皆形于内而时行之，谓之君子。"《五行》所谓的"君子"是不仅能够在内心具备五种"德之行"即"天道"，而且能够适时将它们实现出来，展现为"人道"的人。对《五行》的作者来说，"君子"不仅要具备"天道之德"，还要具备"人道之善"，更要能将内在的"天道之德"展现为"人道之善"，即由"德"而"善"。"君子"就是能够在"天道"的主导下完成"人道"，在"德"的主导下完成"善"的人。"天道之德"与"人道之善"在"君子"一己之身完美统一了起来。"君子"不仅仅是行善之人而已，他还体现了"天道之德"，因

---

① 毛新青：《荀子"情义"观探析》，载《管子学刊》2011年第2期。
② 唐君毅：《中国哲学原论·导论篇》，中国社会科学出版社，2005，第78页。

此也就成为沟通天道与人道的中介，故《五行》简 42 说："君子集大成"。

而在荀子那里，个人道德修养层面的"天人合一"实际上也说的是"天道之德"（即"天德"）与"人道之善"（即"善之为道者"）的统一问题，它的实现者或代表人物也被认为是"君子"。这在《不苟》篇如下一段文字中集中体现了出来：

> 君子养心莫善于诚，致诚则无它事矣，唯仁之为守，唯义之为行。诚心守仁则形，形则神，神则能化矣；诚心行义则理，理则明，明则能变矣。变化代兴，谓之天德。天不言而人推高焉，地不言而人推厚焉，四时不言而百姓期焉。夫此有常，以至其诚者也。君子至德，嘿然而喻，未施而亲，不怒而威。夫此顺命，以慎其独者也。善之为道者，不诚则不独，不独则不形，不形则虽作于心，见于色，出于言，民犹若未从也，虽从必疑。

"唯仁之为守，唯义之为行"，是主体努力践行"人道之善"的过程，具体是指主体严格遵守礼义规范的外在行为。但如果主体仅仅停留在对礼义规范的外在坚守上，那么还不够，他还要把这一外在行为转化为内在的道德自觉，所以《解蔽》篇才说："仁者之行道也，无为也；圣人之行道也，无强也""至人也，何强，何忍，何危？"荀子认为，要达到这样的境界就离不开"诚"的工夫。《不苟》篇说："诚心守仁则形，形则神，神则能化矣；诚心行义则理，理则明，明则能变矣""善之为道者，不诚则不独，不独则不形"。"形"，等同于《五行》"形于内"之"形"，是指体现于内心。"独"，等同于《五行》"慎独"之"独"，是指"心"。在荀子看来，只有通过坚持不懈的"诚心守仁"和"诚心行义"的工夫，"仁""义"等价值理念才会超越外在规范的层次，而上升为主体内心的道德自觉。前者又被称为"善"，后者又被称为"德"。在"德"的阶段，主体的外在道德行为因为具有了坚实的心性基础，而成为有本之木、有源之水。荀子认为，"诚"不仅是一个工夫论概念，同时还是一个本体论概念。"诚"本身就代表了一种根本的德性，它既是人之常道，也是天之常则，它贯通天与人两个领域，是天与人共同拥有的品质。因此，"德"就具有了形上天道的意味，故又被称为"天德"。

通过"诚"的工夫,《不苟》篇所说的"君子"就成为集"天道之德"与"人道之善"于一身之人。他不仅在外在行为层面体现了"人道之善"("唯仁之为守,唯义之为行"),还在内在心性层面体现了"天道之德"("君子至德,嘿然而喻,未施而亲,不怒而威")。作为"天道之德"与"人道之善"的完美统一体,"君子"也成为荀子心目中理想人格的化身。在以"君子"为理想人格指称这一点上,荀子和《五行》体现出一致性。

《五行》认为,当主体在个人道德修养层面达到了"天人合一"的理想境界以后,他就不会仅仅满足于只让"天道""德"流布于一己之身、展现为一己的道德行为,即只是做到"独善其身"而已。而是要使"天道""德"的影响超越个人道德修养范畴,扩大到社会政治生活领域,这就需要借助"乐"的作用。《五行》简 29-30 说:"和则乐,乐则有德,有德则邦家举。文王之见也如此。'文王在上,于昭于天',此之谓也。"将"德"与"邦家"联系在一起,认为"有德"是"邦家举"的前提,这是从强调"德"之政治意义的角度提出来的。在这里,《五行》"新颖而积极地提出的被超越之后的'德'起作用的场所,就是'国家'、'天下'。通过这一点,直至在这里其思想获得现实性或政治性。这样一来,'慎独'的'君子'在'国家'、'天下'的现实的、政治的作用,才理论性地被确立了。"① 这样一来,原本只是个人道德修养领域的"天人合一"就具有了社会政治层面的意义。

与《五行》相同,荀子认为,有位的"君子"实现了"天道之德"与"人道之善"的有机统一以后,就不再仅仅满足于个人层面的道德修养,而是倾向于把内在之德推广到社会政治领域。这是因为,能对民众产生最直接最有效影响的莫过于为政者的"德"。民众之所以服从为政者的命令,就在于后者能明其德,故云:"君子至德,嘿然而喻,未施而亲,不怒而威。"人主有德能令"天下归之",所以《致士》篇说:"今人主有能明其德,则天下归之,若蝉之归明火也。"荀子认为,"君子"的这一"推德"实践,是在社会政治领域效仿形上天道使"万物各得其和以生,各得其养以成"的行为,所以也可以被称为"天德"。它甚至还会对自然界的存在产生影响,表现为"君子"可以"理天地"、与"天地参",并且取得"变化代兴"的效果。

---

① 〔日〕池田知久:《马王堆汉墓帛书五行研究》,中国社会科学出版社,2005,第339页。

四　小结

综上所述，在天人观层面，《五行》与荀子表现出如下三点关系。

第一，在《五行》和荀子的思想体系中，"天"都具有德性意涵，并且是人间一切道德价值的源头。但相较于《五行》而言，荀子之"天"的德性义正在慢慢褪去，自然义却得到显著加强。从《五行》到荀子，儒家的"天"论实际上走的是一条不断趋向于理性化和合理化的路子。在天人关系上，相对于《五行》强调天人合一的"复归"性特点，荀子体现出强调天人合一的"开拓"性特色，即他更加重视后天人为的作用。从《五行》到荀子一条不变的主线是，人的地位和价值越来越得到凸显，而"天"却逐渐沦为一种背景性的存在。

第二，《五行》和荀子都将实现天人合一（德）的最终根据诉诸主体的内在机能，《五行》找到的是主体的内在之"圣"，而荀子找到的则是主体的内在之"知"。"圣"和"知"都是人类先天具有的能力，都包含感性认识和理性认识两个方面的能力，都以"道"为认识对象，以"忧"为认识动力。但是《五行》之"圣"还带有某种直觉性和神秘性的色彩，而荀子之"知"却完全不带有丝毫神秘性，它就是一般的感性认识和理性认识的统一。由此也可以看出，从《五行》到荀子，儒学发展不断趋向于理性化和合理化的道路。

第三，《五行》和荀子都从个人道德修养和社会政治生活两个层面探讨了天人合一（德）的目的及指向问题。在个人道德修养领域，两者都认为，"天人合一"实际上讲的是人的外在行为与内在德性，即"善"与"德"的统一问题。两者追求的"天人合一"的理想形态在作为最高人格指称的"君子"身上完美体现了出来。在社会政治领域，两者都认为，当个体在自身修养层面达到了"天人合一"的理想境界以后，他就不再仅仅满足于只让"天道"和"德"流布于一己之身，即只是做到"独善其身"而已，而是要使"天道""德"的影响超越个人修养的范围，体现在社会政治领域，即实现"德"治。

第三节　郭店儒简《穷达以时》的天人观

郭店儒简《穷达以时》中最受学者关注的无疑是它的天人关系思想，

这在很大程度上是因为它在荀子之前首次明确提出了"天人有分"的观念，而在之前学界一直将此视为荀学的"专利"。《穷达以时》的出土，不但一下子让这一观念的起源提前了几十年，而且也使人们意识到，"天人有分"可能与"天人合一"的观念一样，原本就是先秦儒学的一个基本观念。因此，对其加以深入研究对于我们了解先秦儒家天人学说的思想原貌无疑具有重要意义。但由于以往学者过分关注于"天人有分"和"天人合一"在内容上的区别，而忽略了它们在思想上的联系，甚至将前者单独拎出凌驾于简文的整体思想之上，这难免会给人以一种过度诠释之感。在这样的研究范式下，"天人有分"在《穷达以时》中的原始含义也遭到遮蔽。为了避免出现上述问题，我们有必要转换研究的方式，把对"天人有分"的研究放到简文的整体框架之下，还原到它的问题意识之中。

一 《穷达以时》的写作背景

《穷达以时》与传世文献《荀子·宥坐》《吕氏春秋·慎人》《韩诗外传·卷七》《说苑·杂言》《孔子家语·在厄》中的部分内容相似，由于后面五篇文献在提到相关内容的时候，都是以"孔子厄于陈蔡"一事作为发论的前提，所以我们有理由相信李学勤先生的推断，即原来在《穷达以时》的开头也有关于"孔子厄于陈蔡"的记载，只是后来由于竹简的散佚而阙如了。[①] 退一步说，即便《穷达以时》没有提及此事，但在很大程度上它仍然是针对此事而发的。关于这一事件的记载散见于多种传世文献中，根据陈少明先生的统计，从战国时的《庄子》到三国时的《孔子家语》，这个故事至少存在九种不同的版本[②]，但其祖本当是《论语·卫灵公》中的如下一章：

> 在陈绝粮，从者病，莫能兴。子路愠见曰："君子亦有穷乎？"子曰："君子固穷，小人穷斯滥矣。"

郭齐勇先生认为，《穷达以时》正是为这一章所作的传，是对此章精义

---

① 李学勤：《天人之分》，载郑万年主编《中国传统哲学新论》，九州出版社，1999，第 240 页。
② 陈少明：《"孔子厄于陈蔡"之后》，载《中山大学学报》（社会科学版）2004 年第 6 期。

的详细阐明，或是对"孔子厄于陈蔡"一事的评论性发挥。① 因此，我们在解读《穷达以时》时，有必要结合"孔子厄于陈蔡"一事加以讨论。尽管对于这一事件的历史真实性，历来就存在两种不同观点：一是认为它是曾经发生过的历史事实；一是认为它只是后人编撰的寓言故事。但无论它是否发生过，其如此频繁地出现在多种传世文献中，这种现象本身就说明儒家学者对这一事件的高度重视②，而它向人们展示的，正是一个有着满腔政治热忱却在现实中饱受挫折的古代知识分子形象。

众所周知，孔子之所以会遭遇"斥乎齐，逐乎宋、卫，困于陈蔡之间"的厄运，就在于他始终没有放弃自己的政治理想与治国主张，一再寻求得君行道的机会。李友广先生指出，对于先秦诸子而言，他们各怀抱负却又多为处士，地位卑贱却又勇于面对现实，可以说，政治规定了他们致思和行动的方向，也成为他们理论和实践的原点。③ 而对于具有强烈淑世意识的先秦儒家来说，他们目睹礼崩乐坏的社会状况，面对诸侯"争地而战，伏尸数万，逐北旬有五日而后反"的残酷现实，已不再仅仅满足于个人层面的道德修养，而是希望通过各种可能的途径把自己的所学所思转变成一剂济世救民的良方，在国家和社会层面推行自己的治国策略和政治主张。为了将自己的政治理想转变成社会现实，为了由"内圣"开出"外王"，儒家知识分子只能寄希望于得到君主的赏识与任用。

李广友先生在论及先秦儒家与汉代儒家政治态度之区别时认为，虽然先秦儒家怀将圣之心、抱从周之志，极力向人君兜售自己的政治理想和治国主张，然而由于他们将业已逝去的三代政治视为理想的政治模式，将礼乐制度下形成的政治文明和治国理念当作实现理想政治的主要形式，这就使得他们的理想表现出一定的不切实际性。④ 同时，对先秦儒家而言，王道理想本身所具有的超越性又为他们的为学干政等一系列行为赋予了不容置

① 郭齐勇：《出土简帛与经学诠释的范式问题》，载《福建论坛》（人文社会科学版）2001 年第 5 期。
② 林启屏：《先秦儒学思想中的"遇合"问题——以〈穷达以时〉为讨论起点》，载《鹅湖学志》2003 年第 12 期。
③ 李友广：《"俟时"与"用时"——先秦儒家与汉儒政治态度之比较》，载《人文杂志》2013 年第 7 期。
④ 同上。

疑的真理性和正当性。① 以上两种因素之间的内在张力使得在先秦儒家那里，理想与现实的差距被无形放大，也使得他们深切体会到理想得不到实现的痛苦。而先秦儒家的这种痛苦又被当时糟糕的社会现实剧烈撕扯着，在儒家学者眼中，作为"合理政治秩序代表的君王由于受制于权臣而难有作为，能够提供施展才干机会的却是那些'名不正'的卿臣，这一切让他们的理想、抱负被悬置了起来"②。怎样才能在如此困顿的社会环境中安顿下来，如何处理个人政治理想与社会现实的矛盾，就成为先秦儒家不得不去思考的问题，而这就构成了《穷达以时》的写作背景。

二 "天人有分"的基础是"天人合一"

现存的《穷达以时》在结构上是完整的，原文内容可分为三个部分。第一部分即《穷达以时》简1，它是文章的总论部分，向我们揭示了全篇的主题，即"有天有人，天人有分。察天人之分，而知所行矣。"第二部分即《穷达以时》简1至简11，它的主题句是"有其人，无其世，虽贤弗行矣。苟有其世，何难之有哉"，主要论述了天、世、时三者对于人的影响。第三部分即《穷达以时》简11至简15，它的主题句是"穷达以时，德行一也"，即注重人为的一面，强调君子反身修德的重要性。因此，全文呈现出鲜明的"总—分—分"结构，文章首先承认"天"和"人"的并立以及各自的职分所在，然后又分别论述了"天"和"人"的重要性，最终落实为"君子惇于反己"。整篇文章结构清晰，逻辑明确，为我们了解先秦儒家天人学说的思想原貌提供了极大便利。

为了解读《穷达以时》的天人关系思想，我们首先需要对其中的基本概念有一个大致了解。如上所述，原文的第二部分主要论述了"天"的观念，并通过诸多事例说明，但凡有才能的人只要能遇到合适的时机，碰到贤明的君主，就能展现出个人的才华；相反，如果没有良好的机遇，或者碰到昏庸的君主，即便是再有才能，也不能施展自己的抱负，甚至还会有性命之虞。这表明，决定一个人在现实中穷或达的是"时"，即时遇、机

---

① 李友广：《"俟时"与"用时"——先秦儒家与汉儒政治态度之比较》，载《人文杂志》2013 年第 7 期。
② 同上。

遇，所以文章强调"穷达以时"。在此基础上，简文进一步总结说："遇不遇，天也"，即它把"天"看作一种外在的时遇。因此，在《穷达以时》中，"天"与"时"是一组在内涵上对等的概念，或者说，"时"构成"天"的确切内容。

在先秦文献中，特别重视"时"这一观念的首推《周易》经、传。元代学者吴澄认为："时之为时，莫备于《易》。"明代经师蔡清也指出："《易》道只是时。"在《易传》中，"时"是指在特定时空境遇下，社会人生中各种相关联因素互动消长的总体格局与情状，以及在此格局与情状下的事事物物。① 具体来说，它具有以下三方面的特点。首先，"时"具有属人性，即只有对人而言它才有意义和价值。在现实生活中，"时"主要体现为个人或集体进行实践活动的条件或限制：一方面，它是个人或集体进行实践活动的条件，是个人或集体理想转变为现实的桥梁；另一方面，它又构成个人或集体进行实践活动的障碍，是个人或集体理想转变为现实的屏障。因此，它对于人的实践活动具有正、反两个方面的影响。其次，"时"具有先在性，即它不以人的意志为转移，对人表现出不可抗拒的优先性。正是由于"时"具有超越于人的特点，故简文将它归诸"天"的范畴。在"时"的面前，人完全没有自主选择的余地，他既不能选择自己所希望的时遇，也不能轻易改变自己所不希望的时遇，他所能做而且应当做的唯一一件事情，就是勇敢地面对时遇，并积极地回应它，坦然接受各种时遇所带来的挑战。② 最后，"时"既具有偶然性的一面，又具有必然性的一面，即它是偶然性因素和必然性因素的有机结合。这一说法看似矛盾，实则不然。这是因为一方面，"时"在个人的实践过程中表现出"遇"与"不遇"的偶然性特点；另一方面，它又在个人的整个生命历程中体现出"命"的必然性特点。③

《穷达以时》的"时"除了具有"时"的一般性特点之外，它主要是指儒家知识分子在践行自己的政治理想与治国理念时，当下遭遇到的总体社会环境及其构成要素。这样的社会环境以整体的异己的形式影响着人的

---

① 王新春：《〈周易〉时的哲学发微》，载《孔子研究》2001年第6期。
② 同上。
③ 张军：《早期儒学语境中的"时"范畴析解》，载《孔子研究》2004年第1期。

政治实践，它既是人进行政治实践的现实条件，又是其限制因素，并成为决定人的政治实践成果的最终力量，同时，也决定着人的"向善或向恶的两种命运前景"①。因此，这样的"时"或"天"，对人而言并不是外在的和分离的，而是与人密切相关的，它决定着人的政治理想能否变成社会现实，它是人由穷困到显达或由显达到穷困的主导性力量。它的因素"深深地契入人的命运的发展之中，甚至仍然在一定意义上主宰或掌握着人的命运"②。在这个意义上，《穷达以时》的"时"等同于儒家所说的"命"。它们都不是一个经验性或知识性的概念，而是一个实践性的"虚概念"③，都是指超越于人的不可抗拒的异己力量对于人的内在或外在限制。因此，限定性是它们的首要内涵。对个体而言，"时"和"命"主要体现为一种后天的际遇，体现为一种不可抗拒的异己力量，因而它们深刻地影响着人的实践活动，并反映了人的有限性。

通过分析，我们不难发现，《穷达以时》虽然提倡"天人有分"，并明确主张"察天人之分"，但它的理论前提却是承认"天人合一"，即认为外在的天和时对人的实践活动有着深刻影响，它决定了人的实践活动的成败。这样的"天人合一"是自在的原始的天人关系形态，并且构成"察天人之分"得以展开的逻辑前提。从理性认识的角度来说，如果没有"合"的状态的存在，"分"也就失去了它的基础和意义，"分"是对"合"的"分"。

三 "天人有分"观念的几层意涵

《穷达以时》简1说："有天有人，天人有分。察天人之分，而知所行矣。"第一个"分"字当从刘钊先生所释，读平声，义为区别、分别。第二个"分"字当从庞朴先生所释，读去声，义为职分、范围、作用。"有天有人"，是说天和人本是平行并立的，它们各自都有独立的地位，一方不能任意消除或吞噬另外一方。④ "天人有分"意味着天人尚有等待区分的限域，

---

① 丁四新：《郭店简书的天人之辩》，载《郭店楚简国际学术研讨会论文集》，湖北人民出版社，2000，第584页。
② 同上。
③ 陈少明：《儒家的历史形上观——以时、名、命为例》，载《华东师范大学学报》（哲学社会科学版）2012年第5期。
④ 丁四新：《郭店简书的天人之辩》，载《郭店楚简国际学术研讨会论文集》，第583页。

尚有等待明确的职分，这也就是《语丛（一）》所说"知天所为，知人所为"的意思。

第一，"天人有分"意味着天和人各有其领域和职分。如上所述，"天"代表外在的时遇、际遇，它以一种不可抗拒的异己形式影响着人的实践活动，是人进行实践活动的现实条件和限制因素，并成为决定人的实践结果的最终力量。因此，确定"天"的职分就是要明确在现实人生中哪些因素是人所不能掌控的、处在人的能力范围以外的。在明确了"天"的职分以后，君子应当致力于"人"的职分，即人力所能及的方面，对于时、命这些人力所不能及的因素，君子的明智态度是等待。但是不管遇不遇时，个人都必须尽人之为人的本分、做好职责范围以内的事。在这个意义上，《穷达以时》的"天人有分"观与孔子的"五十知天命"说，在内容上具有相通性。史华茨先生认为："当孔子告诉我们，他五十知天命或天所命其什么事的时候，他或许是说他已清楚地明白什么是他所不能控制的，同时也明白什么是真正自己范围内所能控制的。"① 因此，"知道什么是自己所不能控制的，什么是属于自己范围内的"②，也就构成"天人有分"和"知天命"的共同内涵。

那么什么是人的职分呢？或者说，什么是人的能力范围内的事呢？对此，《穷达以时》简 14 说："穷达以时，德行一也。"《周礼·地官》郑玄注云："德行，内外之称。在心为德，施之为行。"这是说，努力提升自身道德修养，并将其落实到具体实践活动中，体现为外在的道德行为，是人完全可以自己做主的方面，也是人的职分所在。因此，道德实践领域就成为个人体现自身自觉、自主和自由能力的特殊领域、成为个人的主体性领域。这与孔子所持的"义""命"分立立场完全一致：孔子区分了事实意义上的"客观限制"领域和道德意义上的"自作主宰"领域，认为前一领域涉及实践活动的成败问题，非人自身所能掌控；后一领域涉及道德价值的是非问题，是人自身所能负责者。③ 前一领域也可称为"命"或"天"的领域，后一领域也可称为"义"或"人"的领域。因此，孔子说的"义""命"

---

① 梁涛：《先秦儒家天人观辨证——从郭店竹简谈起》，载《哲学与文化》2006 年第 1 期。
② 同上。
③ 劳思光：《新编中国哲学史》，广西师范大学出版社，2005，第 101 页。

分立正好相当于《穷达以时》提倡的"天人有分"。另外,《穷达以时》将反己修德视为"人"的职分,由此也可以看出它对后天培雍德性的重视。但是它并没有进一步说明这一后天的修德实践是扩充内在善端的过程,还是将外在之善内化于人心的过程。

除了将反己修德视为"人"的职分和作用领域之外,《穷达以时》也十分重视人的理性认识能力,并将其视为"人"的职分所在。人的理性认识能力主要体现为对外在时势的审视和洞察,并落实为随机应变的处世策略。这从文章的篇名即可看出——"以"者,因也,顺也。"穷达以时",一方面反映了外在时遇对现实人生的决定作用;另一方面也表明了作为主体的人应当顺应时世变化,并以此决定自己的出处进退。首先,虽然在现实生活中,人不能自主选择自己将要遭逢的时遇,但这并不代表在不可违拗的时遇面前,人完全成了被动的接受者。恰好相反,面对现实的时遇,人虽不能自主选择,却可以积极回应。只要人们能找到有效的应对策略,就完全可以化被动为主动,使自己成为时遇的掌控者。[①] 因此,怎样挺立起人的这种主体性就成为问题的关键。其次,时、命、天的自身特点为人的主体性发挥提供了现实依据。在人类的历史发展进程中,虽然人们习惯于将一切无法用理性加以把握、丝毫没有规律性可言,乃至超出人的认识范围的东西都归于时、命、天的范畴。[②] 但囿于社会的发展水平和人类的认识水平,处于一定社会发展阶段的人们也将大量规律性、必然性的东西归于时、命、天的领域。而随着社会的发展和人类认识的提升,这些东西也逐渐被揭去神秘面纱,成为人类可以认识和把握的东西。这就意味着,人完全有能力在复杂的时、命、天的因素中发现更多的可以认识和把握的东西,并建立起自己对于社会人生的统一认识。[③] 但"'知时'只是一个起点,'因时'则是它的自然的逻辑后承"[④],而将理论上对"时"的认识和理解落实为实践中对"时"的把握和顺承,才是儒家的关注重心。"时"对于人而言,无非只有两种情况,即或"顺"或"逆"。在顺时的情况下,儒者易于

① 王新春:《〈周易〉时的哲学发微》,载《孔子研究》2001年第6期。
② 余治平:《"命"的哲学追问》,载《东南学术》2006年第1期。
③ 同上。
④ 徐劲松:《论传统文化中"时"的理念》,载《南昌大学学报》(人文社会科学版)2007年第4期。

将理想之道推行于天下,与民众共由斯道;在逆时的情况下,儒者只能将此道行于一己之身,以加强自我的道德修养,这也就是孟子说的"达则兼济天下,穷则独善其身"。但是"行于天下也罢,行于一身也罢,对儒者而言,对'道'的恪守丝毫未变"①,同时我们也可以从中深切感悟到儒者随时应变、与时进退的处世精神,他们秉承"行于所当行,止于其不可不止"的原则,"既能坚持自己独立的精神人格与价值追求,又能保护自身生命而不做无谓的牺牲"②。

第二,"天人有分"意味着"天"和"人"在价值上有主次之分。在《穷达以时》中,时、命、天主要体现为限制性的因素,对人而言,它们表现出外在的异己的不可抗拒的特点。因此,在现实人生中,它们常常成为道德修养的反面促进力量,成为人类道德修养的试金石。正是由于时、命、天常常扮演着消极的限制性角色,甚至是打击者的角色,才愈发凸显出人类道德修养的高贵性与庄严性③,正如孔子所说的"岁寒,然后知松柏之后凋也"。时、命、天作为必然性和限制性的因素,是决定人的生存境遇的外部力量,而人的自由道德实践却是与之相对的内在性和主体性能力,是人之为人的决定性因素。正是通过这样的对比,通过对时、命、天的理性沉思,人的主体性存在或人之为人的本质性特点才成为人的自觉意识,成为一个不言而喻的"事实"④。因此,《穷达以时》虽然划定了"天"和"人"各自作用的领域,并对它们同时予以承认,但它终究是以"天"的客观限定义凸显"人"的主体价值和尊严义。这与孔子强调君子在愈发困顿的环境中,反而更应该坚持价值是非的立场有着异曲同工之妙。

第三,"天人有分"意味着"天""人"之间没有因果关系。先秦时期,有关时、命、天与人的关系问题,大致存在以下两种观点。一是认为人的道德修养与时、命、天之间存在因果关系。人只要不断加强道德修养,提升道德水平,就能得到上天庇佑,并可以遇善时、得善命。这一观点在

---

① 李春青:《论"时"——兼谈儒家处世之灵活性》,载《中国文化研究》,1996年冬之卷。
② 同上。
③ 陈代波:《儒家命运观是消极宿命论吗?》,载《上海交通大学学报》(哲学社会科学版)2004年第2期。
④ 崔宜明:《"命运"观念的起源和理性内涵》,载《中国哲学史》1996年第3期。

周初比较流行，所谓"皇天无亲，惟德是辅"即是其典型反映，梁涛先生将它称作"道德定命论"；一是认为人的道德修养与时、命、天之间没有因果关系。行善不一定得福，作恶不一定遭祸。人的道德修养不再是为了一个外在目的，而是尽人之为人的本分。"就哲学的尺度看，这一分离乃是外在限定与内在自觉之分，是道德的觉醒与思想的进步。"①《穷达以时》正是后一观点的代表，它的理性倾向已经挣脱信仰的维度②，意味着人类理性意识的觉醒。

四 "天人合一"是《穷达以时》的理论归宿

上文提到，对于具有强烈淑世意识的先秦儒家来说，他们面对礼崩乐坏的社会现状，目睹诸侯相伐、年年争战的残酷现实，已经不再满足于个体层面的道德修养，而是寄希望于得到君主的赏识与任用，将自己的政治理想和治世策略推广到家、国、天下的领域。作为一个充满道德自信和饱含人文情愫的理想团体，先秦儒家始终认为，国家和社会得以有效治理的前提和基础是个体层面的道德修养。因此，他们一直毫无保留地致力于将自己的内在道德修养向外拓展到社会政治共同体领域，努力将他们生活的时代导向道德的善境。③ 这就意味着，对于每一个有理想的儒家学者来说，追求外在时遇（"天"）与内在德性（"人"）的相契相合，即"天人合一"是他们的共同理想和最终目标。但日趋恶化的政治环境却让始终坚持道德政治立场的儒家学者没有更好的机会实现他们的理想，对此，他们提出的唯一应对策略只是持续的等待，即所谓的"君子博学深谋，修身端行以俟其时"④。

然而，正如林启屏先生所说，在《穷达以时》中，如果"时"的概念始终只是表达一种限制性的意涵，那么这一概念的提出对于人们追求幸福、实现理想的实践而言，将永远只会是"一种嘲弄的姿态"⑤。所以他指出，

---

① 梁涛：《先秦儒家天人观辨证——从郭店竹简谈起》，载《哲学与文化》2006 年第 1 期。
② 吾敬东：《中国人"命"即命运观念的形成》，载《学术界》2009 年第 4 期。
③ 李友广：《"俟时"与"用时"——先秦儒家与汉儒政治态度之比较》，载《人文杂志》2013 年第 7 期。
④ 同上。
⑤ 林启屏：《先秦儒学思想中的"遇合"问题——以〈穷达以时〉为讨论起点》，载《鹅湖学志》2003 年第 12 期。

《穷达以时》中的"时"或许不只是一个限制性或者封闭性的概念，而应该具有更多的和更加开放的面向。他的根据是，君子在修身以俟时的阶段，儒者相信通过他们自身道德力量的证成和熏染，现象世界的限制性因素会因之而改变，主体自身的幸福亦可因之而实现。"如此一来，我们便可发现'遇不遇'虽为'时'或'天'之事，但人只要'修德''反己'，则'幸福'可能随时臻至。"① 即先秦儒学给人提供了这样一种保证：只要主体能够全身心地致力于自身道德的完善，那么他就可以成为天人关系的主导，最终实现天与人的合一。对儒者来说，这也就意味着，他可以将自己的道德理想推行到家、国、天下的领域，实现由"内圣"到"外王"的跨越。同时，林先生认为，上述思想虽然在《穷达以时》中还处于萌芽的状态，但在其后的孟子那里却得到了明确表达。《孟子·告子上》说："有天爵者，有人爵者。仁义忠信，乐善不倦，此天爵也；公卿大夫，此人爵也。古之人修其天爵，而人爵从之"。孟子认为，只要人们能够善加养护内心的良知良能，勤于修德，乐善不倦，就一定能获得现实的福祉，"人间的'幸福'自然会'不待求而自至'"②。当然，儒家追求爵禄并不只是为了个人私欲，而在于谋求得君行道的机会，努力实现现实人生领域的"天人合一"，也就是将自己的理想推行到家国层面，达成兼济天下的初衷。

　　无独有偶，丁四新先生也指出，只要人们能将反身修德作为内在生命活动的起点，就能超越外在于生命的非本真的东西，并能实现某种意义上的天人关系的翻转，即从以德安命、以人顺天过渡到以德涵命、以人导天，进而实现以人合天的"天人合一"的完满状态。他说："德性的修养既是安顺天命的结果，同时也在一定程度上决定性地改变了生命的质量和个人的命运。"③ 当然，这时的"天人合一"已不同于最初在"天"之主导下的"天人合一"，而是在"人"之主导下的"天人合一"，是经历过天人相分阶段的，即人的理性自觉阶段的"天人合一"。因此，它扬弃了前面两个阶段，并将它们作为自身的发展环节涵括起来。

---

① 林启屏：《先秦儒学思想中的"遇合"问题——以〈穷达以时〉为讨论起点》，载《鹅湖学志》2003 年第 12 期。
② 同上。
③ 丁四新：《郭店简书的天人之辩》，载《郭店楚简国际学术研讨会论文集》，武汉大学中国文化研究院编，湖北人民出版社，2000，第 584 页。

第四节 《穷达以时》与荀子天人观比较

一 荀子之"天"的"时""命"义

在《荀子》中，"天"也具有"命"与"时"的双重含义。《强国》篇说："人之命在天，国之命在礼。"其中，"人之命在天"的"命"，可以理解为命运之"命"，因为人的命运并非其自身所能完全掌控，所以将其归诸"天"的范畴。① 那么，这里的"天"也就是命运之天，所以欧阳祯人先生认为，"人之命在天"的说法还没有脱离《论语》"死生有命，富贵在天""畏天命"以及《孟子》"君子行法，以俟命而已"的老传统。② 而关于此处"命"的具体内容，《庄子·德充符》中的一段话则是很好的说明："死生、存亡、穷达、贫富、贤与不肖、毁誉、饥渴、寒暑，是事之变，命之行也。"与此相对应的是，荀子也曾借孔子之口说："死生者，命也"，这是认为人之自然生命的长短寿夭、天赋秉性的贤愚不肖，以及人在社会生活中的贫富穷达和在政治实践中的成败荣辱，都具有无法选择和不可违拗的特点，其间充斥着偶然性与不可知性，荀子将其统统归之于"命"的范畴。《荣辱》篇说：

> 自知者不怨人，知命者不怨天，怨人者穷，怨天者无志。失之己，反之人，岂不迂乎哉！

杨倞注云："有志之士，但自修身，遇与不遇，皆归于命，故不怨天。"③ 王念孙亦云："不知命而怨天，故曰无识。"④ 以上注释都是将"天"与"命"联系起来考虑，其所论之"天"当属"命运之天"。又《天论》篇说：

> 故君子敬其在己者，而不慕其在天者；小人错其在己者，而慕其

---

① 梁右典：《论荀子思想的宗教性面向》，载《当代儒学研究》2011 年第 11 期。
② 欧阳祯人：《先秦儒家性情思想研究》，武汉大学出版社，2005，第 409 页。
③ 王先谦：《荀子集解》，中华书局，2013，第 68 页。
④ 同上。

在天者。君子敬其在己者而不慕其在天者，是以日进也；小人错其在己者而慕其在天者，是以日退也。

此段意在说明君子与小人的区别，即君子知命而日进，小人不知命而日退。向世陵、冯禹先生据此指出，在《荀子》一书中，并不是所有的"天"都可以被理解为"自然"，这里的"天"便是指"命运"和"时遇"。① 综上所论，我们不难发现，荀子之"天"确实具有"命运"的含义。

另外，荀子也将"命"与"时"联系起来考虑，认为"命"具有"时"的含义。《正名》篇说："节遇谓之命。"杨倞注云："节，时也。当时所遇，谓之命。命者，如天所命然。"② 这就把"天""命"与"时"联系了起来，从而赋予"天""命"以"时"义。《天论》篇说："楚王后车千乘，非知也；君子啜菽饮水，非愚也：是节然也。"杨倞注云："节，谓所遇之时命也。"③ 荀子在此以"时"谓"命"，直接将"命"等同于"时"，当是他已敏锐觉察到时遇是左右个体生存境遇的关键性因素，固有此"摄时归命"④ 之说。

与《穷达以时》相同，《荀子》中的"时""命"及在此论域下的"天"也具有以下三点特色：第一，属人性。唐君毅先生很早就指出，荀子说的"节遇谓之命""唯是一赤裸裸之现实的人与所遇之境之关系"，与东汉王充所言"所当触值之命"属于同一思想形态。⑤ 而"命"的属人性又主要体现在对人的限制性上，所以张觉先生在注释"节遇谓之命"时，就直接将其中的"节"释为"制约"和"限制"。⑥ 同时，荀子还进一步指出，"天""时""命"对人的限定性和制约性主要体现在内外两个方面：一是内在的限定性。正如《庄子》所言，人之自然禀赋的贤愚不肖、人的思维和行动能力都先天受制于"命"。与《庄子》一样，当荀子"在强调主

---

① 向世陵、冯禹：《儒家的天论》，齐鲁书社，1991，第 59 页。
② 王先谦：《荀子集解》，中华书局，2013，第 489 页。
③ 同上书，第 369 页。
④ 姚彦淇：《荀子"制天命"说的形成及思想内蕴》，载《先秦两汉学术》2010 年第 14 期。
⑤ 唐君毅：《中国哲学原论·导论篇》，中国社会科学出版社，2005，第 344 页。
⑥ 张觉：《荀子译注》，上海古籍出版社，2012，第 320 页。

体心知能力的绝对自主性的同时，也清醒地看到了现实实际中主体各种思维、选择、行动的先天限制性"[①]；二是外在的限定性。这主要体现为外在的自然环境和社会环境对个体实践活动的制约，其中，尤其以社会环境的制约为主。如《成相》《赋》两篇就曾以往昔圣贤为例，说明社会政治环境对个体政治实践所起到的举足轻重作用："尧授能，舜遇时，尚贤推德天下治。虽有贤圣，适不遇世孰知之？""比干见刳，孔子拘匡。昭昭乎其知之明也，郁郁乎其遇时之不祥也。拂乎其欲礼义之大行也，暗乎天下之晦盲也。"正如《穷达以时》所言，外在社会环境对个体政治实践的影响具有两面性，即一方面，它是个体政治理想得以实现的桥梁，如上面提到的尧、舜；另一方面，它又构成个体政治理想转变为现实的障碍，如上面提到的比干、孔子。而荀子则更加关注后者，即时遇对人的限制性作用，这应该与他的个人际遇有关，《成相》篇曾状荀子本人的口吻说："嗟我何人，独不遇时当乱世！欲衷对，言不从，恐为子胥身离凶。进谏不听，刭而独鹿弃之江。"他深切体会到社会政治环境的险恶以及对个人施展抱负的限制和阻碍，故有此"不遇时"之叹。

第二，客观性。荀子所谓"命"乃是独立于个体主观意志之外的客观存在，它具有一种无法为个体自身所支配和掌控的性质，故《大略》篇言："君子能为可贵，不能使人必贵己；能为可用，不能使人必用己。""命"的这种客观性使得个人在现实领域中的作为和他在道德领域中的作为有了根本区别，并决定了现实生活中个体选择的非自主性。在此意义上，"命"也可以被理解为在天人相分以后，个体对人的主观性与天的客观性之间冲突的真切感受。

第三，偶然性和必然性的统一。首先，荀子之"命"具有偶然性的一面。俞樾释《正名》篇"节遇谓之命"之"节"为"适"，即适然和偶然义。[②]梁启超先生认为，荀子之"命"带有偶然性，如佛家所云"因缘和合"之义，与世人视为"天定"者根本不同。[③]唐君毅、唐端正先生也将荀

---

① 张琳：《荀学三论》，复旦大学哲学学院博士学位论文，2003 年 4 月。

② 王举忠、于世君：《"天人相分"论质疑——与施昌东、富恩同志商榷》，载《辽宁大学学报》（哲学社会科学版）1980 年第 1 期。

③ 梁启超：《荀子正名篇》，中国社会科学出版社，1997，第 55 页。

子之"命"理解为人无法预期的穷达遭际。① 《宥坐》篇说："遇不遇者，时也；死生者，命也。"死亡就其作为个体生命的归宿而言，体现了自然生命的必然规律，但对于每个个体而言，死亡在何时到来则带有偶然性的特点。死亡尚且如此，则个体在现实生活中的荣辱成败就带有更多的不确定因素。由于在荀子那里，"命"往往体现出这种出人意料的偶然性，所以他提倡"知命者，不怨天"的态度，即不是把人生的主要精力放在无法掌控的"命"上，而是放在可以把握的"为"上。其次，荀子之"命"除了体现出偶然性的一面外，还体现出必然性的一面。正如庄子所言："天下有大戒二：其一命也，其一义也。……知其不可奈何而安之若命。"（《庄子·人间世》）以及孟子所言："莫非命也，顺受其正。"（《孟子·尽心上》）"命"又体现出一种无可奈何的必然性、一种不知其所以然而然的规定性，并贯穿到个体的整个生命历程中。正是由于"命"的这种必然性，荀子才极力提倡"修身以俟命"的人生态度。

和《穷达以时》不同，荀子明确区分出"命"的可知性与不可知性，这实际上是针对"命"的不同内容来说的。一方面，"命"具有可知的一面。在这个方面，荀子所谓"命"实则是指客观世界（包括自然界和人类社会）变化发展的必然规律，如《天论》篇"制天命而用之"以及《不苟》篇"夫此顺命以慎其独"之"命"，说的都是这个意义上的"命"。此"命"已经剥离宗教神学意义上的神秘性，是可以被认识和掌握的客观规律②，在此意义上，"命"与"道"具有相同含义。对于这个"命"，"应之以治则吉，应之以乱则凶"，即人们只有遵循它才能取得好的结果，否则就会遭殃，这就促使个体不断提升自身的认识水平来把握它。

另一方面，"命"又具有不可知的一面。荀子将这种意义上的"命"称为"节遇"，即个体的现实境遇。《非十二子》篇说：

> 君子能为可贵，不能使人必贵己；能为可信，不能使人必信己；能为可用，不能使人必用己。故君子耻不修，不耻见污；耻不信，不耻不见信；耻不能，不耻不见用。

---

① 姚彦淇：《荀子"制天命"说的形成及思想内蕴》，载《先秦两汉学术》2010 年第 14 期。
② 张琳：《荀学三论》，复旦大学哲学学院博士学位论文，2003 年 4 月。

这是认为，君子可以通过自身的努力分别做到品德高尚而受人尊重、忠诚老实而受人信任、多才多艺而被人倚重，但这并不能保证具备了这些条件，就一定能使别人尊重自己、相信自己、任用自己，因为后者已经超出了个体能够作用的范围，个体无法完全掌控它。[①] 又如《宥坐》篇说："楚王后车千乘，非知也；君子啜菽饮水，非愚也：是节然也。"一个并不智慧的人却能后车千乘，而一个并不愚笨的人只能啜菽饮水，这种情况的发生是人们无法认识和理解的，属于人力所不能及的"在天者"。再如，荀子在《正论》篇区分了"势辱"与"义辱"这两个不同的概念："义辱"是由个体自身行为犯分乱理、流淫污僈、骄暴贪利招致的困顿和屈辱，"是辱之由中出者也"，这种屈辱个体自身可以避免；而所谓"势辱"则是由外部客观情势造成的耻辱，"是辱之由外至者也"，对于这种屈辱个体自身也无所用其力。因此，无论是节操多么高尚、修养多么淳厚的仁人君子都可能会遭受"势辱"。对于身临其境及深受其害者而言，"势辱"显示的就是一种无法为个体认识和把握的"命"的性质。[②] 对此有学者指出，荀子认为在这个世界上存在着一些无法为人类认识的外在必然性，这种看法具有一定的合理性。[③] 如一个人可以埋头苦干，以图他年出人头地，不过在努力奋斗之后，是否一定能如他所愿，是任何人也保证不了的。这是因为，人并不是孤立存在的抽象个体，而是一种社会性的存在。人的社会性决定了个人理想的实现必然受到社会的制约，这是人生"变数"永远存在的一个重要原因。

二 荀子的"明于天人之分"观

与《穷达以时》"天人有分"观相对应，荀子在《天论》篇提出了"明于天人之分"说。首先，"明于天人之分"意味着"天与人各有不同的职分"[④]，这里的"分"是"职分"之义，实际上这就为"天"与"人"划定了各自作用的领域，同时这也构成荀子"明于天人之分"说的最重要内涵。《天论》篇又说："不与天争职""唯圣人为不求知天"，韩德民先生指出，"不求知天"并非要否定天的作用，而是指出天与人各有其职分和功

---

① 张琳：《荀学三论》，复旦大学哲学学院博士学位论文，2003 年 4 月。
② 韩德民：《荀子"制天命"说新解》，载《中国文化研究》，1999 年冬之卷。
③ 曲爱香：《孔孟荀的天人观及其生态伦理》，浙江大学人文学院博士学位论文，2003 年 4 月。
④ 梁启雄：《荀子简释》，中华书局，1983，第 221 页。

能，认识到这一点，并以某种合理的方式发挥自身的作用就能取得好的效果。① 由于在《荀子》中，"天"是一个意涵丰富的概念，而本节主要是针对它的"时""命"义而发。因此，这里探讨的"天人之分"也是指与"时""命"同义的"天"之职分。而什么是这个"天"的职分呢？前面提到，在《荀子》中，此"天"既可以指客观世界（包括自然界和人类社会）变化发展的必然规律，也可以指个体的现实境遇。作为规律，它具有"不为而成，不求而得"的性质，如《富国》篇说："高者不旱，下者不水，寒暑和节而五谷以时孰，是天之事也。"《天论》篇说："列星随旋，日月递照，四时代御，阴阳大化，风雨博施，万物各得其和以生，各得其养以成。"《礼论》篇说："天地以合，日月以明，四时以序，星辰以行，江河以流，万物以昌。"在上述引文中，"天"的职分即在于保证和维持自然现象的有序运行，这是人不可以也不能替代的。同理，人类社会也有其内在发展规律，如社会形态的演进、所有制结构的变更、经济基础与上层建筑的矛盾运动等，维持这些社会现象的有序运行，也属于"天"的职分。而作为个体的现实境遇，"天"的职分即在于为人的作为立定限度，使人不致妄为。

在明确了天的职分以后，人就不应该与天争职，而是致力于自己的职分，唯有如此才能建立起和谐的天人关系。而什么是人的职分呢？与上面所说的天之职分相对应，人的职分也可分为两类：第一，相对于作为规律的"天职"来说，人的职分即在于认识和利用它。《天论》篇说："故大巧在所不为。"叶绍钧先生注云："不为，不与天争职之类也。"② 对于自然规律及社会规律，人的职分不是要去改变它，而是要把主要精力放在如何认识和利用规律上。③ 只有这样，才能获得"吉"的结果，否则必然是"凶"，所以荀子说："修道而不贰，则天不能祸""倍道而妄行，则天不能使之吉"。"道"，即规律。认识规律是利用规律的前提，因此荀子是极力主张"知"天的，即要人们去认识规律。④ 在认识和把握规律的基础上，人们

---

① 韩德民：《荀子天人观的哲学透视》，载《哲学与文化》2000 年第 2 期。
② 叶绍钧：《荀子选注》，商务印书馆，1925，第 76 页。
③ 刘太恒：《荀子〈天论〉篇探析——兼论先秦时期的"天人"之辩》，载《郑州大学学报》（哲学社会科学版）1986 年第 5 期。
④ 王举忠、于世君：《"天人相分"论质疑——与施昌东、富恩同志商榷》，载《辽宁大学学报》（哲学社会科学版）1980 年第 1 期。

就可以利用规律指导实践，为自身谋福利，如人们可以利用对天文规律的把握合理安排稼穑、利用对季节知识的掌握合理安排渔猎，等等。

第二，相对于作为个体现实境遇的"天职"来说，人的职分即在于"修身以俟时"。《宥坐》篇以孔子的口吻说：

> 为不为者，人也；遇不遇者，时也；死生者，命也。今有其人不遇其时，虽贤，其能行乎？苟遇其时，何难之有？故君子博学、深谋、修身、端行以俟其时。

在这里，荀子明确区分了"遇不遇"和"为不为"，他认为人们在面对无法掌控和难以抗拒的现实境遇时，应当将主要精力放在道德修养上，个体的修身实践具有超越现实境遇的自主性，所以《天论》篇说："若夫志意修，德行厚，知虑明，生于今而志乎古，则是其在我者也。"《宥坐》篇也说："君子博学、深谋、修身、端行以俟其时。""君子之学，非为通也；为穷而不困，忧而意不衰也，知祸福终始而心不惑也。"虽然荀子将人的职分界定为修身，但是他并不主张为了修身而修身，他认为修身的目的在于用世，个人的正确态度应该是"修身端行，以俟其时"。这是因为，时命虽然能决定个人一时的荣蹇，但人力并非完全没有着力的余地，君子治学修身只要能持之以恒，待"当时命"之机一旦来临就可以反转眼前的窘迫而见用于世。[①]

其次，在《荀子》中，"明于天人之分"也意味着天和人在价值上有主次之分，这主要体现在以下两个方面：第一，对于作为自然及社会规律的天来说，如果它没有成为人类认识和利用的对象，那么它将永远处于自在的阶段、永远是与人类无关的"自然"，因而也就丝毫没有价值可言。它要想获得实际意义，就必须进入人类视野，成为能够被人认识和利用的对象。第二，对于作为个体现实境遇的天来说，虽然它对人而言通常扮演着限制性角色，但荀子并没有因此就陷入宿命论的泥沼而无法自拔，相反，他提倡"自知者不怨人，知命者不怨天""君子敬其在己者而不慕其在天者"的人生态度。个体境遇的限制性特点使他更加清醒地意识到人的职分所在，

---

① 姚彦淇：《荀子"制天命"说的形成及思想内蕴》，载《先秦两汉学术》2010 年第 14 期。

同时也促使他更加坚定不疑地追求自己的理想信念，《宥坐》篇借孔子之口说："君子之学，非为通也；为穷而不困，忧而意不衰也，知祸福终始而心不惑也""昔晋公子重耳霸心生于曹，越王勾践霸心生于会稽，齐桓公小白霸心生于莒。故居不隐者思不远，身不佚者志不广。女庸安知吾不得之桑落之下！"外在际遇的困顿不堪，非但没有成为他追求个人理想的绊脚石，反而成为他探寻本真生命的不竭动力。

最后，在《荀子》中，"明于天人之分"还意味着在天和人之间并不存在因果关系，这主要体现在以下两个方面：第一，对于作为自然及社会规律的天来说，它并不以人的主观意志为转移，故《天论》篇说："天行有常，不为尧存，不为桀亡"，"天不为人之恶寒也辍冬，地不为人之恶辽远也辍广"。第二，对于作为个体现实境遇的天来说，它的存在也不受个人道德修养的影响，故《非十二子》篇说："君子能为可贵，不能使人必贵己；能为可信，不能使人必信己；能为可用，不能使人必用己。"这就与以前人们所持的"为善者，天报之以福；为不善者，天报之以祸"的道德定命论观点产生了根本区别。

三　"天人合一"是荀子的理论归宿

与《穷达以时》相同，荀子也直接谈到人与时命之天的合一问题，但是他对这个问题的探讨要比简文来得更为复杂。在这一语境下，荀子所说的"天人合一"是通过以下两种途径实现的。首先，对于作为自然及社会规律的天来说，个体要想实现这个层面的"天人合一"，只有借助于自身的理性认识能力。《解蔽》篇说："人何以知道？曰：心。心何以知？曰：虚一而静。"这里的"道"既可以指自然天道，也可以指社会人道，综合而言，就是指自然及社会规律。人与道的合一也就是"天人合一"的实现过程，而这是通过人"知"道的方式达成的。人何以能"知"道呢？这是因为人有"心"，"心"具有认识道的能力。"心"不但具有认识道的能力，还具有认识道的方法。它通过"虚一而静"，即虚、静和专一的方式，实现人与道（即人与天）的合一。荀子称实现了"天人合一"的人心状态为"大清明"，他认为人心在清澈澄明的状态下就可以通观万物并认清其真相、透视社会并通晓其法度、治理天地并掌控其全局，而能够达到这个境界的人就是"大人"。

其次，对于作为个体现实境遇的天来说，个体要想实现这个层面的"天人合一"，只有通过"修身以俟时"的手段。《宥坐》篇说：

> 为不为者，人也；遇不遇者，时也；……今有其人不遇其时，虽贤，其能行乎？苟遇其时，何难之有？故君子博学、深谋、修身、端行以俟其时。

由于在个体的道德修养与时命之天之间并不存在因果关系，因此也就无法通过一方统摄另一方的形式实现两者"内在"的合一，而只有通过"俟时"的途径实现两者"外在"的合一。在不遇时命的情况下，君子只要能够持之以恒的"博学深谋，修身端行"，等到当时命之机一旦来临，就可以反转眼前的困迫，实现自己的政治理想，这也可以说是为人的积极主动性留下了一个"缺口"①。

四 小结

综上所述，在天人观上，《穷达以时》与荀子表现出如下三点关系。

第一，《穷达以时》和荀子的"天"都具有"时"与"命"的含义，并体现出以下三点特色：①属人性，即只有对人而言，它才有意义和价值。具体来说，时命之天的属人性又表现在以下两个方面，即一方面它是个人或集体理想转变为现实的桥梁；另一方面它又构成个人或集体理想转变为现实的障碍。而相对于《穷达以时》来说，荀子则更加强调时命之天的后一层含义，即它所扮演的限定性角色，同时从内在限定性和外在限定性两个方面做了具体分析。②客观性，即它不以人的主观意志为转移，对人表现出不可抗拒的优先性。这就决定了在时命之天面前，个人完全丧失了自主选择的可能，而且这也使得个人在现实领域中的作为和他在道德领域中的作为有了根本区别，即非自主性和自主性的区别。③偶然性和必然性的有机统一，即一方面，它在个人的实践活动中体现出"遇"与"不遇"的偶然性特点；另一方面，它又在个人的整个生命历程中体现出"命"的必然性特点。在此基础上，荀子还进一步区分了时命之天的可知性与不可知

---

① 姚彦淇：《荀子"制天命"说的形成及思想内蕴》，载《先秦两汉学术》2010 年第 14 期。

性，他认为，作为自然及社会规律的天是可知的，而作为个体现实境遇的天则是不可知的。荀子在分析时命之天时所表现出来的理性化和去神秘化倾向，成为他和《穷达以时》之间的一个显著区别。

第二，《穷达以时》的"天人有分"观和荀子的"明于天人之分"说具有以下三个方面的共同特点。一是都认为"天"和"人"各有其领域和职分。《穷达以时》将凡是处于人的能力范围以外的因素统统归之于"天"，而荀子则在此基础上做了进一步区分，他认为"天"包含了两方面内容，即可以认识的自然及社会规律和不可以认识的个体现实境遇。与此相对应的是，荀子将"人"的职分分别确定为借助于人的理性认识能力掌握和利用客观规律，以及修身以俟时，而这与《穷达以时》对人之职分的确定也是可以一一对应起来的。二是都认为"天"和"人"在价值上有主次之分，即他们都是通过"天"的客观限定义凸显人的主体尊严义，时命之天的各种限制在这里非但没有成为主体追求理想的绊脚石，反而成为他们探寻本真生命的不竭动力。三是都认为在"天"和"人"之间不存在因果关系，即在人的道德修养和时命之天之间并没有因果关系，人的道德修养不再是为了一个外在目的，而是尽人之为人的本分，这就与前人所持的道德定命论观点产生了根本区别。

第三，追求时命之天与立德之人的内在合一，即"天"与"人"的合一，是《穷达以时》和荀子的共同目标。但与《穷达以时》不同的是，荀子之"天"除了具有时命义之外，还具有规律义，这是荀子"天"论的创新之处。对于作为自然及社会规律的天来说，要想实现这个层面的"天人合一"，就需要借助于人的理性认识能力。因此，荀子要求主体积极地"知"天，即认识客观规律，在认识的基础上利用规律指导实践、造福人类。

第五节　郭店儒简《成之闻之》的天人观

《成之闻之》在出土时业已散乱，对竹简顺序的重新编排因而也就成为解读简文思想的前提和基础。对于该篇的简序排列问题，裘锡圭、郭沂、周凤五、王博、陈伟、廖名春、李零、刘钊、顾史考等先生都给出了各自的观点。结合《成之闻之》原文并综合考虑诸家意见，笔者觉得李零、刘钊两位先生的观点当属允当，但是简22、23的顺序应当根据顾史考先生的意见略作调整，调整后的竹简顺序为：4-20、31-36、29、23、22、30、1-3、24-28、21、37-40。经过这样一番调整，原整理者给本篇所加的篇题——"成之闻之"，在调整后的文本中就分属两个不同的意义段落，其合理性难免值得推敲。然而考虑到这一篇题已经得到学界的普遍认可与广泛使用，若轻易替换难免会造成指称上的混乱，所以我们将继续沿用该篇题。

一 《成之闻之》的思想主题和写作背景

对理想政治模式的思考是《成之闻之》的思想主题，一如前后期的其他儒家学者那样，简文作者找到的答案是"德治"。"德治"在具体的政治实践中表现为有德的统治者对被统治者的教化，即统治者以自身的道德感召力影响和涵化被统治者，使被统治者也能成为和自己一样的谦谦君子，那么这样一个普遍由君子组成的社会当然是一个理想的社会。而这一点得以实现的前提是统治者自身必须具备崇高的德行，这就要求统治者能够切实提高自身的道德修养，因此"君子求诸己""惇于反己"就成为《成之闻之》上半部分（简4-20）的主旨。《成之闻之》下半部分进一步论证君子的求己、修身实践并不是运思玄室、枯坐冥想，而应该落实到具体的人伦物事上，即以"礼"理治人伦。同时《成之闻之》认为，君子的这一修身、理治实践具有形上层面的根据，即它体现了个人对"天常""天德"的顺承和回归。因此，在这一实践过程中君子应该勤勉不懈、善始善终，即"恒之""疾之""成之"。概言之，本篇的上半部分比较注重君子的修身立德，下半部分较为重视君子的理治人伦，同时认为应当将两者统一起来成为同一实践过程的两个方面，并将这一实践过程上溯到天道的层面，可谓有本有末、兼体该用，这也反映出先秦儒家的一个普遍特点——"即天道以言人事"。

当然，《成之闻之》的天人观除了具有先秦儒家天人观的一般共性以外，也还具有自身的特殊性，诸如其独特的问题意识及讨论对象等。但这一点并没有受到学界应有的重视，而本书的主要目的就是全面系统地论述《成之闻之》的天人关系思想，以期增进人们对这一问题的认识，而在此之前，我们有必要对简文的写作背景做一个简要交代。

前面提到，《成之闻之》的思想主题是讨论理想的政治模式问题，因此，这里首先涉及的是人与政治的关系问题，即人何以离不开政治。对于这个问题荀子做过一定程度的思考，《王制》篇提出这样一个问题："（人）力不若牛，走不若马，而牛马为用，何也？"在荀子看来，这是因为人"能群"、动物"不能群"的缘故，而能形成群体就能汇聚力量，能汇聚力量则族群就会强大，族群强大就能战胜其他事物（"一则多力，多力则强，强则胜物"）。"能群"因此也就成为人类在优胜劣汰的自然规律和极端严酷的自然环境下顽强生存下去的最主要因素。接下来的问题是，人何以能群？荀子给出的答案是"分"，而"分"的根据是"义"。"分"和"义"实际上就涉及具体的制度设计及其背后的精神原则问题，这是荀子站在现实主义的角度对政治起源所做的思考。与此形成鲜明对照的是，比他稍早的古希腊哲学家亚里士多德则从先验主义的角度讨论过同样的问题。在亚氏看来，政治构成个体的本质性规定，或者说，人先天就是政治的动物，因此人从一开始就必须超越"动物性的生存状态"，而"进入一个真正属人的世界"①，这个世界就是政治世界。

《成之闻之》之所以对政治问题予以特别关注，除了上面提到的一般性原因以外，还与它产生的独特时代背景有关。梁启超先生在《先秦政治思想史》中指出，一切思想皆应时代之要求而产生，当然，对于《成之闻之》而言亦然。胡锐军先生认为，过去的历史经验告诉人们，在任何一个大动荡、大分裂、大改组的时代，思想家们往往都会将注意力聚焦在两个基本的问题上，即社会政治秩序及人类生存状况问题。② 换言之，如何构建一套合理有效的政治秩序以应对社会危机，从而使人心趋于稳固，便成为动荡时期思想家们致思的主要方向。

而作为郭店儒简成书年代的战国中期就是这样一个激流涌动的时代，具体表现在以下三个方面。首先，在政治上，礼崩乐坏、王纲解纽。周初制定的一整套礼乐制度及在此基础上形成的政治伦理规范已经失去了原有效力，这又表现为以下三点。第一，周天子威信扫地，陪臣执国命。诸侯僭天子、大夫僭诸侯、卿士僭大夫之事屡见不鲜，所以孔子才发出这样的感叹："天下无道，则礼乐征伐自诸侯出。自诸侯出，盖十世希不失矣；自

---

① 赵明：《论作为政治哲学的先秦儒学》，载《山东大学学报》（哲学社会科学版）2005年第3期。

② 胡锐军：《理想的诉求与没落——儒家政治秩序理论的现代视角研究与考量》，吉林大学行政学院博士学位论文，2005年4月。

大夫出，五世希不失矣；陪臣执国命，三世希不失矣。"（《论语·季氏》）第二，贵族生活日益腐化，为了满足自己"辟土地，朝秦楚"的膨胀私欲而日寻干戈，争地以战，杀人盈野，争城以战，杀人盈城。第三，连年征战导致百姓生活状况持续恶化，乃至陷入苦难深渊而无法自拔。

其次，在经济上，农村私有制经济的不断发展呼唤新的政治模式的出现。

最后，在思想上，旧秩序的解体和新秩序的缺失直接导致人心的紊乱和道德的滑坡，臣弑其君者有之，子弑其父者有之，据说这也成为孔子作《春秋》的根本原因。面对日益严重的社会失序和人心失和状态，如何重建秩序、重拾人心以适应形势发展和时代需要，就成为当时各派思想家最为关切的一个话题。

先秦儒家之所以能在春秋战国"百家争鸣"的时代背景下占有一席之地并发展壮大，与其对政治秩序重建之必要性及合理性的深入思考密不可分。但是先秦儒家并非仅仅停留在具体的制度设计层面谈论政治秩序问题，而是深入到政治秩序的根基，即从"天道"与"人性"的角度来思考这一问题。正如有学者已经指出的那样，先秦儒家认为，与其在技术层面一个一个地解决问题，导致治标不治本，还不如从人的精神层面做一个彻底了断。重建政治秩序并不是一个单纯的制度和技术层面的问题，而是一个关乎人类精神文明和价值世界重构的根本性和整体性问题。① 当然，这一思路也充分体现在《成之闻之》中，即郭店儒简对政治问题的思考始终没有离开过对"天人关系"以及人性问题的关注。因此，当我们在梳理《成之闻之》的天人观时，应该紧紧围绕它的这一思想特质展开。

二 天降大常，以理人伦

将"天"视为人间伦理政治关系的起源是先秦儒家的普遍观点，《成之闻之》继承了这一思想传统。《成之闻之》简 31-32 说："天降大常，以理人伦，制为君臣之义，著为父子之亲，分为夫妇之辨。"众所周知，夫妇、

---

① 胡天祥：《儒学性善论及其政治秩序重建之价值方向》，载《西部人文科学评论》2005 年第 3 期。

父子、君臣是传统宗法制社会最基本的三种关系形态。其中，夫妇、父子代表家族内部的关系，属于伦理关系范畴；君臣代表家族外部的关系，属于政治关系范畴。虽然在这里我们将伦理关系和政治关系区别看待，但是在传统宗法制社会，两者实际上是密切相关的，即伦理是政治的伦理，政治是伦理的政治。简文认为，"天"不仅是人间伦理政治关系的起源，而且是后者得以存续和运转的保障。这种不以人间的伦理政治关系起源于人间，而是有着超人间来源的思维模式，一方面保证了人间伦理政治关系的超越性和恒常性；另一方面也使其获得了"绝对真理的地位"①，并对后世产生深远影响，如在成书时间上晚于《成之闻之》的《易传》指出："有天地然后有万物，有万物然后有男女，有男女然后有夫妇，有夫妇然后有父子，有父子然后有君臣，有君臣然后有上下，有上下然后礼义有所错。"这实际上是在简文思想的基础上进一步明确了夫妇、父子、君臣之间的逻辑递进及衍生关系，而且还加进了"万物""男女""上下"等新的概念以使这一关系模式更趋完善，但它却用"天地"这一概念取代了"天"的概念（这可能是要和后面几组概念保持一致的缘故）从而使"天"的至高义和形上义隐而不显，不可不谓是一大缺憾。

既然"天"是人间伦理政治关系的起源，那么接下来的问题便是"天"为什么要创设人间伦理政治关系？由于《成之闻之》是写给"君子"，即有德的统治者看的。因此，这一问题在简文那里便是以"天"为什么要创设君臣关系的形式出现的，这实际上是对政治关系存在合理性的思考，而简文对这一问题的回答是以对"君子"职责的界定为突破口的。《成之闻之》简 32-34 说：

> 君子治人伦以顺天德。《大禹》曰："余兹度天心"何？此言也，言舍之此而度于天心也。是故君子篳席之上，让而授幼；朝廷之位，让而处贱，所度不远矣。

在简文看来，"君子"的职责是"治人伦以顺天德"，即理治人伦以顺应天德。所谓"顺天德"，即《尚书·大禹谟》所说的"揣度天心天意"，

---

① 李友广：《伦理的政治化：早期儒家政治文化的理论建构向度》，载《江西社会科学》2012 年第 11 期。

具体表现为"君子""于竹席之上自谦为少而处下位，在朝廷之上谦让而处低位"① 的做法，这样的爱民之举就与揣度天心天意相差不远了。由此可见，"君子"的职责即在于顺天爱民，而如何更好地维护民众利益就成为"天"在创设君臣关系时的首要考虑因素。当然，简文的这一思想有着悠久的理论渊源，它深受《尚书》等上古文献的影响，这从它屡次征引《尚书》中的相关文字就可以明显看出。又如《尚书·泰誓上》说："天佑下民，作之君，作之师，惟其克相上帝，宠绥四方"，《汤诰》说："惟皇上帝降衷于下民。若有恒性，克绥厥猷惟后"，以及《仲虺之诰》说："惟天生民有欲，无主乃乱，惟天生聪明时乂"，也都表达了相同的观点。总而言之，简文将"天"作为人间伦理政治关系的起源，不仅保证了人间伦理政治关系的超越性与恒常性，而且也保证了它带有浓郁的民本色彩。

三　王道之三纲，可求于天

前面已经提到，在传统宗法制社会，家族内部的伦理关系和家族外部的政治关系具有同构性，这也从根本上决定了伦理规范和政治规范的统一性。《成之闻之》简 31-32 说："天降大常，以理人伦，制为君臣之义，著为父子之亲，分为夫妇之辨。"这里的"父子之亲"是"仁"德的基础，因而在一定程度上即代表了"仁"。《中庸》说："仁者人也，亲亲为大"，《孟子·告子下》说："亲亲，仁也"，即是其证。简文将以"仁""义"为代表的伦理规范视为政治规范的核心内容，同时，将人间伦理政治规范的起源上溯至天道层面，认为它们是"天常"在人间的具象化表现，这一思想也给后世以深刻影响，如董仲舒在《春秋繁露·基义》中所说的："王道之三纲，可求于天"，即是对这一思想的凝练和提升。

历史唯物主义认为，人间伦理政治规范作为上层建筑的范畴，在根本上是由当时的社会历史状况，尤其是经济基础决定的，是主体依靠自身的理性认识和实践能力对社会现实做出的积极回应。因此，如果人们要探寻人间伦理政治规范的真正起源，就离不开对时代状况及其经济基础的考察、离不开对人类自身状况的考察。那么，简文从天道层面考察人间伦理政治规范的形上起源，是否意味着它错误理解了后者的本质呢？同时，是否也

① 刘钊：《郭店楚简校释》，福建人民出版社，2005，第 143 页。

意味着这一建立在"错误"认识基础上的政治理论毫无现实意义可言呢？笔者以为不然。因为任何一种政治理论的产生都离不开时代的现实需要、绕不开社会政治经济的深刻影响，简文也不例外。如前所述，《成之闻之》成书年代的战国中期是一个大动荡、大分化、大改组的时代，在政治上则表现为"礼崩乐坏"，即建立在周初礼乐制度上的一整套政治、经济、伦理规范已经失去了原初效力，沦为徒具形式的空壳。当然，这有着社会政治经济方面的深层原因，但是人心的散乱、人们不再相信并恪守原有的那套伦理政治规范，也是不可忽视的重要原因。

如何重建人间伦理政治规范的影响力和权威性，就成为当时具有政治抱负和现实关怀的思想家们必须予以正面回应的话题。简文的解决方案是为人间伦理政治规范的起源寻找一个无可争议的最高权威——"天"，这是因为，在当时的社会历史条件下，只有"天"才是人类社会的终极依据和一直延续下来的本体论传统。简文通过这一方式使人们认识到人间伦理政治规范来源于"天"的统一安排，是天降之"大常"在人间的具象化和凝固化，这就从本体论层面确立了人间伦理政治规范的神圣性、合法性和权威性。对于这样的伦理政治规范，人们自然需要心存敬畏，必须虔敬地面对它，接受它的安排，严格按照它的要求恪守自己在社会政治秩序中的地位以及拥有的相应政治权利，遵循政治秩序的相关准则和规范。[1] 同时，简文从形上天道的角度论证人间伦理政治规范的起源，也将此前儒家单纯基于人的内在心性建构起来的主观化政治哲学规训为基于外在力量的限制而成就的客观化政治哲学，它揭示了在主体力量还不足以制定正当规则的情况下，不得不借助于对主体行为有根本威慑力量和矫正功能的最高权威的客观需求。[2]

四　君子治人伦以顺天德

政治合法性在根本上是要解决被统治者对统治权力和统治秩序的认同和服从问题，因此，它也成为任何一套政治理论在进行体系建构之初都无

---

[1] 胡锐军：《理想的诉求与没落——儒家政治秩序理论的现代视角研究与考量》，吉林大学行政学院博士学位论文，2005 年 4 月。

[2] 任剑涛：《天道、王道与王权——王道政治的基本结构及其文明矫正功能》，载《中国人民大学学报》2012 年第 2 期。

法回避的问题。面对这个基本的合法性问题，《成之闻之》的作者意识到仅仅依靠主体内在的德性修养还不是十分可靠和有效，只有诉诸形上之天，以"天命"做"保底的条件"①，才能从根本上确保现实政治秩序的合法性。既然"天命"构成现实政治秩序的合法性来源，那么具体的制度设计以及实际的行政过程就应该体现"天命"的要求和安排，并努力实现"天命"的显化。

而在简文看来，"天命"的本质是道德，因此，统治者要想长久地保有现实政权的合理性、合法性以及权威性，就应当顺从天命、效法天常、实行德治，故《成之闻之》简 32-33 说："君子治人伦以顺天德。"《成之闻之》简 3 说："故君子之莅民也，身服善以先之。"在此意义上，统治者的具体政治实践便成为一种合目的性的活动，即实现"天德""天常"的过程。这种将现实政治秩序合法性建立在道德之天而非宗教之天基础上的做法，是对孔子"为政以德"思想的继承式发展，在中国古典政治思想史上具有举足轻重的地位。

同时，这一理论视域下的"天命"说具有以下两个方面的显著特点。第一，"天命"是可以转移的。若进一步追问这一观念的起源，则可以上溯到周初，周初统治者以蕞尔小邦膺受大命，同时还面临着内外交困的艰难形势，因此自然而然地产生出一种充满责任感和使命感的忧患意识。他们在总结三代政权更迭之经验教训的基础上，得出"天命"可以转移的结论，这也充分体现在反映周初思想的经典文献中，如《尚书·多士》立足于殷革夏命、周革殷命的历史教训，着重探讨了"天命"可转的观念，《尚书·康诰》则明确记载了周公的"惟命不于常"之语。由于"天命"可以转移和改易，所以《成之闻之》要求统治者能够做到"兹度天心"，即顺从天心天意，以此取得上天的眷顾。第二，"天命"转移有其恒常不易的规律，用《尚书·蔡仲之命》的话说就是"皇天无亲，惟德是辅"。既然"天命"转移的最终根据是人君之德，那么人君只有做到敬慎其德，方能享天明命。有见及此，简文才一再强调"治人伦以顺天德"的"君子"之行，而强烈反对"乱天常以逆大道"的"小人"之举，这实际上也为先秦儒家的德治

---

① 胡锐军：《儒家政治秩序建构的合法性基础》，载《中南大学学报》（社会科学版）2008 年第 3 期。

理念提供了形上天道的依据，并使其获得了绝对的神圣性与崇高性。

五　慎求之于己

除了将"天"视为人间伦理政治秩序的根据以外，简文还将其视为个体内在德性的源头。为了说明这一点，《成之闻之》是这样进行论证的：首先，它将一切道德价值的根源都溯诸"天命"。《成之闻之》简 31-32 说："天降大常，以理人伦，制为君臣之义，著为父子之亲，分为夫妻之辨"，这是将以"仁""义"为代表的伦理道德规范看作"天"的产物。其次，它将伦理道德看作人的内在本性，而正是通过伦理道德的居中调节作用，"天"与"人"实现了统一。《成之闻之》简 37-38 说：

> 唯君子道可近求，而可远措也。昔者君子有言曰："圣人天德"何？言慎求之于己，而可以至顺天常矣。

这里的"君子道"代表人间的伦理道德规范，因为其内在于人，所以人们可以通过"求之于己"的方式觅得它，这叫作"近求"；同时，"君子道"又是天德、天常在人间的具象化反映，因此，人们实现"君子道"的过程也就是"至顺天常"的过程，而天德、天常又是世间一切事物的普遍性准则，所以只要人们能够求得"君子道"，就能够行乎蛮貊、达于四海，这叫作"远措"。从这个意义上说，正是"天"赋予"人"以内在德性，因此，君子求己、修身、立德的过程就是效法天常的过程，敬德就是敬天，至顺天常、体认天道归根到底要落实为求己、修身、立德。

简文提倡君子求己、修身、立德，一方面的原因在于人的内在德性可以上达于天，修身立德即是效法天常，而天常又是人伦规范的产生根据，因此君子要理治人伦，首先就必须修身立德；另一方面的原因在于上天所赋予每个人的内在德性在最初情况下还处于潜在和端绪的状态，还需要借助于主体的后天努力才能将其实现和完成。《成之闻之》简 26-28 说：

> 圣人之性与中人之性，其生而未有非之。即于儒也，则犹是也。虽其于善道也亦非有择数以多也，及其博长而厚大也，则圣人不可犹豫惮之。此以民皆有性而圣人不可慕也。

这是认为，"圣人之性"与"中人之性"在原始状态下并没有任何区别，它们都来自上天的降命，只是到后来才有了差异。这是因为"圣人"善于通过后天的学习和实践培养内在的天赋善端，及至善性培养成熟以后，就会让普通人产生出一种"仰之弥高，钻之弥坚，瞻之在前，忽焉在后"的感觉，殊不知这种差别只是来源于后天的道德实践，而非出自最初的天赋善端。这就告诉人们，要想培养自己的内在德性，就必须经过一番长期而刻苦的求己工夫。同时，《成之闻之》简文还进一步探讨了求己、修身、立德的工夫次第，《成之闻之》简36、29、23、22、30说：

> 君子曰：从允释过，则先者豫，来者信。《君奭》曰："襄我二人，毋有合在音"何？道不辍之治也。
>
> 君子曰：唯有其恒，而行之不疾，未有能深之者也。勉之遂也，强之工也，陈之淹也，辞之工也。是故凡物在疾之。《君奭》曰："唯冒丕单称德"何？言疾也。
>
> 君子曰：疾之可能，终之为难。"槁木三年，不必为邦旗"何？言陈之也，是以君子贵成之。

以上三段文字是经过顾史考先生调整后的简文顺序，经过重新排列的简文呈现出明显的递增累进关系，"乃是以一种'恒之可能，疾之为难；疾之可能，终之为难'的句法为其整段的逻辑结构"[①]。《成之闻之》认为，一个人如果想实现内在的天赋善端，那么他在后天的道德实践中首先就必须做到"有恒"，即持之以恒。"恒"在先秦儒家那里甚至已经成为一个独立的道德范畴，并受到高度重视，如《论语·述而》记载孔子的话："善人，吾不得而见之矣；得见有恒者，斯可矣。亡而为有，虚而为盈，约而为泰，难乎有恒矣。"《论语·子路》也记载孔子以下一段话："南人有言曰：'人而无恒，不可以作巫医。'善夫！不恒其德，或承之羞。"在上述两段引文中，孔子将有无"恒"德作为评价个体在道德上是否完善的最重要标准，并且认为"恒"德是很难达到的。他同时指出，人若无"恒"则很

---

① 顾史考：《郭店楚简〈成之〉等篇杂志》，载《清华大学学报》（哲学社会科学版）2006年第1期。

容易遭受道德上的屈辱，即"义辱"。

到了孟子那里，他已经将"无恒产而有恒心"看作士君子必须具备的一项基本条件，"恒"德因此也就成为区分普通人和士君子的一条重要标准。而荀子则在《劝学》篇指出学习要持之以恒，并引用《诗经》中的话："嗟尔君子，无恒安息。"这是以"无恒"见"有恒"。《成之闻之》简文在论述"恒"德时，引用《尚书·君奭》中的话："襄我二人，毋有合在音。"李学勤先生认为这句话是说："召公虽有中道而能及，但是持续至终仍然很难。"这实际上也是在强调持之以恒的难能可贵。

除此以外，《成之闻之》还十分重视道德践履中"疾之"的工夫，认为这是对已经做到"有恒"的君子在更高层次上的要求，《成之闻之》简29-30说："唯有其恒，而行之不疾，未有能深之者也。"刘钊先生指出，这里的"疾之"是"尽力"的意思。这句话是说，人们在道德实践中如果不能做到尽心竭力，就无法将道德实践引向深入。简文除了十分重视道德实践中"恒之"和"疾之"的工夫以外，还特别强调"终之"和"成之"的工夫，即认为道德实践要善始善终。它引述典出不详的两句话："槁木三年，不必为邦旗。"即"种植了三年的柘树枝干不一定能制作邦旗的杆子"，来阐发道德实践必须善始善终的道理。

附《成之闻之》原文：

君子之于教也，其导民也不浸，则其淳也弗深矣。是故无乎其身而04存乎其词，虽厚其命，民弗从之矣。是故威服刑罚之屡行也，05由上之弗身也。昔者君子有言曰："战与刑人，君子之坠德也。"是故06上苟身服之，则民必有甚焉者。君祷冕而立于阼，一宫之人不胜07其敬；君衰绖而处位，一宫之人不胜［其哀；君冠胄带甲而立于军］，08一军之人不胜其勇。上苟倡之，则民鲜不从矣。虽然，其存也不厚，09其重也弗多矣，是故君子之求诸己也深。不求诸其本而攻诸其10末，弗得矣。

是［故］君子之于言也，非从末流者之贵，穷源反本者之贵。11苟不从其由，不反其本，未有可得也者。君上享成不唯本，功［弗就矣］；12农夫务食不强耕，粮弗足矣；士成言不行，名弗得矣。是古君子13之于言也，非从末流者之贵，穷源反本者之贵。苟不从其由，14不反其本，虽强之，弗入矣。

上不以其道，民之从之也难。是以民可[15]敬导也，而不可掩也；可御也，而不可拑也。故君子不贵庶物，而贵与[16]民有同也。智而比节，则民欲其智之遂也；富而分贱，则民欲其[17]富之大也；贵而能壤让，则民欲其贵之上也。反此道也，民必因此重也[18]以复之，可不慎乎！故君子所复之不多，所求之不远，察反诸己而可以[19]知人。是故欲人之爱己也，则必先爱人；欲人之敬己也，则必先敬人。[20]

天降大常，以理人伦，制为君臣之义，著为父子之亲，分[31]为夫妻之辨。是故小人乱天常以逆大道，君子治人伦以顺[32]天德。《大禹》曰："余兹度天心"何？此言也，言舍之此而度于天心也。[33]是故君子簟席之上，让而授幼；朝廷之位，让而处贱，所度不远矣。小人[34]不逞人于忍，君子不逞人于礼。津梁争舟，其先也，不若其后也；言[35]语较之，其胜也，不若其已也。

君子曰：从允释过，则先者豫，来者信。[36]《君奭》曰："襄我二人，毋有合在音"何？道不辍之治也。

君子曰：唯有其恒，而[29]行之不疾，未有能深之者也。勉之遂也，强之工也，陈之淹也，辞之工也。[23]是故凡物在疾之。《君奭》曰："唯冒丕单称德"何？言疾也。

君子曰：疾之[22]可能，终之为难。"槁木三年，不必为邦旗"何？言陈之也，是以君子贵[30]成之。

闻之曰：古之用民者，求之于己为恒。行不信，则命不从；[01]信不著，则言不乐。民不从上之命，不信其言，而能含德者，未之[02]有也。故君子之莅民也，身服善以先之，敬慎以守之，其所存者内矣，[03]民孰弗从？形于中，发于色，其荡也固矣，民孰弗信？是以上之恒[24]务在信于众。《诏命》曰："允师济德。"此言也，言信于众之可以[25]济德也。

圣人之性与中人之性，其生而未有非之。即于儒也，[26]则犹是也。虽其于善道也，亦非有择数以多也，及其博长而厚[27]大也，则圣人不可犹豫惮之。此以民皆有性而圣人不可慕也。[28]

是以知而求之不疾，其去人弗远矣；勇而行之不果，其疑也弗往矣。[21]

唯君子道可近求，而可远措也。昔者君子有言曰："圣人天德"

何？$_{37}$言慎求之于己，而可以至顺天常矣。《康诰》曰"不还大戛，文王作罚，$_{38}$刑兹无赦"何？此言也，言不逆大常者，文王之刑莫重焉。是$_{39}$故君子慎六位以祀天常。$_{40}$

第六节　《成之闻之》与荀子天人观比较

一　"天"是伦理政治关系的起源

首先，与《成之闻之》将"天"设定为人间伦理政治关系之起源的做法相同，荀子也认为，"天"是产生人间伦理政治关系的根源。《王制》篇说："有天有地而上下有差，明王始立而处国有制。夫两贵之不能相事，两贱之不能相使，是天数也。"此处的"数"是"道"的意思，"天数"即"天道"。这是认为，人类社会之所以会产生尊卑上下的等级关系，乃是出于上天的统一安排，或者说，人间的伦理政治关系与自然界事物的错落有致一样，都是由"天数"（亦即"天道"）决定的。

其次，他在肯定"天之立君"（"君"可说是人间伦理政治关系之代表）的基础上，还进一步分析了"天"是如何安排个体在现实伦理政治关系中的具体位置的。《荣辱》篇说：

> 夫天生蒸民，有所以取之。志意致修，德行致厚，智虑致明，是天子之所以取天下也。政令法，举措时，听断公，上则能顺天子之命，下则能保百姓，是诸侯之所以取国家也。志行修，临官治，上则能顺上，下则能保其职，是士大夫之所以取田邑也。循法则、度量、刑辟、图籍，不知其义，谨守其数，慎不敢损益也，父子相传，以持王公，是故三代虽亡，治法犹存，是官人百吏之所以取禄秩也。孝弟原悫，輮录疾力，以敦比其事业而不敢怠傲，是庶人之所以取暖衣饱食，长生久视，以免于刑戮也。

这是认为，每个人的资质禀赋生来就有差异，上天也就据此将他们安排在伦理政治关系中的不同位置上，其具体原则是：如果一个人志意极其修正、德行极其淳厚、知虑极其明敏，那么上天就将他安排在天子的位置上；如果一个人施政布令遵循规范、行动举措不失其时、听讼断狱公正无私，对上能执行君命、对下能护佑百姓，那么上天就将他安排在诸侯的位置上；如果一个人志向纯洁、居官能治，对上能顺守其义、对下能谨守其职，那么上天就将他安排在士大夫的位置上；如果一个人对于其所执掌的法则、尺寸、斗斛、刑法、地图和户籍等具体事务，虽然不能通晓其意，却能保守成法、兢兢业业，不敢有所损益，父子相传以事王公，那么上天就将他安排在官人百吏的位置上；如果一个人孝悌谨慎，勤勉自力，敦实可靠而不敢懈怠，那么上天就将他安排在庶民百姓的位置上。在荀子看来，天子、诸侯、士大夫、官人百吏、庶民百姓之所以能做到各司其职、各得其分，从根本上来说，都是由于上天的安排，而上天在安排他们的具体职位时是公正无私的，并且有着客观依据。

由于人间伦理政治关系的起源是"天"，而"天"的存在具有超越性和恒常性的特点，因此前者也就获得了同样性质，故《王制》篇说："君臣、父子、兄弟、夫妇，始则终，终则始，与天地同理，与万世同久，夫是之谓大本。"

再次，荀子还进一步讨论了上天之所以要创设人间伦理政治关系的根本目的。《大略》篇说："天之生民，非为君也。天之立君，以为民也。"这是认为，"天"之所以要创设以君臣关系为代表的人间伦理政治关系，完全是为了维护庶民百姓的利益，而不是为了满足君主个人的私欲。对于人类社会何以需要君臣关系这一问题，《富国》篇说："无君以制臣，无上以制下，天下害生纵欲。"荀子深刻认识到"势齐则不一，众齐则不使"的道理，即如果社会成员地位相等则难以共事、权势相等则难以任使。因此要达到人际关系的和谐融洽、社会整体的群居和一，就必须实现人与人在权势、地位、名分上的差异化和等级化，这样看似不公平，实则公平，即荀子所说的"维齐非齐""不同而一"。这样的话，以君臣关系为代表的人间伦理政治关系就成为人类社会的重要组成部分，并成为维系社会整体利益的根本保障。

二 "天"是伦理政治规范的起源

除了探讨人间伦理政治关系的起源问题，荀子还进一步讨论了人间伦理政治规范的产生问题。在《荀子》中，"礼"是人间伦理政治规范的代表。与《成之闻之》将人间伦理政治规范的起源上溯至天的做法一致，荀子也认为，"礼"虽然在表面上起于"圣人之伪"，是人为创造的结果，但就其本质而言，乃是圣人对于超越天道的顺应和效仿，是超越天道在人间的凝固化和具象化，所以《礼论》篇才会有"礼有三本。天地者，生之本也"的说法，这从荀子对丧礼的相关论述中可见一斑。丧礼中有关于服丧之期的规定，即根据死者和服丧者的双方关系设定不同的服丧时间，有三年、期年、九月、缌麻、小功等多种类型。那么先王设立这一礼仪制度的依据是什么呢？《礼论》篇说：

> 天地则已易矣，四时则已遍矣，其在宇中者莫不更始矣，故先王案以此象之也。然则三年何也？曰：加隆焉，案使倍之，故再期也。由九月以下何也？曰：案使不及也。故三年以为隆，缌、小功以为杀，期、九月以为间。上取象于天，下取象于地，中取则于人，人所以群居和一之理尽矣。

这是认为，丧礼中关于服丧之期的规定是根据超越天道设立的。其内在理据是，经过整整一周年的时间，天地已经变易了，四时已经周遍了，宇中万物都经历了一次周而复始的变化并到达了一个新的起点，所以一周年就成为先王制定服丧之期的基本尺度。而三年是为了显示加倍隆重，缌麻、小功是为了显示有所减损，期年、九月居与中间，这些制度都建立在对超越天道的内在体认与效仿基础上。

荀子认为，广义上的"礼"还包含"乐"在内，因此"乐"也是在效法"天道"的基础上产生的。《乐论》篇说："君子以钟鼓道志，以琴瑟乐心，动以干戚，饰以羽旄，从以磬管。故其清明象天，其广大象地，其俯仰周旋有似于四时。……舞意天道兼。"又说："故鼓似天，钟似地，磬似水，竽笙、箫和、筦籥似星辰日月，鞉、柷、拊、鞷、椌、楬似万物。"这表明作为"乐"之承载形式的不同乐器及其表现形式的各种舞蹈，都是在取象于天和效法天道的基础上创作的。

由于礼乐是形上天道的具象化产物，而形上天道又具有超越性和绝对性，因此礼乐也就获得了同样性质，故《乐论》篇说："礼也者，理之不可易者也。""乐也者，和之不可变者也。"即认为礼乐在本质上和形上天道一样，具有超越性和恒常性。同时，在《荀子》中，"礼"不再只是作为人间的伦理政治规范，它也成为宇宙的普遍法则。《礼论》篇说："天地以合，日月以明，四时以序，星辰以行，江河以流，万物以昌，好恶以节，喜怒以当，以为下则顺，以为上则明，万物变而不乱，贰之则丧也。礼岂不至矣哉！"《强国》篇说："夫义者，内节于人而外节于万物者也。"这里的"义"是"礼"的精神实质，因而又成为"礼"的代表，故人们常常将礼义连称。以上两句话共同表明，"礼"已成为贯通天、地、人的整体性法则：在自然天道领域，它是宇宙万物的客观规律；在社会人道领域，它是人类社会的伦理政治规范。[①] 在此基础上，荀子对以"礼"为表现形式的伦理政治规范在社会生活中的重要作用给予极高评价，甚至将其提升到社会治理的根本原则高度，《礼论》篇说："礼者，人道之极也。"《子道》篇说："从道不从君，从义不从父，人之大行也。"这里的"道"和"义"是礼之"质"，也就代表了以"礼"为表现形式的伦理政治规范。这表明，荀子已经将之当作社会治理的根本依据和最高原则了。

三 "天"是现实政治秩序合法性的来源

与《成之闻之》相同，荀子也认为现实政治秩序的合法性来源于"天道"抑或"天命"。《荣辱》篇说："夫天生蒸民，有所以取之。志意致修，德行致厚，智虑致明，是天子之所以取天下也。"天子之所以能取得现实政权并保证其统治的合法性，即在于他能够做到志意极其修正、德行极其淳厚、知虑极其明敏，他的所作所为完全符合上天的要求，所以上天才会把他安排在天子的位置上。言外之意是，只有上天才是现实政治权力及政治秩序合法性的唯一来源。当然，荀子在这里把统治者能否获得"天命"的垂青与其个人是否"修德"联系起来，这就赋予了上天以一种"择贤降命"的能力，并使其具有了"休善界命"和"罚罪降丧"的道德属性。这样一来人君就可以通过"敬德"上达于"天"，进而获得"天之明命"。[②] 又《君道》篇说："道存则国存，道亡则国亡。"这里的"道"是"天道"之

---

① 龙宇纯先生认为，在荀子那里，礼不仅为人类行为及政治之纲纪，且亦为宇宙天地之本体。后一观念似不为学者所察及。参见龙宇纯《荀子思想研究》，载《伟大传统——荀子二十讲》，廖名春选编，华夏出版社，2009，第 201 页。

② 任怀国：《儒家伦理政治学说中的天人关系》，载《昌潍师专学报》2001 年第 3 期。

义，这表明，"天道"已经成为影响现实政权转移的最主要因素，统治者能否取象于"天"、效法"天道"，就成为他能否长享社稷的关键。

由于现实政治秩序的合法性来源于上天，这就要求人君在政治生活中必须效法"天道"。《不苟》篇说："君子大心则天而道。"《哀公》篇说："所谓大圣者，知通乎大道，应变而不穷，辨乎万物之情性者也。""大道者，所以变化遂成万物也。""大道"即"天道"，是否精通、敬畏和顺应"天道"，也就成为人君能否取得现实政权并长保其合法性的根本依据。《解蔽》篇说：

> 农精于田而不可以为田师，贾精于市而不可以为贾师，工精于器而不可以为器师。有人也，不能此三技而可使治三官，曰：精于道者也，精于物者也。精于物者以物物，精于道者兼物物。故君子一于道而以赞稽物。一于道则正，以赞稽物则察，以正志行察论，则万物官矣。

荀子在此明确区分出"精于物者"和"精于道者"这两种不同类型的人格。根据《天论》篇"万物为道一偏"的说法，可以推知"精于物者"是精通于某项专业技能的"技师"，而"精于道者"则是精通于超越天道的"达人"。荀子认为，只有精通于道，才能成为一名合格的统治者，调和万物，统领众庶。

作为一名合格的统治者，不仅需要在认识上精通"天道"，而且还需要在行动上顺应"天道"，如此才能由治而吉，达到"与天地参"的境界，否则只会适得其反，这就是《天论》篇所说的"循道而不贰，则天不能祸""倍道而妄行，则天不能使之吉"。

而通过分析《荀子》中关于"天"的一系列论述，我们不难发现，其所言之"天"实际上已经包含了道德的属性。首先，《荣辱》篇说："天生蒸民，有所以取之。志意致修，德行致厚，智虑致明，是天子之所以取天下也。"这是将"天命"的得失与人君是否"修德"联系起来，认为良好的道德品质是人君取得天下的关键，从而使"天"拥有了"罚罪降丧""休善界命"的道德品质。其次，《大略》篇说："人主仁心设焉，知其役也，礼其尽也。故王者先仁而后礼，天施然也。"杨倞解释说："天施，天道之所施设也。此明为国以仁为先也。"① 这是将人君行仁政之举当作效法"天道"的行为，如此则"天"也就具有了道德属性。再次，《王制》篇说：

> 请问为政？曰：贤能不待次而举，罢不能不待须而废，元恶不待教而诛，中庸民不待政而化。……五疾，上收而养之，材而事之，官施而衣食之，兼覆无遗。才行反时者死无赦。夫是之谓天德，王者之政也。

这是将人君举贤任能、赏善罚恶、教导民众的"善政"视为效仿"天德"的行为，如此则"天"的德性义不言自明。最后，"天道"虽然无为无形，但有生养万物之实，并能使万物保持秩序与和谐，因而呈现出鲜明的道德属性，所以荀子在《王制》篇提出人君应当效法"天道"施惠于百姓："圣王之用也，上察于天，下错于地，塞备天地之间，加施万物之上。"

与《成之闻之》"君子治人伦以顺天德"的说法相同，荀子也认为，既然人君应当效法"天道"，而"天道"又具有道德属性，那么这就理所当然地得出人君应当实行德治的结论。对于德治的强调，在《荀子》中所在多有。《富国》篇说："不以德为政，如是，则老弱有失养之忧，而壮者有分争之祸矣。"《成相》篇说："明德慎罚，国家既治四海平。"而实行德治的前提和基础是人君自身应当具备良好的道德品质，所以荀子十分重视人君自身的修身立德实践。《君道》篇说："请问为国。曰：闻修身，未尝闻为国也。"《富国》篇说："故君国长民者……必先修正其在我者，然后徐责其在人者。"这与《成之闻之》"故君子之莅民也，身服善以先之"的观点如出一辙。

在此基础上，荀子充分肯定有德的人君对于普通百姓的教化和引导作用。《富国》篇说："三德者诚乎上，则下应之如景向，虽欲无明达，得乎哉！""百姓皆爱其上，人归之如流水，亲之欢如父母，为之出死断亡而愉。"这是认为，只要人君具备了"调和无为""忠信公平"和"正人先正己"这三种美德，那么百姓对他的顺从就会如影之随形，这正应了孔子说的那句话："君子之德风，小人之德草。草之上风，必偃。"《正名》篇说：

---

① 王先谦：《荀子集解》，中华书局，2013，第576页。

"故明君临之以势，道之以道，申之以命，章之以论，禁之以刑。故其民之化道也如神。"第二个"道"字是"德"义，这是认为，处在"胜人之势"的人君如果能以自身的道德品质引导和感化百姓，并辅之以政令和刑罚，那么这样的治理效果就可以用神妙莫测来形容了。《议兵》篇说："以德兼人者王，以力兼人者弱，以富兼人者贫。古今一也。"这是认为，在诸种治理方式中，"德治"是人君扩大自身政治影响力和社会感召力的最有效途径。质言之，在提倡效法"天道"，实行"德治"这一点上，荀子与《成之闻之》表现出极强的理论一致性。

四　"天"是主体内在善性的产生根源

虽然《性恶》篇明确反对孟子主张的"性善"说，认为人性中并不包含礼义文理等价值内容在内，但《荀子》的另外一些篇章则流露出明显的"性善"论倾向。首先，《大略》篇说："义与利者，人之所两有也。……虽桀、纣亦不能去民之好义。"在《荀子》中，"义"是最高德性范畴，它包含孝、悌、忠、信等具体德目在内。这是认为"好义"与"好利"一样，是任何人生来就有的心理倾向，也就是人性中的固有内容。对此，陈登元先生提出这样一个问题："夫义者，固荀子所极端称许者也。性而果恶，而又生之谓性，则人当只有好利之心，何为生而兼有好义之心乎？"[1] 他又根据《非十二子》篇"忍情性，綦谿利跂，苟以分异人为高，不足以合大众，明大分……是陈仲、史鳅也"的说法，以及杨倞的注释："忍，谓违矫其性也"[2]，进一步反问："性果恶，忍之果何妨？"根据以上两点，他得出荀子非"性恶"论者的结论。

其次，荀子还肯定"人天生有辨识是非善恶的能力"[3]。《荣辱》篇说：

> 人之生固小人，无师无法则唯利之见耳。人之生固小人，又以遇乱世，得乱俗，是以小重小也，以乱得乱也。君子非得势以临之，则无由得开内焉。……今使人生而未尝睹刍豢稻粱也，惟菽藿糟糠之为

① 陈登元：《荀子哲学》，上海三联书店，2014，第163页。
② 王先谦：《荀子集解》，中华书局，2013，第108页。
③ 颜世安：《荀子人性观非"性恶"说辨》，载《历史研究》2013年第6期。

睹，则以至足为在此也。俄而粲然有秉刍豢稻粱而至者，则瞯然视之曰："此何怪也？"彼臭之而无嗛于鼻，尝之而甘于口，食之而安于体，则莫不弃此而取彼矣。今以夫先王之道、仁义之统，以相群居，以相持养，以相藩饰，以相安固邪？以夫桀、跖之道，是其为相县也，几直夫刍豢稻粱之县糟糠尔哉！然而人力为此而寡为彼，何也？曰：陋也。

这是认为，任何人生来都知道"刍豢稻粱"比"菽藿糟糠"更加美味，同样的道理，任何人生来也都能辨识"先王之道"比"桀跖之道"更加优越。如果是这样的话，那么为什么在现实生活中行"桀跖之道"的人多而行"先王之道"的人少呢？这是因为普通人见识浅陋的缘故。如果有一天他们真正见识到了"先王之道"给人带来的好处，就一定能"开内"对"先王之道"的"好"。其言外之意是，对于"先王之道"人人都有辨识的能力和爱好的倾向，而这本身就是一种类似于"性善"的意识。①

再次，荀子认为人性中含有自觉向善的倾向和能力。《性恶》篇说：

> 凡人之欲为善者，为性恶也。夫薄愿厚，恶愿美，狭愿广，贫愿富，贱愿贵，苟无之中者，必求于外；故富而不愿财，贵而不愿势，苟有之中者，必不及于外。用此观之，人之欲为善者，为性恶也。

"人之欲为善"乃是因为"性恶"，也就是说，人的"性恶"本身就包含着成善的可能性和自觉向善的内在倾向②，而这实际上也是一种类似于"性善"的意识。《性恶》篇接着说：

---

① 在现实中，人们为何会不为尧、禹而为桀、跖，不行礼义之道而为危辱之事？针对这一问题，路德斌回答说："这并非是由于人们不好安荣而好危辱、不喜平治而喜悖乱，而是由于人们的浅陋无知——虽好安荣却不知达致安荣的方法，虽喜平治却不知获得平治的途径。"也就是说，人人皆有"好安荣""喜平治"之性。而荀子明说："凡古今天下之所谓善者，正理平治也；所谓恶者，偏险悖乱也：是善恶之分也矣。"（《性恶》）那么这就意味着人性皆有自觉向善的内在倾向。参见路德斌《荀子与儒家哲学》，齐鲁书社，2010，第193页。

② 陈坚：《荀子"性恶"再探析》，载《江南学院学报》2001年第1期。

"涂之人可以为禹"，曷谓也？曰：凡禹之所以为禹者，以其为仁义法正也。然则仁义法正有可知可能之理，然而涂之人也，皆有可以知仁义法正之质，皆有可以能仁义法正之具，然则其可以为禹明矣。

这是认为，凡禹之所以为禹即在于其能知、能行"仁义法正"，而且"仁义法正"有可知、可能之理。对于普通人来说，他们不但可以"知仁义法正之本质于人类有何功用"①，而且也具有能知、能行仁义法正之天才，则禹之所能者普通人亦能之。既然普通人皆能知"仁义法正"之理、能行"仁义法正"之事，那么普通人皆有善性也就是显而易见的事了。对此，龙宇纯先生认为，荀子说普通人"内可以知父子之义，外可以知君臣之正"，如果我们将"父子之义"和"君臣之正"换一个说法便是"父子之亲"和"君臣之义"，那么荀子的"可以知之质"与孟子说的"良知"或"是非之心"便看不出有任何区别了。② 此外，认为荀子"途之人可以为禹"说带有浓厚性善论色彩的尚有戴震、陈澧、罗根泽、李经元等人。③

复次，《正论》篇说："上以无法使，下以无度行，知者不得虑，能者不得治，贤者不得使。若是，则上失天性。"《正名》篇说："性伤谓之病。"荀子认为，良好的政治制度不能让百姓丧失"天性"或者"伤性"，这似乎已经隐含了人性本来是好的这层意思。最后，《性恶》篇说："夫人虽有性质美而心辩知……"对此，杨筠如先生指出，这种说法与"性恶"论在根本上是冲突的。④

---

① 周绍贤：《荀子要义》，中华书局，1977，第 8 页。
② 龙宇纯：《荀子思想研究》，载廖名春选编《伟大传统——荀子二十讲》，华夏出版社，2009，第 190 页。
③ 戴震说："'涂之人可以为禹则然，涂之人能为禹，未必然也；虽不能为禹，无害可以为禹。'此于性善之说不惟不相悖，而且若相发明。"陈澧说："'涂之人可以为禹'，即孟子所谓'人皆可以为尧、舜'，但改尧、舜为禹耳。"罗根泽："尧舜禹都是善人的代号。人'皆可以为禹'、人'皆有可以知仁义法正之质，皆有可以能仁义法正之具'，这还不是性善吗？"李经元说："必须指出，荀子在这里所说的普通人，'皆有可以知仁义法正之质'，并非后天人为的，而是与前面的'有义'、'有辩'相为表里，都是人性里面本来就有的。由此可见，在荀子的思想中，善和恶实际上是作为人的二重性而存在的。"参见廖名春《荀子人性论的再考察》，载《吉林大学社会科学学报》1992 年第 6 期。
④ 杨筠如先生甚至据此认为："这段文字似为后人修正荀子的学说而作。大概是杂凑在篇末，并不是原来所有。"参见杨筠如《关于荀子本书的考证》，载《古史辨》（第六册），罗根泽编著，开明书店，1938，第 136 页。

为什么"性善"与"性恶"说会同时出现在《荀子》一书中呢？周炽成先生认为，可能的原因有以下三种：第一，《性恶》诸篇，乃至同一篇章的不同部分并非完全出自荀子一人之手；第二，"性善"与"性恶"说为荀子在不同时期持有的观点；第三，由于人性问题本身的复杂性，荀子主张在一定的范围内应该顺性，如果超出了这个范围，就应该逆性。但是其所顺之性与所逆之性的实际内容则完全不同。①

与《成之闻之》相同，荀子也将"人性之善"与"天"联系起来。《不苟》篇说：

> 君子养心莫善于诚，致诚则无它事矣，唯仁之为守，唯义之为行。诚心守仁则形，形则神，神则能化矣；诚心行义则理，理则明，明则能变矣。变化代兴，谓之天德。

曾振宇先生认为，上段文字中的两个"守"字十分精准地揭示出"仁""义"的性质，即它们对人而言，并非是外在的道德规约，而是"由心之所发"。"仁""义"内在于人性，所以需要人以诚心守之。② 而"诚心守仁""诚心行义"的结果是上达"天德"，这样就为"人性之善"寻找到了形上的价值根源——"天"，从而确保了人性的绝对性、普遍性和崇高性。

又如《大略》篇说："人主仁心设焉，知其役也，礼其尽也。故王者先仁而后礼，天施然也。"荀子在这里明确指出人君内心的"仁德"来自上天的施予。正如曾振宇先生所指出的，虽然《不苟》《大略》两篇在论及"本体之天"与"人性之善"的内在关系时远不如孟子那样来得全面深入，但即便如此也不能不说这是一个令人惊喜的重大发现，因为我们发现荀子已经从"天"这一理论高度论证人性之善的来源问题了。③

与《成之闻之》相同，荀子认为，"天"所赋予人的内在善性在一开始的情况下还处于萌芽状态，还需要借助于主体的后天努力才能实现出来。《荣辱》篇说：

---

① 周炽成：《逆性与顺性——荀子人性论的内在紧张》，载《孔子研究》2003 年第 1 期。
② 曾振宇：《"性质美"：荀子人性论辩诬》，载《中国文化研究》，2015 年春之卷。
③ 同上。

是故穷则不隐，通则大明，身死而名弥白。小人莫不延颈举踵而愿曰："知虑材性，固有以贤人矣。"夫不知其与己无以异也，则君子注错之当，而小人注错之过也。故孰察小人之知能，足以知其有余，可以为君子之所为也。譬之越人安越，楚人安楚，君子安雅，是非知能材性然也，是注错习俗之节异也。

这与《成之闻之》简 26-28 的说法如出一辙。两者都认为，在天赋人性的层面，"君子"和"小人"不存在任何区别，他们都具有相同的善端，"非君子独善而小人独恶也"。"君子"不同于"小人"，或者说超出"小人"的地方在于，他善于通过后天的努力将内在的天赋善端实现出来。及至他的善性培养成熟以后，"小人"只有"延颈举踵"的份，殊不知这样的差别只是来自后天的"注错积习"，而非出自最初的"知虑材性"。假如在后天的"注错积习"当中，"小人"也能措置得当的话，那么他们也能成为"君子"——"故孰察小人之知能，足以知其有余，可以为君子之所为也。"所以荀子特别强调"注错积习"的重要性，他在《性恶》篇说："夫人虽有性质美而心辩知，必将求贤师而事之，择良友而友之"，即人性虽善且美，还需要有贤师和良友的时相切磋，然后才能日进于"仁义"。

五 小结

综上所述，在天人观层面，《成之闻之》与荀子体现出以下四点关系。

第一，荀子继承了《成之闻之》将"天"设定为人间伦理政治关系起源的做法。这种不以人间的伦理政治关系起源于人间，而是有着超人间来源的思维模式，一方面确保了伦理政治关系本身的普遍性、神圣性和崇高性；另一方面也使其获得了绝对真理的地位。在此基础上，荀子还进一步发展了《成之闻之》的这一思想，具体表现为他详细分析了"天"创设人间伦理政治关系的最终目的以及具体原则。

第二，一方面，在《成之闻之》中，作为人间伦理政治规范代表的是"仁""义"；而在《荀子》中，作为人间伦理政治规范代表的则是"礼""乐"。由"仁""义"到"礼""乐"的转变显示出从七十子之徒到荀子时代，儒学发展不断趋向于客观化和制度化的显著特点。另一方面，与《成之闻之》相同，荀子也将人间伦理政治规范的起源上溯至"天"的高度，并且认为它是"天常"在人间的凝结和显化。这就从本体论层面确立了人间伦理政治规范与宇宙最高原理的内在一致性,从而确保了人间伦理政治规范的合法性、神圣性和权威性。但是《成之闻之》还只是停留在指出人间伦理政治规范来源于"天常"这一点上,而《荀子》则在此基础上反过来用人间伦理政治规范(即"礼""乐")的内容规定"天常",从而赋予"礼""乐"以根本原则和普遍真理的崇高地位,进一步彰显和发展了儒学的人文精神。

第三,有鉴于政治合法性问题是任何一种政治理论在进行体系建构之初都无法回避的问题,因此它也成为《成之闻之》和荀子共同关注的一个核心话题。面对这个根本性问题,两者都不约而同地将目光投向了"天",并将"天"作为现实政治秩序合法性的最终来源。这就要求具体的制度设计以及实际的行政过程都能体现"天"的要求、实现"天命"的显化。同时,两者又都将"天命"的本质理解为道德,这就决定了为政者要想长久保有现有政权的合法性和权威性就必须实行"德治"。在此意义上,为政者的政治实践便成为一种合目的性的活动,即实现"天德"的过程。由此可见,对孔子以来儒家"德治"传统的继承和发展是《成之闻之》和荀子的一个共同思想特征。

第四,《成之闻之》及《荀子》的一些篇章和段落带有明显的"性善"论倾向,具体表现为:《成之闻之》认为"君子道"(即伦理道德)可"求之于己";而荀子则认为人生来就有"好义"的倾向(《大略》)、具有辨识是非善恶的能力(《荣辱》)以及自觉向善的内在倾向(《性恶》)。同时,两者又都将"天"作为个体内在善性的根源,表现为:《成之闻之》认为"君子"可以通过"内求""君子道"的形式上达天德、至顺天常;而荀子则明确指出人君内心的"仁德"来自上天的施予(《大略》),因而可以通过"诚心守仁"及"诚心行义"的方式上达天德。尤其值得注意的是,两者都认为上天赋予人的内在善性在最初的情况下尚处于萌芽状态,还有待后天的人为努力才能最终将其实现出来,而正是由于人们在后天"注错积习"上的不同才造成了"圣人"与"中人"(《成之闻之》)、"君子"与"小人"(《荣辱》)的区分。

第二章　郭店儒简与荀子心性论比较

郭店儒简的心性论思想集中体现在《性自命出》和《五行》两篇文献中，而且它们所表达的思想具有明显差异，甚至可以说分别代表了心性论发展的不同方向。因此，要想分析和梳理郭店儒简与荀子在此主题上的关系问题，就应该从这两篇文献入手。

第一节　郭店儒简《性自命出》的心性论

一　性者，生之：《性自命出》论"性"

《性自命出》是孟子以前儒家讨论人性问题最为集中的一篇文献。该篇"性"字凡 26 见，多写作"眚"，"眚"字通"生"，"生"即为"性"的古字①，"溯中国文字中性之一字之原始，乃原为生字"②。丁原植先生认为："简文的'性'，不但应当读作'生'，而且也需从'生'来领会。"③"生"属象形字，在甲古文中从屮从一，象草木出于地，有生长之意，初指草木之生，继指万物之生。《说文解字·生部》云："生，进也，象屮木生出土上。"可见，"性"字的本义当与生命的发生和成长有关，这从郭店儒简的相关表述中也可以得到印证，如《语丛（三）》有"生为贵""有性有生""有性有生乎名"的说法，《性自命出》有"性或生之"的说法。对于"性或生之"一句，蒙培元先生认为，这里的"或"字疑是"者"字之误，那么此句即为"性者，生之"，意思是"性"就是生命或生命创造本

---

① 龙宇纯先生认为："性与生的关系，由语言而言，性是生的孳生语；由文字而言，性是生的专注字，即于生字加注心旁而为性，以别其名动的不同。"参见龙宇纯《荀子思想研究》，载廖名春选编《伟大传统——荀子二十讲》，华夏出版社，2009，第 185 页。

② 唐君毅：《中国哲学原论·原性篇》，中国社会科学出版社，2005，第 6 页。

③ 谢维扬、朱渊清主编《新出土文献与古代文明研究》，上海大学出版社，2004，第 230 页。

身。这虽然"还不是一个全称肯定的命题，但是已经正式提出性的最基本的意义就是生命本身"①。

在"以生言性"的理论视域下，"性"的内涵及外延无疑是非常广阔的，举凡人先天具有的客观材质或本然质素、人的主观倾向性和能力、人的生理和心理需求都属于"性"的范畴。如《性自命出》简 7 说："牛生而长，雁生而伸，其性使然。"这里的"性"就是指万物（也包括人）先天具有的客观材质或本然质素。《性自命出》简 4 及简 8 说："好恶，性也。""人而学或使之。"这是指人生而具有的倾向性和能力。《性自命出》简 43-44 说："用身之弁者，悦为甚。用力之尽者，利为甚。目之好色，耳之乐声，郁陶之气也。"则是指人的生理及心理需求。

在明确了"性"的内涵及外延以后，简文又从多个角度展开对"性"的内容及特点的分析，分别阐明了它的来源、本质、显现和趋向等一系列问题，也就是"性"与"天""命""气""情""心""物""习""教"诸概念之间的关系。下面我们就以此为逻辑线索来考察《性自命出》言"性"的特色。

1. 性自命出，命自天降

《性自命出》简 2-3 说："性自命出，命自天降"。《性自命出》出土伊始，学者就已注意到这句话与《中庸》"天命之谓性"的关联，甚至还有学者据此推断《性自命出》与《中庸》属于同一思想流派。笔者认为，虽然这两篇文献在讨论的对象上有相同之处，即都是在论述"性"与"天""命"的关系问题，在论证的逻辑上也有一定的相似性，但是两者在具体的观点上却存在明显不同，即《性自命出》只是将"天""命"作为"性"的来源看待，至于"天""命"与"性"在外延和内涵上是否一致则未加详述。当然，根据《性自命出》的整体理路我们可以做出合理推断，"性"的外延要小于"天""命"，"性自命出"意味着"性"只是"天""命"显发出来的一部分内容而已，它与"天""命"并不是等值的。而《中庸》的"性"与"天""命"在本质上却是等同的，只不过"命"是由天而言、"性"是由人而言罢了。② 从语言学的角度看，"天命之谓性"是一种定义

① 蒙培元：《〈性自命出〉的思想特征及其与思孟学派的关系》，载《甘肃社会科学》2008 年第 2 期。

② 郭振香：《〈性自命出〉性情论辨析——兼论其学派归属问题》，载《孔子研究》2005 年第 2 期。

性的陈述，表明了"性"的内涵就是"天""命"，即"A 是 B"。而"性自命出，命自天降"则仅仅是一种关系性的陈述，表明了"性"的源头是"天""命"，但在"性"与"天""命"之间还存在着明显的差别，即"B 从 A 中来，并不完全是 A"①。

在明确了两者的区别以后，我们就来详细考察"性自命出，命自天降"这一命题所包含的具体内容。首先，《性自命出》将"天"作为"命"的来源、"命"作为"性"的来源，"天"以"命"为中介而成为"性"的根源，这就意味着"天""命"并不是高高在上，与人无关的绝对力量，而是授人以"性"，与人相通的最高存在。对人而言，"天""命"是亲切的，"天""命"与人性之间存在着授受关系。这一授受关系绝不是外在的因果关系，而是内在的本质联系。② 当"天""命"授人以"性"时，"天""命"并不是从外部作用于人，使人相应地具有某种"性"。如果是这样的话，"性"是"性"、"命"是"命"、"天"是"天"，"天""命"与"性"之间仍然是两个东西，只是人性要听命于"天""命"罢了。相反，它们是一种内在的转化关系，即"天""命"的一部分转化为"性"、成为"性"的具体内容。③

其次，从人性的角度看，既然人性源自"天""命"，那么这就意味着人性具有超越的形上根据，"天""命"保证了一切人性的绝对性、神圣性和平等性。正如《成之闻之》所说"圣人之性与中人之性，其生而未有非之"，即在天生的层面、天道神圣的层面，一切人性皆平等。④ 另外，这也意味着"天""命"的性质决定了人性的性质。虽然在这句话之后，《性自命出》中再也没有出现关于"天""命"的论述，但"天""命"决定下的人性的性质和内容却成为《性自命出》理论体系得以展开的逻辑前提，并从最根本的意义上决定了简文的理论特点。

再次，在《中庸》那里，"天""命"尚未明确区分，而在简文中，

---

① 范赟：《〈性自命出〉的思想及其对先秦儒家心性学说的推进》，载《社会科学论坛》2010 年第 17 期。

② 蒙培元：《〈性自命出〉的思想特征及其与思孟学派的关系》，载《甘肃社会科学》2008 年第 2 期。

③ 同上。

④ 赵广明：《神圣与世俗的先验根基——试论先秦性情思想》，载《云南大学学报》（社会科学版）2014 年第 1 期。

"天""命"已经出现分野，"命"成为沟通"天"与"性"的中介：它一方面上显于"天"，另一方面下化成"性"；一方面将"天"之博厚高明贯注于现实人性当中，另一方面又将人性的体验显发给"天"，成就"天"的生机。如果没有"命"，"天"就无从体现它的博大深邃，"性"也就无从显现它的源远流长。① 通过"命"的衔接与过渡，"性"与"天"相契相合，因此"命"就成为一种流动的双向显发的存在。② 而在"天"与"命"之间，"天"显然更加根本，"命"和"性"的性质和内容都是由"天"决定的。"天"处在"性""命"概念系统中的最根本位置，是一切生化流行之源。③ 当然，这与先秦儒家谈论人性问题的一般方式也相契合，即先秦儒家不只是从人自身出发来说明人性问题，而是从天人关系的角度来说明这个问题。既然"天"与"性"在本质上是一脉相承的，那么这就意味着有何种意义上的"天"也就有着何种意义上的"性"。

在先秦时期，"天"有多重意涵，既可以指"神性之天""主宰之天"，又可以指"自然之天""运命之天""义理之天"。而《性自命出》中的"天"是指何种意义上的"天"呢？由于《性自命出》没有详细说明，我们只能通过"性"的性质和内容来逆推"天"的性质和内容。如果我们从"喜怒哀悲之气，性也""好恶，性也""牛生而长，雁生而伸，其性使然""四海之内，其性一也"等一系列说法逆推"性自命出，命自天降"的意义，则可以确知《性自命出》的"天"当为"自然之天"④，那么由"自然之天"所降生的"命"即为自然生命。因此，《性自命出》中的"命"从形式上说是指"天命"，从内容上说是指"生命"。"性自命出，命自天降"是说人性源自人的自然生命，人的自然生命来源于自然之天，这实际上说的就是一个自然生命的生发过程。诚如傅斯年先生所言："古初以为万物之生皆由于天，凡人与万物生来之所赋，皆天生之也。故后人所谓'性'之一词，在昔仅表示一种具体动作所产之结果。"⑤

---

① 欧阳祯人：《先秦儒家性情思想研究》，武汉大学出版社，2005，第54页。
② 刘文朝：《郭店楚简〈性自命出〉与〈中庸〉的性情哲学》，曲阜师范大学哲学系硕士学位论文，2012年4月。
③ 欧阳祯人：《先秦儒家性情思想研究》，第54页。
④ 余开亮：《〈性自命出〉的心性论和乐教美学》，载《孔子研究》2010年第1期。
⑤ 傅斯年：《性命古训辨证》，上海古籍出版社，2012，第93页。

以"天"为自然之天、"命"为自然生命、"性"为自然人性，并在此基础上探讨三者之间的内在联系，也见于先秦时期的其他文献。如《语丛（三）》说："有天、有命、有生"，就是对三者之间衍生关系的简明表达。《左传·成公十三年》记载："刘子曰：'吾闻之：民受天地之中以生，所谓命也。'"这里的"命"就是指"生命"，此"命"生于天、地，在人则为"性"（生）。《管子·内业》说："凡人之生也，天出其精，地出其形，合此以为人。""生"，在这里也是指自然生命，如果我们将其读作"性"，以之为自然人性也未尝不可，它是禀于天而在于人者。《大戴礼记·本命》云："分于道谓之命，形于一谓之性"，清人王聘珍注云："道者，天地自然之理。"① 可见，"天"与"道"实为同一对象的不同名称而已——"天"重在其实体义，"道"重在其规律义。"天"之为"天"，即在于其能生生不息、创化不已，这也是"天道"的核心要义。② 此处所说的"命"实际上是指得之于自然之天的自然生命，"性"是指体现于个体的自然人性。《庄子·天地》云："物得以生，谓之德；未形者有分，且然无间，谓之命；……形体保神，各有仪则，谓之性。"未形之"一"（即"天"或"天道"）分散于各个事物，使万事万物自然分定如此，这就是"命"。"命"则生物，物则有形有神、有条有理，这就是"性"。③ 综上所论，我们不难发现，"性自命出，命自天降"这一命题并不是一个有关善恶的价值判断，而仅仅只是一个价值中立的客观陈述，它是对古初以"生"言"性"这一理论传统的延续和发展，并且将"生之谓性"所包含的"性由天赋"思想明确表达了出来。

2. 喜怒哀悲之气，性也

《性自命出》简2说："喜怒哀悲之气，性也。及其见于外，则物取之也。"作为人情内在依据的人性，在人体内部又是以何种形式存在的呢？对习惯于形象思维的中国古人而言，人性既能存在于人体内，又了无形迹，那么它的唯一存在形态只能是"气"。④ 这是因为，"气"虽然是一种实存，

---

① （清）王聘珍：《大戴礼记解诂》，中华书局，1983，第250页。
② 赵广明：《神圣与世俗的先验根基——试论先秦性情思想》，载《云南大学学报》（社会科学版）2014年第1期。
③ 余开亮：《〈性自命出〉的心性论和乐教美学》，载《孔子研究》2010年第1期。
④ 陈代波：《郭店楚简〈性自命出〉篇的人性论简析》，载《东疆学刊》2000年第4期。

但却无形无状、不着形迹，正应了人性的这一存在特点。这种以"气"论"性"，以"气"为内、"情"为外的观点也见于《性自命出》的如下表述，《性自命出》简 43-44 说："目之好色、耳之乐声，郁陶之气也，人不难为之死。""目之好色、耳之乐声"是指人的好乐情感，《性自命出》认为这种好乐情感产生于人体内部的"郁陶之气"。"郁陶之气"作为好乐情感的产生根据，也就是好乐之"性"。"郁陶之气"为内，显发于外则表现为"目之好色、耳之乐声"的好乐之情。当然，这种以"气"论"性"、将"情""气"相连的做法并非《性自命出》首创，它也见于先秦时期的其他文献中。如《左传·昭公二十五年》记载子产的话："民有好、恶、喜、怒、哀、乐，生于六气。"这里的"六气"是指阴、阳、风、雨、晦、明六者，它们作为天地之间的存在聚集于人体内部，并产生出好、恶、喜、怒、哀、乐六种情感。这样就把人的自然情感与"天地之气"联系了起来，从而为人情找到了内在根据。然而，它还没有直接将人体之气（即"天地之气"）称为人性。

相较而言，《大戴礼记·文王官人》则直接指出：

> 民有五性，喜怒欲惧忧也。喜气内畜，虽欲隐之，阳喜必见；怒气内畜，虽欲隐之，阳怒必见；欲气内畜，虽欲隐之，阳欲必见；惧气内畜，虽欲隐之，阳惧必见；忧悲之气内畜，虽欲隐之，阳忧必见。五气诚于中，发形于外，民情不隐也。

这是认为，人有"五性"，所谓"五性"是指喜、怒、欲、惧、忧"五气"，它们隐藏于人体内部，然而这"五气"本身又具有外发的倾向性和动力，它们"诚于中"必然要显发于外，当其发形于外时，就成为喜、怒、欲、惧、忧五种自然情感。实际上，《礼记·乐记》"（使之阳而不散，阴而不密，刚气不怒，柔气不慑，）四畅交于中而发作于外"的说法，就与此处"五气诚于中，发形于外"的观点具有内在一致性。其中，"四"是指阴、阳、刚、柔"四气"，亦即指人性。"发作于外"则是指人情，这实际上还是在说情与气、性与情的关系。① 另外，《语丛（一）》说："凡有血气者，

---

① 陈来：《郭店楚简之〈性自命出〉篇初探》，载《孔子研究》1998 年第 3 期。

皆有喜有怒，有慎有庄。其体有容，有色有声，有嗅有味，有气有志。"其中，"志"为"情志"之义，"有气有志"即"有气有情"，联系"凡有血气者，皆有喜有怒"的说法，那么这也是在说人体内部的"血气"是喜怒哀乐等自然情感的产生根据。

有学者将先秦文献中的"气"分为两种类型：一是指物质性的质料；一是指精神性的存在。如《周易·系辞上》云："精气为物"，孔颖达解释说："云'精气为物'者，谓阴阳精灵之气，氤氲积聚而为万物也。"① 这里的"气"就是指物质性的质料。而《礼记·祭义》"气也者，神之盛也"中的"气"，则是指精神性的存在。那么，《性自命出》所说的"喜怒哀悲之气"又是属于何种性质的气呢？其实，当我们这样来提问时，一个更为根本的问题是，我们的这种简单二分法是否适用于先贤有关"气"的思考？难道在"气"的物质性因素和精神性因素之间存在着绝对对立、难以逾越的鸿沟？难道在主要是作为物质性（或精神性）存在的"气"中，就丝毫没有精神性（或物质性）的因素存在吗？当然，答案是否定的。如荀子在《修身》篇"治气养心"章中就明确将"治气"与"养心"联系起来进行讨论，指出在"气"的物质性因素和精神性因素之间存在着紧密关联。基于这种认识，他主张从身体和精神两方面同时入手，以期达到"治气"与"养心"的双重目的，而他在这一过程当中寻找到的有效途径就是"礼"。

又《春秋繁露·循天之道》引公孙尼子养气之说曰：

> 里藏泰实则气不通，泰虚则气不足，热胜则气寒，寒胜则气热，泰劳则气不入，泰佚则气宛至，怒则气高，喜则气散，忧则气狂，惧则气慑。凡此十者，气之害也，而皆生于不中和。故君子怒则反中而自说以和；喜则反中而收之以正；忧则反中而舒之以意；惧则反中而实之以精。

以上一段话是在讨论"养气"的问题，并明确指出影响"气"之存在状态的既有身体性因素，如"里藏泰实""泰虚""热""寒""泰劳""泰

---

① （魏）王弼注，（唐）孔颖达疏：《周易正义》，北京大学出版社，1999，第267页。

佚"等；又有精神性因素，如"喜""怒""忧""惧"等。因此，要想达到"养气"这一最终目的，就要从身体和精神这两方面同时着手。

通过分析，我们不难发现，《性自命出》中的"喜怒哀悲之气"也是同时包含物质性因素和精神性因素在内的。这是因为，每个人内在情感的产生既与他的生理性（物质性）因素有关，也与他的心理性（精神性）因素有关。因此，《性自命出》中的"气"乃是一种与人的心理及生理因素都有关系的生命存在，是个体生命实存的整体。同时，《性自命出》不是强调"气"作为概念的特质，而是强调它"诚于中，发于外"的能力以及它作为主体生命力量的展现这一点。这与帛书《五行》说文"仁气""义气""礼气"的说法颇有相通之处，即两者都是强调"气"的能动性特点。所不同的是，在帛书《五行》中，"气"是主体道德实践的发动力量，而在《性自命出》中，"气"则是主体自然情感的发动力量。

需要指出的是，《性自命出》以"气"论"性"，还处在"即生言性"的阶段。这是因为，简文中的"气"还是指自然生命之气，它是产生"喜怒哀悲"等自然情感的内在根据，在这样的"气"中并不包含善恶等道德价值，正如庞朴先生所说："这样的气，无所谓善不善的问题，顶多是一些可以为善可以为不善的素材，一些待发的力。"① 而由这样的"气"所决定的"性"就是自然人性，也就是告子所说的"生之谓性"。当然，《性自命出》的观点是对"生之谓性"这一观念的进一步深化和发展，因为它已经明确指出，"性"的实际内容就是"喜怒哀悲之气"。

3. "性"与"情"

《性自命出》简 2 说："喜怒哀悲之气，性也。及其见于外，则物取之也。"简文认为，"诚于中"或"藏于内"的人性在外物的感召和刺激之下由内而外地显发出来，表现为"喜怒哀悲"等不同类型的自然情感，这与《礼记·乐记》所说"人生而静，天之性也。感于物而动，性之欲也"高度一致。而好恶喜怒哀悲等自然情感之所以能表现于外，除了需要有来自外物的作用以外，还离不开主体的内在条件，这就是相对于已发之"情"的未发之"气"，也就是"性"，故《性自命出》简 5 说："凡性为主，物取

① 庞朴：《孔孟之间——郭店楚简的思想史地位》，载《中国社会科学》1998 年第 5 期。

之也。"＂性＂是产生＂情＂的材质、倾向和能力，是产生＂情＂的内在生理及心理基础。从＂性＂＂情＂关系的角度看，＂性＂是＂情＂的未发状态，＂情＂是＂性＂的已发状态。从未发处言，＂性＂＂情＂实为一体；从已发处言，＂性＂＂情＂已显分野。[①] 这与《中庸》＂喜怒哀乐之未发，谓之中；发而皆中节，谓之和＂的说法颇有相通处，对此，朱熹解释说：＂喜、怒、哀、乐，情也。其未发，则性也。＂[②] 可见，两者都认为＂性＂处于内在的未发状态，＂情＂处于外在的已发状态，而《性自命出》对《中庸》的深化和发展之处在于，它明确指出由未发之性到已发之情的过渡与中介是＂物＂。＂性＂＂情＂的＂未发＂＂已发＂关系也表明，＂性＂的存在是不可直接体验和证知的，对它的认识只能通过＂情＂来实现。这也体现出＂性＂＂情＂关系的另一个侧面，即＂性＂虽然是＂情＂的本质，但却不可见，具有抽象隐含的特征，它必须借情而显[③]，此即唐人李翱所说：＂性不自性，由情以明。＂

对《性自命出》＂情生于性＂这一命题更加详尽地阐述则出现在郭店儒简《语丛（二）》中，《语丛（二）》说：

> 爱生于性，亲生于爱。……欲生于性，虑生于欲。
> 智生于性，化生于智。……子生于性，易生于子。
> 恶生于性，怒生于恶。……喜生于性，乐生于喜。
> 愠生于性，忧生于愠。……惧生于性，监生于惧。
> 强生于性，立生于强。……弱生于性，疑生于弱。

《性自命出》只是笼统地提出＂情生于性＂＂情出于性＂的命题，而《语丛（二）》则将其详细展开，分别指出爱、恶、愠、亲、怒、忧、欲、喜、惧、乐、疑、虑等不同类型的自然情感都出自人性，并且它还进一步指出以上各类情感之间的内在衍生关系及强烈程度之别。例如，亲、怒、忧分别生于喜、恶、愠，虽然两者都属于自然情感的范畴，但前者在后者

---

① 余开亮：《〈性自命出〉的心性论和乐教美学》，载《孔子研究》2010年第1期。
② （宋）朱熹：《四书章句集注》，中华书局，1983，第18页。
③ 黄意明：《＂情气为性＂与〈郭店儒家简〉之情感论》，载《中州学刊》2010年第1期。

的基础上发展得更加强烈。① 当然，有关自然情感之间的内在衍生关系及强烈程度之别也见于《性自命出》的相关表述中。例如，《性自命出》简 34-35 说："喜斯陶，陶斯奋，奋斯咏，咏斯摇，摇斯舞，舞，喜之终也。愠斯忧，忧斯戚，戚斯叹，叹斯辟，辟斯踊，踊，愠之终也。"作为同一类型的自然情感，喜、陶、奋、咏、摇、舞各自所表现出的喜悦程度是不同的，同样的，愠、忧、戚、叹、辟、踊各自所表现出来的悲伤程度也是不同的，它们之间存在着情感程度递次加深的关系。

《性自命出》以"喜怒哀悲之气"论"性"，在本质上仍然属于以"情"论"性"的范畴。虽然在理论上"性"是"情"的本质，但是由于在现实中"性"处于隐而不显的位置，所以人们只能通过外显之"情"来了解内在之"性"的特点，因此，"情"反倒成为"性"的规定。在《性自命出》中，"情"主要是指人的自然情感，它和人的自然生命之间存在着本质的关联，自然情感就是自然生命的最直接体现。② 所以简文以"情"论"性"，仍然是处在孔子乃至更早时代的自然人性论层次，这样的"性"并不具有纯粹抽象与超越的特点，也不具有任何价值内涵。

4. "性"与"物"

《性自命出》简 4-5 说："好恶，性也。所好所恶，物也。善不善，性也。所善所不善，势也。凡性为主，物取之也。"关于"势"，《性自命出》简 12-13 说："物之设者之谓势。"指"物所处的形势"③。简文认为，在"性""物"关系中，"性"虽然占据着主导地位，"物"和"势"只是使"性"表现出来的外在条件，但是如果没有这个外在条件，"性"就无从表现出来。换句话说，人性虽然可以外显为"情"，但却不会无端表现出来，促使"性"转化为"情"的中介和桥梁就是"物"。而何者为"物"呢？《性自命出》从经验主义的角度给"物"下了一个简单的定义："凡见者之谓物"，即凡是看得见的东西都属于"物"的范畴。从主体的一面看，主体本身虽然具有好恶的倾向性和能力，但只有在外物的感召和刺激作用之下才能表现为"当好时则好，当恶时则恶，当喜时则喜，当怒时则怒，当哀时则哀，当悲时

---

① 陈来：《郭店楚简之〈性自命出〉篇初探》，载《孔子研究》1998 年第 3 期。
② 蒙培元：《情感与理性》，中国社会科学出版社，2002，第 36 页。
③ 刘钊：《郭店楚简校释》，福建人民出版社，2005，第 95 页。

则悲"①。如果没有"物"在外部取"性"的话，"性"自己是出不来的，这就像金石等乐器虽然能够发声，但如果没有槌子在外部敲击它，也不会发声一样，所以《性自命出》简 10-11 说："动性者，物也。""出性者，势也。"从对象的一面看，当对象能够满足主体的需要时，主体则好之；反之，主体则恶之。可见，那些同人的需要毫无关系的事物，是不能引起人们相应的感情的；只有那些与人的需要密切相关的事物，才能引起人们或肯定或否定的情感。② 换言之，好恶并不是没有针对性的情感或欲望，它总是针对某个特定对象而发，所以《性自命出》简 3 说："所好所恶，物也。"只有当好恶之性落实到具体对象上时，它才会成为具有实际内容的现实存在。

5. "性"与"学""教"

《性自命出》简 7-9 说："牛生而长，雁生而伸，其性使然，人而学或使之也。凡物无不异也者。刚之柱也，刚取之也。柔之约也，柔取之也。四海之内其性一也。其用心各异，教使然也。"人和动物的一个显著区别在于动物的实然之性就是它自然本性的原始呈现，而人的实然之性却可以表现出与他的自然本性完全不同的面貌，这是因为，人可以通过后天的努力重新塑造和培养自己的自然本性。相对于动物被动地随其本性，人却能因积学而成其性。③ 有鉴于此，《性自命出》十分重视后天人为对人性的塑造和培养作用，而且它的大部分内容也都集中在讨论如何"动性""逆性""交性""砺性""绌性""养性""长性"上。《性自命出》简 9-14 说：

> 凡性，或动之，或逆之，或交之，或砺之，或绌之，或养之，或长之。凡动性者，物也；逆性者，悦也；交性者，故也；砺性者，义也；绌性者，势也；养性者，习也；长性者，道也。凡见者之谓物，快于己者之谓悦，物之设者之谓势，有为也者之谓故。义也者，群善之蕝也。习也者，有以习其性也。

① 陈代波：《郭店楚简〈性自命出〉篇的人性论简析》，载《东疆学刊》2000 年第 4 期。
② 赵馥洁：《郭店楚简〈性自命出〉篇的价值意识》，载《西安联合大学学报》（社会科学版）2000 年第 3 期。
③ 郭振香：《〈性自命出〉性情论辨析——兼论其学派归属问题》，载《孔子研究》2005 年第 2 期。

简文认为，对人的自然本性来说，触动它的是外在之物，迎合它的是欢悦之事，教育和改造它的是有目的的人为，磨砺和锤炼它的是行为之义，使它表现出来的是客观情势，培养和塑造它的是后天积习，增长和统率它的是人道。① 从中我们不难看出，"动性""逆性""交性""砺性""绌性""养性""长性"七者不是任意的罗列，相反，它们之间存在着严密的逻辑递进关系，共同反映了由一般地叙述"性""物"关系到有意识有目的地用人伦规范来塑造和培养人性的整个过程。② 而《性自命出》之所以一开始要讨论"性""物"关系问题，也是要为重新塑造和培养人性的后天实践提供理论支持。

在此基础上，《性自命出》进一步指出塑造和培养人性的两条主要途径，即"学"和"教"。首先，《性自命出》十分重视学习对于人性的塑造作用，《性自命出》简7-8、11、14说："人而学或使之也""养性者，习也""习也者，有以习其性也"。"学""习"原本是中性的，是指所有可以使人性受到影响的外部因素，既包括使人性日趋于善的因素，也包括使人性日趋于恶的因素，所以孔子说"习相远"，但在简文中则是指对人性的正面影响因素。③ 其次，《性自命出》也充分意识到"教"对于人性的塑造作用，《性自命出》简9说："四海之内其性一也。其用心各异，教使然也。"这是认为，虽然每个人的自然本性是相同的，并不存在善与不善的区别，但在现实中，却表现出善与不善的差异，这些都是由不同的教育引起的。因此要想使人性日趋于善，就要充分发挥教育的作用。《性自命出》简18说："教，所以生德于中者也。"即认为教育的根本目的是"生德于中"，也就是将美好的道德品质在人性中固定下来。④ 而教育的工具和内容则是"诗书礼乐"，《性自命出》认为，"诗书礼乐"是由圣人创作出来的，圣人根据一定的目的和意图创造它们，然后以之为手段来教育百姓，使百姓日趋于善，《性自命出》简15-18说：

> 诗、书、礼、乐，其始出，皆生于人。诗，有为为之也。书，有为言之也。礼、乐，有为举之也。圣人比其类而论会之，观其先后而

① 梁涛：《〈性自命出〉与早期儒家心性论》，中国社会科学院博士后学术报告，第362~371页。
② 陈代波：《郭店楚简〈性自命出〉篇的人性论析》，载《东疆学刊》2000年第4期。
③ 陈来：《郭店楚简之〈性自命出〉篇初探》，载《孔子研究》1998年第3期。
④ 黄意明：《"情气为性"与〈郭店儒家简〉之情感论》，载《中州学刊》2010年第1期。

逆顺之，体其义而节文之，理其情而出入之，然后复以教。

诗、书、礼、乐的核心内容是"道"，即"人道"。《性自命出》简 14-15 说："道四术，唯人道为可道也。"它的具体内容就是先秦儒家提倡的"仁义忠信"等人伦规范。圣人通过诗、书、礼、乐对人心施加影响，通过影响人心来作用于人性。在诸种教育方式之中，《性自命出》尤其重视"乐"的作用，这是因为，"乐"最容易打动人心，使人与人之间产生情感上的共鸣。通过"乐"的作用，可以使人性在不知不觉间受到善道的感化①，故《性自命出》简 22-26 说：

> 笑，礼之浅泽也。乐，礼之深泽也。凡声，其出于情也信，然后其入拔人之心也厚。闻笑声，则鲜如也斯喜。闻歌谣，则陶如也斯奋。听琴瑟之声则悸如也斯叹。观赉、武，则斋如也斯作。观韶、夏，则觑如也斯敛。咏思而动心，喟如也。其居次也久，其反善复始也慎，其出入也顺，始其德也。

在简文中，"礼"有广、狭两层含义：狭义上的"礼"与"乐"并列；广义上的"礼"包含"乐"在内。此处所说的"礼"则是广义上的"礼"，"乐"在这里不但是"礼"的组成部分，而且是"礼"的深层次表现。简文认为，一般的声音，只要是出自人的内在真情实感，就能真切地打动人心。例如，人们听到爽朗的笑声就会欣然而喜，听到动听的歌谣就会快乐振奋，更何况是听到美妙的音乐呢？所以人们听到琴瑟之声就会激动而赞叹，观看"赉""武"就会庄重而恭敬，观看"韶""夏"则会惭愧而收敛②。由于"乐"在增进主体德性的过程中发挥着无可替代的作用，所以简文给予其特别的重视，简 27-28 说："郑卫之乐，则非其声而从之也。凡古乐动心，益乐动嗜，皆教其人者也。"简文指出，"乐"分"古乐"和"益乐"两种。"古乐"是指合于礼义的音乐，"益乐"即淫乐，是指非分乱礼、毫无节制的音乐。虽然它们都能拨动听众的内在心弦，对人心产生深刻影

---

① 陈代波：《郭店楚简〈性自命出〉篇的人性论简析》，载《东疆学刊》2000 年第 4 期。
② 刘钊：《郭店楚简校释》，福建人民出版社，2005，第 97 页。

响，但真正能增进主体内在德性的只有"古乐"，"益乐"只能挑起人的嗜欲。所以《性自命出》主张通过"赉""武""韶""夏"之类的"古乐"来教育引导民众，而不是以"郑卫之音"使百姓受到负面的诱导。至于"乐"为何能深入并打动人心，《性自命出》简 29-31 说：

> 凡至乐必悲，哭亦悲，皆至其情也。哀、乐，其性相近也，是故其心不远。哭之动心也，浸杀，其烈恋恋如也，戚然以终。乐之动心也，浚深郁陶，其烈则流如也以悲，悠然以思。

简文认为，这是由于"乐"本来就来源于人情，它发自人的情感深处和生命根源处，是人的内在真情自发、自然、自觉、自由的流露而不带丝毫牵强，同时，它通过对自然情感的感染催生道德情感，使听众本有的意志之心得以感发而兴起①，所以用"乐"来塑造和培养人性就比"礼"来得更加直接和深入。

综上可见，《性自命出》提出"性或生之"，还属于孟子以前"以生言性"的老传统。"天""命"分别作为"性"的终极根据和直接来源，决定了人性的性质、内容和特点，并成为《性自命出》理论体系得以展开的逻辑前提。与"天""命"作为人性的超越和形上根据不同，"气"则是"性"的现实依据，是使"性"显发出来的内在动力。"性"之显发即为"情"，"情"是"性"的外在表现，没有已发之"情"就无从认识未发之"性"。而由"性"及"情"的过渡与中介是"物"，"物"是使"性"显发出来的外在条件。自然人性需要通过后天的塑造和培养才能合乎"道""义"，这就离不开"学""教"。"学""教"的根本目的是"生德于中"，具体手段是"诗书礼乐"。在这四种工具中，"乐"由于其自身特点而最受重视。

二 心无定志、凡心有志、心术：《性自命出》论"心"

在《性自命出》中，"心"字凡 22 见，此外，还有许多以"心"为形符的字，如"德"写作"上直下心"，"仁"写作"上身下心"。这一现象也见于反映同一时期思想状况的其他出土文献或文物中，如在 20 世纪 70 年

① 余开亮：《〈性自命出〉的心性论和乐教美学》，载《孔子研究》2010 年第 1 期。

代出土的"中山三器"铭文中，就有许多以"心"为形符的字。这在一定程度上可以说明，在先秦思想史上确曾出现过一个重"心"的时代，并且这个时代应该早于孟子，而不是从孟子开始。这一重"心"思想特点的形成，当与战国时期人们面对"礼崩乐坏"的社会现实，开始对自身进行反思的内在化倾向有关。在《性自命出》中，"心"是一个意涵十分丰富的概念，大体来说，它包含以下三方面的内容，即情欲义、意志义和认知义。

1. 心无定志：心之情欲义

《性自命出》简1-2说："凡人虽有性，心无定志，待物而后作，待悦而后行，待习而后定。""悦"，根据《性自命出》简12"快于己者之谓悦"的说法，是指，使主体感到愉悦的事物。那么这句话就是说，大凡每个人先天具有的由自然本性决定的"心"，在是非善恶的抉择面前是没有固定倾向的，它只以自己的感性愉悦为唯一的选择和取舍标准：对于能够给自身带来感性愉悦的事物，"心"就认可它；否则，"心"就否定它。这种情况只有在"心"经过学习和受到教化以后才会有所改变，而在此之前，未经改造、唯"悦"是行的"心"就是典型的自然情欲心。自然情欲心在《性自命出》中呈现以下两点特色。第一，在形式上表现为"好恶"。《性自命出》简4说："好恶，性也。所好所恶，物也。"虽然这里表面上是在说"性"，但是"好恶"作为人类最基本的两类情感形式，它的实际发起者却是"心"。第二，在内容上表现为好悦、好利、好色、好声等感性欲求。《性自命出》简43-44说："用身之弁者，悦为甚。用力之尽者，利为甚。目之好色，耳之乐声，郁陶之气也，人不难为之死。"虽然简文表面上是在说"身""目""耳"等感觉器官，但是它们的实际控制者却是"心"，正如《性自命出》简6-7所说："凡心有志也，无与不可。人之不可独行，犹口之不可独言也。"因此，"身""目""耳"在"悦""利""声""色"方面的欲求，正是自然情欲心的具体体现。而且，人的自然情欲心缺乏自我调节的能力，如果任由其发展而不加以丝毫节制和引导的话，会造成十分严重的后果，所以简文说："人不难为之死"。另外，《性自命出》简28说："凡古乐动心，益乐动嗜"，"嗜"即嗜欲和情欲，这也是肯定人心中有自然情欲的内容。

2. 凡心有志：心之意志义

《性自命出》简5-7说："金石之有声也，弗扣不鸣，虽有性，心弗取不出。凡心有志也，无与不可。人之不可独行，犹口之不可独言也。""志"

字,《说文》释为"意",《语丛(一)》认为是"心司",朱熹《论语集注》则认为是"心之所之"①。现代学者普遍认为,先秦文献中的"志"和"意"等概念都具有"意志"的含义。如周与沉先生指出,《论语》中的"志"字"既有意向性内涵,又含着意志力因素"②。杨伯峻先生对《孟子·公孙丑上》"夫志,气之帅也"一句话的解释是:"思想意志是意气感情的主帅。"③ 可见,他也是将"志"理解为"意志"。综上所论,我们把此处的"志"字理解为"意志",那么这句话是说,"心"的显著特征即在于它具有意志性。心的意志性又体现为主导性,这主要表现在以下四个方面。首先,在"心""性"关系层面,"心"是"性"的主导。如果没有得到"心"的许可,"性"就无从表现出来,这也就是《性自命出》所说的"人之虽有性,心弗取不出";其次,在"心""物"关系层面,"心"并非被动地接受外物刺激,而是主动地对外物作出判断和取舍;再次,在"心""情"关系层面,"心"对"情"具有调节作用,它能够使"情"以恰如其分的方式显发出来,达到"喜欲智而亡末,乐欲亲而有志,忧欲俭而毋皆,怒欲盈而毋"的理想状态。④ 简文的这一思想又见于《大戴礼记·曾子立事》,是篇云:"喜怒异虑,惑也。"王聘珍注云:"虑,思也。异虑者,逐物而迁,不与心谋也。"⑤ 即认为人的困惑主要来自喜怒之情与"心"的脱节;最后,在"心""身"关系层面,"心"是"身"的主导。如果没有"心"的参与,身体就不可能正常活动,所谓"心不在焉,视而不见,听而不闻,食而不知其味"。身之能行、口之能言,都是心志参与的结果⑥,所以《性自命出》说:"凡心有志也,无与不可。人之不可独行,犹口之不可独言也。"

在天生的层面,《性自命出》中"志"的内容是自然情欲,这是由人的自然本性决定的。以自然情欲为内容的意志心势必一味追求个人欲望的满足而不顾其余。在个人层面,这必然会极大危害个体的身心健康,故《性自命出》简43-44说:"用力之尽者,利为甚。目之好色,耳之乐声,郁陶

---

① (宋)朱熹:《四书章句集注》,中华书局,1983,第54页。
② 周与沉:《身体:思想与修行》,中国社会科学出版社,2005,第191页。
③ 杨伯峻:《孟子译注》,中华书局,2005,第65页。
④ 赵馥洁:《郭店楚简〈性自命出〉篇的价值意识》,载《西安联合大学学报》(社会科学版)2000年第3期。
⑤ (清)王聘珍:《大戴礼记解诂》,中华书局,1983,第76页。
⑥ 丁原植:《楚简儒家性说研究》,万卷楼图书有限公司,2002,第293页。

之气也，人不难为之死"；在社会层面，这必然会造成社会秩序的土崩瓦解。因此，《性自命出》的目的是要将"志"的内容由自然情欲转变为伦理道德，唯有如此，才能发挥意志心的价值规范作用，而转化的具体手段就是学习和教育。《性自命出》简1-2、9说："凡人虽有性，心无定志，待物而后作，待悦而后行，待习而后定。""其用心各异，教使然也。"只有通过后天的学习和教育，以自然情欲为内容的意志心才能最终转变成以伦理道德为内容的意志心，而转变后的意志心就成了"定志"之心。

在"定志"之心的主导下：首先，在"性"的层面，虽然"动性者"是"物"，但是"性之所动"必然趋于稳固而不偏离人生的正确方向；其次，在"情"的层面，由"性"所生之"情"必然能合乎道义；最后，在"行"的层面，个体的一举一动必然符合礼义规范的要求，此即《性自命出》简62-65所说：

> 凡忧患之事欲任，乐事欲后。身欲静而毋撼，虑欲渊而毋伪，行欲勇而必至，貌欲庄而毋拔，欲柔齐而泊，喜欲智而亡末，乐欲释而有志，忧欲俭而毋惛，怒欲盈而毋掩，进欲逊而毋巧，退欲循而毋轻，欲皆文而毋伪。

总之，在有"定志"之心的主导下，一个人在遇到忧患之事的情况下就会主动担当，在遇到享乐之事的情况下会率先谦让。在日常生活中，身体会保持宁静而不易撼动，思虑会保持深邃而不致虚伪，行动会保持勇敢而坚毅，容色会保持庄重而不匆遽，内心会保持温和恭敬而淡泊，喜悦会保持理智而不轻薄，欢乐会合理释放而有志向，忧戚会恰当控制而不昏乱，愤怒会充盈而不遮掩，事业顺利时会保持谦逊而不取巧，遇到挫折时会保持慎重而不轻浮，欲望都有节制而不虚伪。[①]

3. 心术：心之认知义

前面提到，以自然情欲为内容的意志心要想转变成有"定志"之心，必须经过后天的学习和教育。而学习和教育的实现需要依靠两方面的条件。首先，从对象的角度看，意味着要有学习和教育的材料。在《性自命出》

---

① 刘钊：《郭店楚简校释》，福建人民出版社，2005，第106页。

中，这就是由圣人制作的"诗书礼乐"以及它们所承载的仁义忠信之道。其次，从主体的角度看，意味着个体要有学习和接受教育的能力。在简文中，这就是心的认识能力。而学习"诗书礼乐"，不仅是要掌握其中的知识内容，更是要深刻体认其背后的精神性原则——"道"，这就涉及心的理性认识能力。《性自命出》简 14 说："凡道，心术为主。""心术"一词多见于先秦时期文献，大概为当时的流行观念。《管子》以"心术"指称心体认"道"的方法以及途径。[①] 在《性自命出》中，"心术"的含义与《管子》相近，指心体认"道"的能力和方式。《性自命出》认为，"道"虽然客观存在，但只有通过心的理性认识，才能被主体接纳，也才能成为增进和培养人性的有效手段。

三 情生于性：《性自命出》论"情"

对"情"的高扬是《性自命出》的一个重要理论特色。据统计，"情"在《性自命出》中总共出现 20 余次，如此高的出现频率在先秦儒家文献中是较为少见的。在《性自命出》中，"情"的意涵不尽相同，概括而言有以下三种：首先，在最广泛的意义上，"情"是指万物之"性"的显露，即一切事物的"情实"和"质实"，这构成"情"的原始含义；其次，"情"特指"人性"的显露，即人的"情实"和"质实"，包括人的情感、欲望、意志、知能等一切由人性产生的内容；再次，在最具体的意义上，"情"专指人的自然情感。

1. 信情

作为人类心理活动的一种基本形式，以及人性的显露，情感问题受到先秦儒家的高度重视。作为儒家学派创始人的孔子本身就是一个"性情中人"，《论语·先进》篇记载："颜渊死，子哭之恸。"《述而》篇说："子在齐闻韶，三月不知肉味，曰：'不图为乐之至于斯也！'"由于孔子非常重视人的真情实感的自然流露，所以他对那些刻意雕琢、矫饰情感的"巧言令色"之徒就多了一分鄙夷和不屑，《公冶长》篇说："巧言、令色、足恭，左丘明耻之，丘亦耻之。"他甚至认为，一个人有无真情实感还构成其能否

---

① 郭齐勇：《郭店楚简〈性自命出〉的心术观》，载《安徽大学学报》（社会科学版）2000 年第 5 期。

成为"仁人"的必要条件。言下之意是，只有保持原始质朴的本真情感，才会接近于仁德，所以《子路》篇说："刚、毅、木、讷近仁"；相反，以巧伪之心取悦于人则失去了最初的本性，这种人是很少具备仁德的，所以《阳货》篇说："巧言令色，鲜矣仁。"

在重视人的真情实感这一点上，《性自命出》继承了孔子的观点，两者表现出明显的学术源流关系。在对情感的考察中，《性自命出》突出了一个"信"字，即强调情感流露的真实无伪。它以"信"来规定"情"，认为"信"是情感存在的基本特征和根本依据①，甚至将"信"提升为衡量情感合理与否的一条重要准则，故《性自命出》简 40 说："信，情之方也。"它认为，只要是发自内心的真情实感，就是好的，故《性自命出》简 50 说："凡人情为可悦也"；相反，只要是经过人为加工的情感，就是违反自然本性的，也就是恶的，故《性自命出》简 48 说："凡人伪为可恶也。"如果是出自内心的真情实感，即使是错误的行为，也不至于为恶，故《性自命出》简 50 说："苟以其情，虽过不恶"；相反，如果行为不是出自真情实感，虽然是很难做到的事情，也并不可贵，故《性自命出》简 50 说："不以其情，虽难不贵。"只有出自真情实感的声音，才能从根本上打动人心、感化人心，故《性自命出》简 23 说："凡声，其出于情也信，然后其入拨人之心也厚。"一个有着真情实感的人，即使他不言不语，也是值得信赖的，故《性自命出》简 51 说："未言而信，有美情者也。"这无疑是对直情径行之人的最高评价。

2. "好恶"之情

《性自命出》简 4 说："好恶，性也。""好恶"作为人类最基本的情感形式，它的产生和人的自然欲望，尤其是"食色之欲"之间存在着千丝万缕的联系。这是因为，人们在寻求自然欲望的满足过程中，往往会遇到各种各样的情况：其中一些有助于自然欲望的实现；而另外一些则有碍于自然欲望的实现。对于前一种情况，人们自然好之、爱之；而对于后一种情况，人们自然恶之、怒之。当自然欲望得到满足时，人们自然好之、爱之；当自然欲望难以满足时，人们自然恶之、怒之。《性自命出》简 43-44 说："用身之弁者，悦为甚。用力之尽者，利为甚。目之好色，耳之乐声，郁陶之气也，人不难为之死。"这里说的"目之好色"和"耳之乐声"就是

---

① 马育良：《郭店简书"信情"解读》，载《孔子研究》2005 年第 5 期。

"好恶"情感的具体体现。在此基础上，其他类型的情感也会随之产生，这在《语丛（二）》中有着详尽的描述，其言："爱生于性，亲生于爱，忠生于亲。……恶生于性，怒生于恶，胜生于怒。……愠生于性，忧生于愠，哀生于忧。"其中，诸如像"亲""忠""慈""喜"之类的情感都产生于"好"（即上引文所谓"爱"）的情感，而诸如像"怒""愠""惧""疑"之类的情感则产生于"恶"的情感。

3. 美情

除了"好恶"之情及其衍生的情感类型以外，人性中是否还存在其他类型的情感呢？《性自命出》简18-19说："礼作于情，或兴之也。"这里的"情"不仅是"礼"的产生根据，而且"礼"还在一定程度上高扬和兴发此"情"，那么它当然就不是和"食色之欲"密切相关的"好恶"之情了。结合原文，本书认为它就是《性自命出》提到的"美情"。根据先秦儒家对"情""礼"关系的相关论述，它的具体内容应该是基于血缘关系产生的亲亲之情，当然也包含其他形式的美好情感。

有学者将亲亲之情理解为道德情感而非自然情感，如唐君毅先生认为，亲亲之情不同于人的自然情感，它能"涵盖、顺承、践履、超越"后者。人的自然情感只知"前流""下流"，而亲亲之情却能对此一向度"与以一'往而再复之贞定者'"[1]，两者呈现出截然相反的态势。在他看来，人的自然情感是依于"求相续生"之欲产生的情感，而亲亲之情却是依于"本心"生发的道德情感，由于两者的来源不同，故呈现出一种根本的隔绝状态。也有学者将亲亲之情视为自然情感，如徐复观先生认为，来自自然人性的亲亲之情不同于道德情感，还夹杂着自私的成分在内，而"缺少道德性的自觉"[2]。蒙培元先生认为，父子之情"是一种'私情'……这样的亲情，作为人的最初始、最基本的存在样式，就是为人之'本'……父子之情不是出于人为，而是自然而然，人人具有的自然之情，或者说出于人之自然"[3]。黄意明先生认为："子之爱父母，弟之敬兄长，是与生俱来，自然而然的本真情感。以真诚的自然情感为基点，所建立的道德体系才有理性的

---

① 唐君毅：《中国哲学原论·原性篇》，中国社会科学出版社，2005，第16页。
② 徐复观：《中国思想史论集》，上海书店出版社，2004，第136页。
③ 蒙培元：《人是情感的存在——儒家哲学再阐释》，载《社会科学战线》2003年第2期。

依据与合理的价值本源。"① 李龙先生认为："父子之情出于自然——自己如此，而不是人为的结果……是一种本源的爱亲情感，所以人人都具有这种情感。"② 笔者认为，亲亲之情虽然在人的诸种情感中"最具道德情愫"，但其本质仍然是一种自然情感。也因为其"最具道德情愫"，使其成为沟通自然情感和道德情感的天然媒介，并成为礼乐的产生依据，所以《性自命出》简 3-4、17-18 说："道始于情……始者近情……知情者能出之""理其情而出入之……礼作于情"，这里的"道"并非泛指"群物之道"，而是特指"人道"，即各种各样的人伦道德规范，并主要以"礼"的形式体现出来。

在《性自命出》中，"美情"的一个典型代表就是"仁"。《性自命出》简 39 说："仁，性之方也，性或生之。"有学者指出，既然《性自命出》主张自然人性论，那么为什么在这里又认为人性中包含"仁"的要素呢？这难道不是一个明显的矛盾吗？其实不然，因为这里的"仁"并不是道德情感，而是自然情感。许慎《说文解字》将"仁"解释为"亲"，即血缘亲情。在出土楚简中，"仁"字有三种写法，分别是"上身下心""上人下心""上千下心"。对此，刘宝俊先生指出，以上三形均为形声结构，"心"为形符，"其义当指出自于人类本性的亲和、善良、温爱、同情、恻隐、不忍之心"③。黄意明先生也认为，"仁"的本义是"慈爱之情"④。可见，"仁"的原初含义就是作为自然情感的亲亲之情。

《性自命出》简 40 说："唯性爱为近仁。"指出作为自然情感的"仁"来自自然人性，它的实际内容就是由自然人性生发的"爱"（爱亲之情）。《性自命出》又将"笃"和"慎"作为"仁之方"，即作为"仁"的标准看待，强调"仁"的显发应该笃实和谨慎，这与它注重真情实感的自然流露并无二致，或者说前者是后者的具体体现。

《性自命出》简 54-55 说："恶之而不可非者，达于义者也。非之而不可恶者，笃于仁者也。"简文重视"仁"和"义"的区别，将"好恶"与"仁"

---

① 黄意明：《道始于情——先秦儒家情感论》，上海交通大学出版社，2009，第 100 页。
② 李龙：《孝道的重建——论儒家"孝"观念的生活情感本源》，载《北京青年政治学院学报》2007 年第 4 期。
③ 刘宝俊：《郭店楚简"仁"字三形的构形理据》，载《中南民族大学学报》（人文社会科学版）2005 年第 5 期。
④ 黄意明：《道始于情——先秦儒家情感论》，上海交通大学出版社，2009，第 100 页。

联系起来，"是非"与"义"联系起来。相对于"是非"的客观外在，"好恶"强调情感的主观内在，这说明"仁"是一种内在情感，而"义"是一种外在规范。作为自然情感的"仁"由于出自性情之真，虽然偶有不合客观道义之处，也不致引起他人的嫌恶，所以说："非之而不可恶者，笃于仁者也"。在此基础上，《性自命出》甚至将"仁"作为客观道德原则的一个重要衡量标准，《性自命出》简41说："恶类三，唯恶不仁为近义。"

但是作为自然情感的"仁"毕竟是顺着自然人性发出来的，因此难免还夹杂着自私的成分在内，告子说："吾弟则爱之，秦人之弟则不爱也。"即是其证。由于"仁"还是一种自然情感，尚带有素朴性和粗糙性的特点，在一定场合往往会与一些具体德目产生冲突，这也成为先秦儒家讨论的一个重要话题。孔子首先提出这一问题，并阐明了个人观点。当叶公告诉孔子他理想中的"直躬者"是"其父攘羊，而子证之"时，孔子表示反对，并指出真正的"直躬者"应该是"父为子隐，子为父隐"。在笔者看来，叶公的"直"虽然忠于客观事实本身，但却有悖于作为自然情感的"仁"、有悖于自然人性，其中难免有矫饰的成分。所以孔子反对这样的"直"，因为这既不符合人之常情，也不符合"仁"的精神。

在这一点上，《性自命出》继承了孔子的观点，并将其进一步凝练提升为普遍原则，《性自命出》简50-51说："凡人情为可悦也。苟以其情，虽过不恶；不以其情，虽难不贵。苟有其情，虽未之为，斯人信之矣。未言而信，有美情者也。"根据简文观点，"其父攘羊，而子证之"的做法不符合人之常情（"不以其情"），所以并不值得肯定和提倡（"虽难不贵"）。相反，"父为子隐，子为父隐"的做法符合人之常情（"苟以其情"），虽然违反了法律规范，但却并不会引起人们的厌恶（"虽过不恶"）。从中我们不难看出，《性自命出》对作为自然情感的"美情"（即"仁"）给予了相当程度的重视。

4. 道始于情

《性自命出》"道始于情"和"礼作于情"的说法还有着另外一层意涵，即要求"道"和"礼"的制作必须充分尊重人之自然情欲的正常需求，否则就是对人性的践踏和对生命的漠视，此即钱穆先生所云："道德本乎人性，人性出于自然。"[①] 可见，先秦儒家所推崇的以礼义为代表的"人道"

---

① 钱穆：《论语新解（新校本）》，九州出版社，2011，第178页。

绝非矫枉过正的人性枷锁，而是尊重和顺应人情的顺势而为。

《性自命出》简 3-4 说："始者近情，终者近义。知情者能出之，知义者能入之。"这一方面是强调，"人情"是"人道"的产生依据，如果没有了人的自然情感，"道"和"礼"就丧失了其存在基础；另一方面是强调，"人情"的表达要符合"人道"的要求、要受"人道"的节制。这实际上表明了简文对人之自然情感的双重态度：既尊重人之自然情感，又主张对其进行适当节制。①

四　身以为主心：《性自命出》的身心观

《性自命出》专门讨论了身心关系问题，首先，它肯定身心之间存在互动关系，即一方面心对身具有主导作用；另一方面身对心具有反作用。

第一，心对身具有主导作用。《性自命出》简 6-7 说："凡心有志也，无与不可。人之不可独行，犹口之不可独言也。"这是认为，如果没有心的许可，身体就不可能正常活动。由于心对身具有主导作用，所以《性自命出》主张将道德修养的重心放在"心"上。而"修心"的最佳途径是学习圣人用心之道。《性自命出》简 36-37 说："凡学者求其心为难，从其所为，近得之矣，不如以乐之速也。虽能其事，不能其心，不贵。"这是认为，对于从事道德践履的主体而言，在学习和效仿圣人的过程中，要想不经过任何中介，直接对圣人的用心有所体认，那是很困难的一件事。这就要求人们应当从效仿圣人的行为开始，再慢慢去体会圣人的用心，这样才能逐渐接近圣人。但如果仅仅停留在对圣人行为的模仿上，而始终不明白圣人的用心，那也是不够的。了解圣人的用心，才是学习圣人的最终目的。可见，"修心"相对于"修身"而言，更加根本。《性自命出》简 44-46 说："有其为人之节节如也，不有夫简简之心则采。有其为人之简简如也，不有夫恒殆之志则缦。人之巧言利词者，不有夫诎诎之心则流。"这是认为，若是一个人举止检束却无质朴信实之心，则必是矫情伪饰；若是一个人质朴信实却无启发之志，则终必流于散漫；若是一个人言辞便给却无朴素笃实之心，则终必流于虚浮。换句话说，一个人即使在外貌形体、言行举止方面符合礼的要求，但若是没有质朴笃实之心，便是文胜其质。可见，相对于

① 余开亮：《〈性自命出〉的"美情"说》，2013 年 4 月 18 日《中国社会科学报》。

外在身体，简文显然更加重视内在心性。

第二，身对心具有反作用。《性自命出》简 67 说："君子身以为主心。"即是强调身对心的反作用。简文提倡通过对礼义规范的恪守和遵循，使伦理价值潜移默化地根植于内在心性，从而达到培养善性、成就德性的目的。这与孔子"克己复礼，为仁"的要求一致，都是强调通过行为上的守礼和循礼，实现内在心性的纯化。

第三，《性自命出》在承认身心互动的基础上，主张身心交养，以期达到身心一如的道德境界。由于身心之间存在相互影响的关系，故简文主张应当从身心两方面同时着手进行道德修养，《性自命出》简 65-67 说："君子执志必有夫皇皇之心，出言必有夫简简之信，宾客之礼必有夫齐齐之容，祭祀之礼必有夫齐齐之敬，居丧必有夫恋恋之哀。"其中，"执志必有夫皇皇之心""出言必有夫简简之信""居丧必有夫恋恋之哀"是强调从"心"的方面进行道德修养；"宾客之礼必有夫齐齐之容""祭祀之礼必有夫齐齐之敬"则是强调从"身"的方面进行道德修养。《性自命出》认为，只有从心身两个方面同时入手，才能取得最佳的修养成效。一个真正有德行的"君子"，一定是一个言行一致的人，也一定是一个在修内与修外、正心与正身之间达到完美统一的人。

第二节 《性自命出》与荀子心性论比较

一 自然人性论

与《性自命出》相同，荀子也是站在传统"即生言性"的角度来讨论人性问题的。如《性恶》篇说："凡性者，天之就也，……不可学、不可事而在人者谓之性。"《正名》篇说："生之所以然者谓之性。""不事而自然谓之性。"以上三句话都是从"性"的外延角度来说的。正如蔡仁厚先生所言，凡是沿着"生之谓性"一路延续下来的，其所论之"性"必不出此三义——自然义、生就义、质朴义，即"性"是自然如此、生就如此、不待后天人为的自然生命之质。

而从"性"的内涵角度来说，它又包含以下两方面内容。第一，人生而具有的能力。《礼论》篇说："性者，本始材朴也。""材"，即"才"，是才能和能力之义。因此这里的"性"是指人生而具有的能力，若详细加以区分的话，它又包含以下两点：一是感觉器官的感性认识能力，包括视、听、味、嗅、触五种类型，此即《荣辱》篇所言："目辨白黑美恶，耳辨音声清浊，口辨酸咸甘苦，鼻辨芬芳腥臊，骨体肤理辨寒暑疾养"。荀子认为，此五者是"人之所常生而有""是无待而然者""是禹桀之所同"，即证明它们来自人性。二是心的"征知"能力，即心建立在感觉器官感性认识能力基础上的理性认识能力，此即《正名》篇所说："心有征知。征知则缘耳而知声可也，缘目而知形可也，然而征知必将待天官之当簿其类然后可也。"第二，人生而具有的欲求。它又包含以下两点。一是人的各种生理欲求，如《性恶》篇说："今人之性……生而有耳目之欲，有好声色焉。""若夫目好色，耳好声，口好味，心好利，骨体肤理好愉佚，是皆生于人之情性者也。"《荣辱》篇说："凡人有所一同：饥而欲食，寒而欲暖，劳而欲息，好利而恶害，是人之所生而有也。"二是人的各种心理欲求，包括个人对身份、荣誉、功绩、声名的追求，如《王霸》篇说："夫贵为天子，富有天下，名为圣王，兼制人，人莫得而制也，……名声若日月，功绩如天地，天下之人应之如景向，是又人情之所同欲也"。

通过比较，我们不难发现，无论是从"性"的外延角度、还是从"性"的内涵角度来看，荀子与《性自命出》的观点都具有极强的理论一致性，只是荀子对人性具体内容的分析更加详尽深入，从这里我们也可以看出荀子对人性论这一古老话题的推动和发展之处。

1. 凡性者，天之就也

与《性自命出》相近，荀子也将"天"与"性"联系起来加以考虑。如《正名》篇说："性者，天之就也。"《性恶》篇说："凡性者，天之就也，……不可学、不可事而在人者谓之性。"荀子在上述两处均将"天"视为"性"的终极来源，这与《性自命出》将"天"看作授人以"性"、与人相通的最高存在相一致。所不同的是，在《性自命出》中，"天"是以"命"为中介而为"性"的根源，而在《荀子》中，则缺少了"命"这一过渡环节，这可能与荀子不喜抽象思辨的经验主义品格相关。

荀子对"天"与"性"相互关系的界定，与他对人性问题的认识相关。前面已经提到，在《荀子》中，"性"是指自然如此、生就如此、不待后天人为的自然生命之质，那么人之自然生命就构成人性的最直接来源。而人的自然生命来源于"天",如《荣辱》篇说:"天生蒸民"、《大略》篇说:"天之生民",因此,通过"生"(自然生命)的中介,"天"也就成为"性"的根源。

从"性"的角度看,既然人性来自上天,那么这就意味着人性具有超越的形上根据。"天"的存在不但保证了人性的绝对性、神圣性和崇高性,而且也保证了一切人性的平等性,如《荣辱》篇说:"材性知能,君子小人一也……凡人有所一同。"这里的"凡"字,表明了一切人性的普遍性和平等性。同时,既然这里的"性"是指自然人性,那么作为其根据的"天"也就是自然之天了。"凡性者,天之就也"一语当是说,一切人性皆来源于自然之天。

2. "血气"说

在《荀子》中,"气"具有广、狭两层含义。广义上的"气"是自然界一切事物的构成要素,如《王制》篇说:"水火有气而无生,草木有生而无知,禽兽有知而无义,人有气、有生、有知,亦且有义。"这里的"气"是包括水火等无机物在内的一切事物的构成要素。狭义上的"气"是动物层级以上等高级生命体的构成要素,尤其是指人类自然生命的构成要素。在此意义上,荀子称其为"血气",如《礼论》篇说:"凡生乎天地之间者,有血气之属必有知,有知之属莫不爱其类。"《修身》篇说:"凡用血气、志意、知虑,由礼则治通。""治气养心之术:血气刚强,则柔之以调和。"既然"血气"是人类自然生命的构成要素,而人性又是自然生命之质,那么"血气"也就成为人性的潜在存在形态。正是在此意义上,荀子将"血气"看作"志意、知虑"等现实人性组成内容的根据。血气、志意、知虑的排列顺序并非偶然,这是强调"血气"相对于"志意、知虑"的根本性和首要性。[①] 从中我们也可以看出,"血气"不但是人类自然生命的物质性构成要素,也是人类自然生命的精神性构成要素,它是物质性要素和精神性要素的有机统一。因此,"血气"的特点在整体上、根本上决定了个体生命的存在状态。

由于这里的"血气"还是指未经改造的自然生命之气,并不包含任何价值内容在内,所以荀子十分注重对它的后天调理,并由此提出著名的"治气养心"之术及其总体原则——"莫径由礼,莫要得师,莫神一好",即学习礼义、亲近师友和专心致志。

---

① 顾炯:《荀子气论思想浅析》,载《理论界》2011年第2期。

通过上述分析，我们不难发现，在以"气"论"性"这一点上，荀子与《性自命出》表现出一定的理论相似性：第一，两者都将"气"看作物质性要素和精神性要素的统一体，只不过《性自命出》的"情气"说偏重于精神性的一面，而荀子的"血气"说则更偏重于物质性的一面；第二，两者都将"气"视为并不包含任何价值内容在内的自然生命之气，那么由这样的"气"所决定的"性"就是自然人性。

3. "性"与"情"

在"性""情"关系层面，荀子继承了《性自命出》的相关思想，这可能与他提出的"制名"原则有关。荀子在《正名》篇将"名"的类型分为四种，分别是刑名、爵名、文名、散名，并指出这四种"名"的不同产生途径："刑名从商，爵名从周，文名从礼，散名之加于万物者，则从诸夏之成俗曲期，远方异俗之乡则因之而为通。"这是说，刑法之名遵从商制、爵位之名遵从周制、礼义之名遵从礼制、其他散杂之名加于万物者则遵从诸夏地区的旧俗。同时，他又将"性""情"等概念纳入"散名"的行列，《正名》篇说：

> 散名之在人者：生之所以然者谓之性。性之和所生，精合感应，不事而自然谓之性。性之好、恶、喜、怒、哀、乐谓之情。

既然"性""情"属于"散名"之列，那么对其内容的界定则须凭借日常生活中既有的习俗。可见，荀子并没有赋予"性""情"概念以新的含义，而是沿袭了其旧有内容，《性自命出》的性情观以及它所承袭的思想传统很可能即在荀子的承继之列。

《正名》篇说："性之好、恶、喜、怒、哀、乐谓之情。"杨倞注云："人性感物之后，分为此六者，谓之情。"[1] 如果把《正名》篇的这一说法与《乐论》篇如下一句话"凡奸声感人而逆气应之，逆气成象而乱生焉；正声感人而顺气应之，顺气成象而治生焉"联系起来看，那么荀子与《性自命出》在性情观上几乎如出一辙，这表现为：两者都认为"性"是"诚于中"或"藏于内"的存在，并且它在人体内部以"气"的形式存在。在外物的刺激和感召下，"性"会由内而外地表现出来，体现为"喜怒哀悲"

---

① 王先谦：《荀子集解》，中华书局，2013，第487页。

等不同类型的自然情感。只不过《性自命出》指出的情感类型只有四种，即"喜怒哀悲"；而荀子则认为有六种，即"好恶喜怒哀乐"。但是，如果考虑到《性自命出》"好恶，性也"的说法，那么即使在对情感类型的划分上，两者也都表现出了高度一致性。概括来说，《性自命出》和荀子都是从"未发"和"已发"的关系角度区分"性""情"，认为"性"是"情"的未发状态，"情"是"性"的已发状态。"性"是不可直接体验和证知者，需要通过"情"来表现自己。

4. "性"与"物"

荀子也谈到了"性""物"关系问题。前面提到，在《荀子》中，"性"包含两方面内容：一是人天生具有的能力，包括耳、目、鼻、口、身等感觉器官的感性认识能力和心的理性认识能力；二是人天生具有的各种欲求，包括人的各种生理及心理需求。与此相应，"性""物"关系也就体现在以下三个方面。

一是感觉器官与"物"的关系。《正名》篇说：

> 形体、色、理以目异，声音清浊、调竽奇声以耳异，甘、苦、咸、淡、辛、酸、奇味以口异；香、臭、芬、郁、腥、臊、洒、酸、奇臭以鼻异，疾、痒、沧、热、滑、铍、轻、重以形体异。

耳、目、鼻、口、身等感觉器官是感性认识的主体，"形体""声音"、"奇味"、"奇臭"等是感性认识的对象。感觉器官虽然具有感性认识能力，但是它们只有在外物的刺激下才能表现出来。

二是"心"与"物"的关系。《解蔽》篇说："凡以知，人之性也；可以知，物之理也。""心"虽然具有理性认识能力，但只有借助于外物的刺激才能表现出来，也才能称得上是"智慧"，此即《正名》篇所说："所以知之在人者谓之知。知有所合谓之智。"

三是"欲"与"物"的关系。《礼论》篇说："人生而有欲，欲而不得，则不能无求，……使欲必不穷乎物，物必不屈于欲。"又《富国》篇说："欲恶同物，欲多而物寡。"由此可见，在《荀子》中，"欲"和"物"是一对紧密联系的概念。"欲"是主体，"物"是对象，如果没有"物"的参与，"欲"就无从表现出来。综上所述，我们不难发现，在"性""物"

关系层面，荀子与《性自命出》体现出高度一致性，即两者都认为：第一，"性"是主导者，"物"是使"性"表现出来的外部条件；第二，如果没有"物"的感召和刺激，"性"就无从表现出来。

5. "性伪"说

《性自命出》已经充分意识到"性"与"学""教"的差别，并将关注的重心放在后者。与此相对，荀子也区分出"性"与"伪"的不同，并将理论的焦点放在"伪"上。在《荀子》中，"伪"字共出现 43 次，其中表示诈伪、虚伪的有 7 处，其余均表示主体后天有意识有目的的活动，即"人之作为"[①] 义。若详细加以区分，它又包含以下四个方面的内容。一是主体有意识有目的的活动。具体来说，就是主体利用自己的天赋机能对自然人性施加影响，以达到"矫拂其本性""变动其生质"这一最终目的的过程，这也构成"伪"在《荀子》中的最主要内涵。《正名》篇"心虑而能为之动，谓之伪"，即是其例。二是主体进行有意识有目的活动的先天条件。具体来说，就是主体先天具有的认识能力（"可以知仁义法正之质"）以及行动能力（"可以能仁义法正之具"）。《性恶》篇"可学而能、可事而成之在人者谓之伪"，即是其例。三是主体进行有意识有目的的活动的外部条件。具体来说，就是主体用以对治自然人性的礼义文理。《礼论》篇"性者，本始材朴也；伪者，文理隆盛也。无性则伪之无所加，无伪则性不能自美"，即是其例。四是主体进行有意识有目的的活动的结果。《正名》篇"虑积焉、能习焉而后成谓之伪"，即是其例。

荀子之所以将"性"与"伪"对举，乃是由于在他看来，作为人性组成部分的自然情欲有流于恶的可能性，如果不对其加以适当节制和引导的话，势必会引起社会的混乱，所以他提倡"以伪饰性""化性起伪"。同时，他指出"伪"的实现方式有两种，即学习和教育。在注重后天的学习和教育对人性的影响这一点上，荀子与《性自命出》表现出高度一致性。

首先，他十分重视学习对于自然人性的塑造和培养作用。《性恶》篇说："今使涂之人伏术为学，专心一志，思索孰察，加日县久，积善而不息，则通于神明、参于天地矣。故圣人者，人之所积而致矣。"《劝学》篇

---

① 强中华：《反者道之动：荀子"化性起伪"对庄子"性"与"伪"的因革》，载《中国哲学史》2009 年第 2 期。

说："学恶乎始？恶乎终？曰：其数则始乎诵经，终乎读礼；其义则始乎为士，终乎为圣人。"《礼论》篇说："故学者固学为圣人也，非特学为无方之民也。"在荀子看来，学习的最终目的是成为圣人。所谓圣人，就是能做到"化性起伪""积善全尽"的人。为了成为圣人，最理想的方式是学习其为人。《劝学》篇说：

> 学莫便乎近其人。《礼》、《乐》法而不说，《诗》、《书》故而不切，《春秋》约而不速。方其人之习君子之说，则尊以遍矣，周于世矣。故曰学莫便乎近其人。学之经莫速乎好其人，隆礼次之。上不能好其人，下不能隆礼，安特将学杂识志，顺《诗》、《书》而已耳，则末世穷年，不免为陋儒而已。

虽然《诗》《书》《礼》《乐》《春秋》都是由圣人创作出来的，而且也反映了圣人的崇高理想和价值追求，但它们都是圣人在一定情形下根据特定需要创作出来的，具有鲜明的"有为为之"的特点，因而也就难免会带有这样或那样的局限性，如《礼》《乐》徒传先王遗法而不说其义，《诗》《书》只论先王故事而不切实际，《春秋》文义隐约、褒贬难明，不能使人速晓其义，这对于道德人格的培养而言还显得隔了一层，不能直指问题的核心。相反，只有亲近依傍圣人，早晚习闻其说，才能更好地积累善性、成就德性。由此可见，相对于书本上的理论知识，荀子更加重视对圣人人格的学习。

其次，荀子也十分重视后天的教育对于自然人性的塑造和培养作用。如果说学习主要依靠个体的内在自觉，那么教育则主要依靠师友等外在力量的规训。《性恶》篇说：

> 今人之性恶，必将待师法然后正，得礼义然后治。今人无师法则偏险而不正，无礼义则悖乱而不治。……今之人，化师法、积文学、道礼义者为君子；纵性情、安恣睢，而违礼义者为小人。

这是认为，如果缺少师法的教化和礼义的引导，自然人性势必会陷入"偏险而不正，悖乱而不治"的境地，因此要想使人性日趋于善，就要充分发挥教育的导向功能。《儒效》篇说："人无师法则隆性矣，有师法则隆积矣。""积"是积伪的意思，在荀子看来，教育的根本目的就是要"隆积"，即改变自然人性的原初存在形态，使之向上、向善。

与《性自命出》相同，在诸种教育方式中，荀子十分重视"乐"的作用。这是因为：第一，从"乐"的自身特点来看，"乐"包含的和声（"和"）、旋律（"节"）、仪文（"文"）具有表现"人之道"及"性术之变"的功能。不同和声、旋律、仪文的相同组合或相同和声、旋律、仪文的不同组合可以形成各种类型的"乐"，所表现的"道"也千差万别。这就是"乐"的"形"道功能。第二，从"乐教"的作用方式来看，"乐"将抽象、生硬的道德教条融入情感，以感性的形式直抵人心，通过引起听众内心强烈的波动与共鸣，产生出直抒胸臆的道德感召力以及美轮美奂的艺术效果。《乐论》篇说：

> 乐者，圣人之所乐也，而可以善民心，其感人深，其移风易俗，故先王导之以礼乐而民和睦。
>
> 君子以钟鼓道志，以琴瑟乐心，……故乐行而志清，礼修而行成，耳目聪明，血气和平，移风易俗，天下皆宁，美善相乐。

在荀子看来，承载着儒家人伦之道的雅颂之乐可以营造出情理交融、美善相乐的和谐氛围，使听众在华美的享受中受到善道的感化，在情感的愉悦中领悟人道的真谛。不仅能够培养出听众的道德意志，而且使人的道德"由于陶冶而从习惯变成了自然，成了美的对象"①，这正是对"乐"之教育功能的充分肯定。

二　心之三重义

在《荀子》中，"心"字总共出现 169 次，可以说是一个出现频率很高的词。在最广泛的意义上，"荀子所说的心，应当是一切心理作用的总称"②。若详细梳理其内容，又包含"知""情""意"等多方面内容。

---

① 鄢爱红：《试论荀子乐教与成人之道》，载《孔子研究》1999 年第 4 期。
② 陈大齐：《荀子学说》，中华文化出版事业委员会，1954，第 38 页。

1. 心之情欲义

与《性自命出》相同，荀子所说的"心"也包含自然情欲的成分在内。为了讨论上的方便，我们将"心"的这部分内容称为"情欲心"。情欲心呈现出"好利""好悦""好佚"的自然倾向，这与《性自命出》中的说法如出一辙，只是荀子的论述更加详细和充分：第一，好利，即贪图利益。《劝学》篇说："心利之有天下。"《王霸》篇说："故人之情……心好利而谷禄莫厚焉。"第二，好悦，即追求快乐。《正论》篇说："心至愉而志无所诎。"《正名》篇说："心平愉，则色不及佣而可以养目。"第三，好佚，即喜好安逸。《王霸》篇说："夫人之情，目欲綦色，耳欲綦声，口欲綦味，鼻欲綦臭，心欲綦佚。"在此基础上，荀子还进一步分析了情欲心的一般特点：第一，它来自自然人性，《性恶》篇说："目好色，耳好声，口好味，心好利，骨体肤理好愉佚，是皆生于人之情性者也"，即是其证。第二，在缺乏外在干预的情况下，它对欲望的追求没有节制和限度，此即《非十二子》篇所言"利心无足"。

2. 心之意志义

荀子所说的"心"除了具有自然情欲的成分以外，还具有意志的内容，在此则简称为"意志心"。与《性自命出》相同，在《荀子》中，意志心具有主导性的功能，并分别体现在以下四个方面。首先，在"心""性"关系中，"心"是"性"的主导。《正名》篇说："欲不待可得，所受乎天也；求者从所可，所受乎心也。"在这里，"所受乎天"的"欲"是自然人性的重要组成部分，然而它却受到"心"的制约。

其次，在"心""物"关系中，"心"不是被动接受外物刺激，而是具有"征知"功能。何谓"征知"？《正名》篇说："心有征知。征知则缘耳而知声可也，缘目而知形可也。"杨倞注释说："征，召也。言心能召万物而知之。"[1] 可见，所谓"征知"是指心对外物的刺激并非毫无保留地全盘接受，而是具有选择与判断的能力，它只会接受其中的一部分内容以成知觉，对其余则弃而不知。[2] 有见于此，《解蔽》篇说："心不使焉，则白黑在

---

① 王先谦：《荀子集解》，中华书局，2013，第493页。
② 据此，李涤生引吴康之语，谓心为主体，能唤起知觉作用，以辨物象。参见李涤生《荀子集释》，台湾学生书局，1979，第514页。

前而目不见，雷鼓在侧而耳不闻。"

再次，在"心""情"关系中，"心"对"情"的显发具有节制作用。《正名》篇说："性之好、恶、喜、怒、哀、乐谓之情，情然而心为之择谓之虑。"即"心"能够对喜怒哀乐之情的显发做出选择与判断，以确保它能够合乎理性的要求。

最后，在"心""身"关系中，"心"是"身"的主导。《解蔽》篇说："心者，形之君也，而神明之主也。"《天论》篇说："耳目鼻口形能，各有接而不相能也，夫是之谓天官。心居中虚以治五官，夫是之谓天君。"这是认为，耳目鼻口形体等身体器官受到"心"的制约，但"心"却不会反过来受到"身"的制约，它是自禁、自使、自夺、自取、自行、自止的绝对自主存在。

然而，正如唐君毅先生所言，荀子所说的"心固能自禁自使、自夺自取、自行自止，世固无有外力，使心必不中理合道者；然心不自使其中理，以欲为善而合道，心固亦可不中理合理，而不欲为善也"①。也就是说，意志心虽然具有主导功能，但它却并不能保证主体的行为一定朝着善的方向发展，"心可以决定向善，也可以决定不向善"②，这在根本上是由意志心的自身特点决定的。

与《性自命出》相同，荀子认为，在天生层面，人的自然情欲构成意志心的具体内容。这样的意志心只会一味追求感官欲望的满足而不顾其余，而这势必会导致"犯分乱理而归于暴"的严重后果。如何才能避免这一情况的发生呢？在荀子看来，唯一的方法就是以礼义文理（"理"）取代自然情欲（"欲"）在意志心中的主导地位。《正名》篇说：

> 心之所可中理，则欲虽多，奚伤于治！欲不及而动过之，心使之也。心之所可失理，则欲虽寡，奚止于乱！故治乱在于心之所可，亡于情之所欲。

这里所谓的"心之所可"，实际上是指意志心的具体内容。如果它的具体内容是"理"，那么整个社会就会保持"治"的状态；相反，如果它的具

---

① 唐君毅：《中国哲学原论·原性篇》，中国社会科学出版社，2005，第35页。
② 徐复观：《中国人性论史·先秦篇》，上海三联书店，2001，第213页。

体内容是"欲",那么社会就会陷入"乱"的境地。

而要实现这一由"欲"到"理"的转变,师法的教化和礼义的引导是不可缺少的因素,故《性恶》篇说:"必将有师法之化、礼义之道,然后出于辞让,合于文理,而归于治。"而经历这样一番转变的"心"就是道德意志心,也就是荀子常说的"道心""仁心""善心"。在道德意志心的主导下,第一,在个体情感层面。自然情感的显发自然会无过与不及,同时,道德情感也会由之而生。第二,在个体行为层面。个体的言行举止自然能合乎礼义规范的要求。《大略》篇说:"人主仁心设焉……礼其尽也。故王者先仁而后礼,天施然也。"这里的"仁心"即道德意志心,"礼"即礼义规范。这是说,在道德意志心的主导下,个人的行为就能合乎礼义规范的要求,这是自然而然的结果。

3. 心之认知义

从主体的角度看,道德意志心的养成离不开心的理性认识能力,即心对礼义文理之道的识取。首先,荀子肯定了心的认识主体地位。《解蔽》篇说:"心生而有知。"这是认为,心的认识能力是天生就有的。对此,牟宗三先生说:"荀子于心则只认识其思辨之用,故其心是'认识的心',非道德的心也;是智的,非仁义礼智合一之心也。"[1] 蔡仁厚先生也说:"荀子所说的'心',与孟子不同。孟子所说……是道德的心,是道德主体(亦曰德性主体)。而荀子所说……则是认知的心,是认知主体(亦曰知性主体)。"[2] 虽然牟、蔡二先生的上述观点难免有以偏概全之嫌,但却准确道出了荀子以知论心的显著特点。其次,荀子认为,心要发挥认识作用,必须严格遵循"虚一而静"的认识方法。《解蔽》篇说:"人何以知道?曰:心。心何以知?曰:虚一而静。"这里的"道"既可以泛指世间万物的客观规律,也可以特指礼义文理之道。而在后一种意义上,这句话是说,一个人只有虚其心才能接受礼义之道,只有专其心才能全面认识礼义之道,只有静其心才能深刻明察礼义之道。

三 自然情感论

1. 信情

与《性自命出》相同,荀子也非常重视内在真情实感的固有价值,这

---

① 牟宗三:《名家与荀子》,台湾学生书局,1979,第 224 页。
② 蔡仁厚:《孔孟荀哲学》,台湾学生书局,1984,第 405 页。

充分反映在《法行》篇记载的一则发生在孔子与子贡师弟间的对话中：

> 子贡问于孔子曰："君子之所以贵玉而贱珉者，何也？为夫玉之少
> 而珉之多邪？"孔子曰："恶！赐，是何言也？夫君子岂多而贱之，少
> 而贵之哉！夫玉者，君子比德焉。温润而泽，仁也；栗而理，知也；
> 坚刚而不屈，义也；廉而不刿，行也；折而不挠，勇也；瑕适并见，
> 情也；扣之，其声清扬而远闻，其止辍然，辞也。故虽有珉之雕雕，
> 不若玉之章章。《诗》曰：'言念君子，温其如玉。'此之谓也。"

"珉"是像玉一样的石头，"瑕"是玉里面的斑点和缺陷，"适"是
"玉之美泽调之处"①，"雕雕"乃雕饰文采貌，"章章"乃素质著明貌。荀
子借孔子之口说，君子之所以贵玉而贱珉，即在于玉能做到"瑕适并见"、
不匿其情。相对于"珉"的刻意雕琢，荀子更加看中"玉"的素质著明
（"虽有珉之雕雕，不若玉之章章"），并将其视为君子必备的一项品性，一
种德行，这表明荀子反对对情感的刻意雕琢，而十分重视真情实感的自然
流露。《非十二子》篇说：

> 忍情性，綦谿利跂，苟以分异人为高，不足以合大众，明大分，
> 然而其持之有故，其言之成理，足以欺惑愚众，是陈仲、史䲡也。

"忍"，杨倞注云："谓违矫其性也。"② 违矫其性，即违矫其情。陈仲
辟兄离母、史䲡尸谏灵公的举动，在一般人看来是高尚其行，但在荀子看
来，却有欺世盗名之嫌，因为他们的行为并不符合人之常理常情。相对于
这样的人，荀子更加看中"长短不饰，以情自竭"的"直士"。

荀子肯定真情实感自身价值的另一个重要表现在于，他将人的真情实
感作为礼乐的产生根据。《礼论》篇说：

> 故说豫娩泽，忧戚萃恶，是吉凶忧愉之情发于颜色者也。歌谣謸

---

① 王先谦：《荀子集解》，中华书局，2013，第632页。
② 同上书，第108页。

笑，哭泣谛号，是吉凶忧愉之情发于声音者也。刍豢、稻粱、酒醴、餰鬻，鱼肉、菽藿、酒浆，是吉凶忧愉之情发于食饮者也。卑绖、繐簌、文织，资粗、衰绖、菲繐、菅屦，是吉凶忧愉之情发于衣服者也。疏房、檖貌、越席、床笫、几筵、属茨、倚庐、席薪、枕块，是吉凶忧愉之情发于居处者也。

这是认为，礼的仪文形式是根据个体内在情感的类型和强烈程度制定的，是人的真情实感的合理化表达。以丧、祭之礼为例，《礼论》篇说：

三年之丧何也？曰：称情而立文，因以饰群别、亲疏、贵贱之节而不可益损也，故曰无适不易之术也。创巨者其日久，痛甚者其愈迟，三年之丧，称情而立文，所以为至痛极也。

祭者，志意思慕之情也，忠信爱敬之至矣，礼节文貌之盛矣，苟非圣人，莫之能知也。

这是认为，丧、祭之礼都是"圣人"根据人的内在真情实感创作出来的，因此，它们有着深厚的人性论基础，这也就是《乐论》篇说的："著诚去伪，礼之经也。""诚"是真实的情感，"伪"是虚伪的情感。彰明真实的情感、扬弃虚伪的情感，构成圣人制礼的根本原则。与礼一样，乐也不是外于人心、离于人情的存在，而是人之真情的自然流露。《乐论》篇说："夫乐者，乐也，人情之所必不免也。"这表明人情才是乐的产生源头。

2. 自然情感的两种类型

《性自命出》将人的自然情感分为"好恶之情"和"美情"两种类型，与此相对，荀子也认为，人的自然情感大致可以归为两类，分别是人的自然情欲和亲亲之情：第一，人的自然情欲，这等同于《性自命出》所说的"好恶之情"。《性恶》篇说：

尧问于舜曰："人情何如？"舜对曰："人情甚不美，又何问焉？妻子具而孝衰于亲，嗜欲得而信衰于友，爵禄盈而忠衰于君。人之情乎！人之情乎！甚不美，又何问焉？"

在这里，"甚不美"的人情实际上是指人的自然情欲，它与礼义文理之道构成了一对相互矛盾和冲突的存在，这也就是《性恶》篇所说的"顺情性则不辞让矣，辞让则悖于情性矣"。因此，它非但不能成为礼义文理之道的产生根据，反而成为其治理对象。

第二，人的亲亲之情，这等同于《性自命出》所说的"美情"。《礼论》篇说：

> 凡生乎天地之间者，有血气之属必有知，有知之属莫不爱其类。今夫大鸟兽则失亡其群匹，越月逾时则必反铅过故乡，则必徘徊焉，鸣号焉，踟蹰焉，踯躅焉，然后能去之也。小者是燕爵，犹有啁噍之顷焉，然后能去之。故有血气之属莫知于人，故人之于其亲也，至死无穷。

在这里，荀子把"知"与"爱"联系起来，认为人心之有"知"即等于人心之有"爱"，"爱"即"爱其类"的亲亲之情。同时，他又明确指出，"人生而有知""凡以知，人之性也"，这样的话，亲亲之情就成为植根于自然人性的天然情感。有学者甚至据此推断荀子是主张"人之性善"的，并认为荀子的人性学说"实含有内部的矛盾"[1]。笔者认为，这一推论无疑是值得商榷的，这是因为荀子并没有将人的亲亲之情直接等同于道德情感，而还是将其作为自然情感的一种类型看待的。

作为自然情感的亲亲之情不同于人的自然情欲，它不是作为礼义文理之道的治理对象，而是作为其产生根据。以丧、祭之礼为例，荀子认为，它们都是建立在亲亲之情的基础上，是人们对亲人志意思慕之情的自然流露和合理表达，这与《性自命出》"道始于情""礼作于情"的说法高度一致。由此，荀子反对那些并非建立在亲亲之情基础上的行为规范。如《礼论》篇说："相高以毁瘠，是奸人之道也，非礼义之文也，非孝子之情也，将以有为者也。"这是认为，如果礼义的制定并非出自孝子真实的爱亲之情，而是为了邀名求利、将有所为，那么它就是"奸人之道"，而非"礼义之文"。在将亲亲之情（"美情"）作为礼义文理之道的产生根据这一点上，

---

[1]　徐复观：《中国人性论史·先秦篇》，上海三联书店，2001，第 226 页。

荀子和《性自命出》体现出高度一致性。

3. 礼者，养也

前面已经提到，《性自命出》"道始于情""礼作于情"的说法还有另外一层意涵，即强调"道"和"礼"的制作必须尊重人之自然情欲的正常需求。与此相对，荀子也提出"礼以养欲"的观点。《礼论》篇说：

> 故礼者，养也。刍豢稻粱，五味调香，所以养口也；椒兰芬苾，所以养鼻也；雕琢、刻镂、黼黻、文章，所以养目也；钟鼓、管磬、琴瑟、竽笙，所以养耳也；疏房、檖貌、越席、床笫、几筵，所以养体也。故礼者，养也。
>
> 孰知夫礼义文理之所以养情也！

这是认为，圣人"制礼作乐"的初衷并不是要禁欲和寡欲，而是要养欲。这是因为，人之自然情欲来源于自然人性，是后天无法祛除的。也是在这个意义上，荀子激烈批判了在他看来严重脱离社会生活实际，一味追求清心寡欲的子思和孟子。《解蔽》篇说：

> 空石之中有人焉，其名曰觙，其为人也，善射以好思。耳目之欲接则败其思，蚊虻之声闻则挫其精，是以辟耳目之欲，而远蚊虻之声，闲居静思则通。思仁若是，可谓微乎？孟子恶败而出妻，可谓能自强矣；……未及思也。

"觙"即"伋"字，子思名伋。荀子认为，子思和孟子以"辟耳目之欲"的方式进行道德修养是毫不可取的，也是完全行不通的，因为它非但不符合人之常理常情，也违反了人性。这就要求圣人在"制礼作乐"的过程中必须尊重人之自然情欲的正常需求。但荀子同时也指出，尊重人之自然情欲的正常需求并不代表任由其发展而不加以适当节制，否则就会使人心纵欲无穷，进而导致社会的动荡和民众的奋争。因此，荀子在主张"礼以养欲"的同时，还提倡"礼以节欲""礼以导欲"。在构建"养欲"和"节欲"双轨并行的机制这一点上，荀子继承了《性自命出》的观点。

四 身心关系说

与《性自命出》相同，在"身""心"关系方面，荀子肯定身心之间的互动关系。首先，他认为"心"对"身"具有主导作用。《解蔽》篇说："心者，形之君也。"《天论》篇说："心居中虚以治五官，夫是之谓天君。"由此，荀子主张将道德修养的重心放在"心"上。而关于"养心"的具体方式，《不苟》篇说："君子养心莫善于诚，致诚则无它事矣，唯仁之为守，唯义之为行。……夫此顺命，以慎其独者也。""慎"即"诚"，"独"即"心"，"慎其独"即"诚其心"，这是认为，"诚"是"养心"的最佳方式。所谓"诚"，是指行为主体在意志层面努力贯彻仁义等原则的道德实践。如果行为主体能够坚定笃实地做到这一点，那么仁义就会形成于内心并成为意志的主导原则。这样的心也就会成为纯粹以仁义为内容的道德主体，即荀子所说的"道心"。在此基础上，荀子充分肯定"养心"对于"修身"的促进作用，《不苟》篇说："诚心守仁则形，形则神，神则能化矣。"这是认为，"养心"的效果会"形著"于身体，对身体产生积极和正面的影响。同时，他肯定"身"对"心"具有反作用。为此，在《修身》篇他提出"治气养心之术"，主张通过调节人的"血气"（即身体性因素）来影响人的心灵。

在肯定身心互动的基础上，荀子主张"身心交养"，以达到文泽于心、礼行于身的身心一如境界。在养心方面，他主张通过"惟仁之为守，惟义之为行"的道德实践养成所谓"道心"；在修身方面，他主张以礼义为标准节制和引导人的饮食、衣被、居处、动静、容貌、态度、进退、趋行，"使目非是无欲见也，使耳非是无欲闻也，使口非是无欲言也"。通过上述两种方式，身心一如的人格境界便可随时臻至，其典型代表就是《儒效》篇所说的心志安于公正，身行安于修洁（"志安公，行安修"）的"大儒"。

五 小结

综上所述，在心性论层面，《性自命出》与荀子表现出如下四点关系。

第一，在人性论上，《性自命出》持"性者，生之"的观点、荀子则认为"生之所以然者，谓之性"，两者都属于孟子以前"即生言性"的老传统。在这一理论视域下，举凡人先天具有的倾向性和能力、人的各种生理及心理需求，均被纳入"性"的范畴，这在《性自命出》和《荀子》中都有体现。在分析人性的来源时，《性自命出》和荀子都将"天"作为"性"的根源，这就为人性寻找到了超越的形上根据，从而确保了一切人性的绝对性、神圣性和平等性。所不同的是，在《性自命出》中，"天"以"命"为中介而成为"性"的根源，而在《荀子》中，则省去了"命"这一过渡环节，这可能与荀子不喜抽象思辨的经验主义品格有关。在分析人性的内容时，两者都表现出以"气"论"性"的共同思想特征，同时，两者又都将"气"理解为一种集物质性因素和精神性因素于一身的自然生命之气，那么由这样的"气"所决定的"性"就是自然人性。只不过《性自命出》的"情气"说偏重于精神性的一面，而荀子的"血气"说则更偏重于物质性的一面。在分析"性""情"关系时，两者都是从"未发"和"已发"的角度区分"性""情"，认为"性"是"情"的未发状态，"情"是"性"的已发状态。由于"性"处于隐而不显的存在状态，所以人们只能通过外显之"情"来了解内在之"性"的特点。在分析"性""物"关系时，两者都认为"性"是绝对主导，外物是使"性"表现出来的条件，如果没有外物的刺激和感召，"性"就无从显发。在分析"性"与"学""教"的关系时，由于两者都将"性"理解为自然人性，所以他们都十分重视后天的学习和教育对自然人性的塑造和培养作用。

第二，在心论上，两者都将"心"理解为一个包含"知""情""意"等多方面内容在内的功能性总体概念。首先，两者都认为"心"包含有自然情欲的内容，并呈现出"好利""好悦""好佚"的倾向。同时，两者都认为，由自然人性决定的情欲心缺乏自我调节的能力，如果任由其发展而不加丝毫节制的话，会造成十分严重的社会后果。其次，两者都认为"心"包含有意志的内容，并呈现出主导性的功能，这又表现在四个方面：一是在"心""性"关系中，"心"是"性"的主导；二是在"心""物"关系中，"心"并非被动接受外物刺激，而是具有自主选择与判断的能力；三是在"心""情"关系中，"心"对"情"的显发具有节制作用；四是在"心""身"关系中，"心"是"身"的主导。两者又都认为，在先天层面，情欲心构成意志心的具体内容。以自然情欲为内容的意志心必然会一味追求自身欲望的满足而不顾其余，这不但会极大威胁个人的身心健康，还会造成社会秩序的瓦解。为了避免类似情况的发生，唯一的办法就是以礼义文理之道取代自然情欲在意志心中的地位，实现由"欲"到"理"、由情欲心到道德心的转变。而在这一转变过程中，师法的教化和礼义的引导成为不可缺少的因素。最后，两者都认为"心"具有理性认识能力，这构成情欲心向道德心转变的前提条件。而且荀子还在《性自命出》的基础上，进一步讨论了认知心的具体认识方法。

第三，在情论上，首先，两者都非常重视人的真情实感的自然流露。《性自命出》以"信"来规定"情"，将"信"提升为衡量情感表达合理与否的一条重要标准；荀子则以"诚"来规定"情"，他反对对内在情感的刻意雕琢，而更加看中"长短不饰，以情自竭"的"直士"。其次，两者都将人的自然情感划分为两种类型。在《性自命出》，是"好恶之情"和"美情"；在荀子，则是自然情欲和亲亲之情。其中，"好恶之情"类似于自然情欲，它们非但不能成为礼义文理的产生根据，反而成为其治理对象。而"美情"则类似于亲亲之情，它们是人性中的美好情感，因为其来自自然人性，所以难免夹杂有自私的成分在内。最后，两者都将以亲亲之情为代表的"美情"作为礼义文理的产生根据，这也就是《性自命出》所说的"道始于情""礼作于情"。同时，两者又都认为，"道"或"礼"的制作必须充分尊重人之自然情欲的正常需求，并强调"养欲"和"节欲"的双轨并行。

第四，在身心关系上，首先，两者都肯定"身""心"之间的互动关系，即一方面"心"对"身"具有主导作用，另一方面"身"对"心"具有反作用。其次，由于两者都承认"心"对"身"的主导作用，所以他们均主张将道德修养的重心放在"心"上。为此，《性自命出》提出"凡学者求其心为难"的命题，而荀子则主张以"诚"养"心"。再次，由于两者都肯定"身"对"心"具有反作用，所以《性自命出》提出"身以为主心"的命题，提倡通过礼义规范的导向作用使伦理价值由外入内、由身入心，实现内在心性的纯化，而荀子则提出"治气养心"之术，主张通过调节人的"血气"（身体性因素）来影响人的心灵。最后，在肯定身心互动的基础上，两者都主张身心交养，以期达到身心一如的道德修养境界。

第三节　郭店儒简《五行》的心性论

一　《五行》的认识论

"心"与"德"的关系问题向来是先秦儒家十分关注的话题之一。据学者考证，这一问题的产生最早可以追溯至西周恭王时期。郭梨华先生认为，"德"与"心"的紧密联系从"德"的字形演变中就可窥见一斑。在周恭王时期的史墙盘铭文中，"德"首次与"心"的因素发生关联，而在此之前，"德"主要是指"个体的外在行为"①。西周统治者之所以特别强调"心"之于"德"的重要作用，是因为他们将"心"中之"德"视为维持国祚与天命的关键。《诗经·大雅·皇矣》说："维此王季，帝度其心，貊其德音。其德克明，……既受帝祉，施于孙子。"天帝对文王之父王季加以考察，发现他心性纯厚、道德醇明，所以才将大位授予他及他的子孙。对此，也有学者提出不同观点，认为"德"字从产生时就与"心"有关，"德"即"得于心""省心""心循""正心"之意，是指端正心性、反省自我。② 如王中江先生指出，"德"的构形和造字本义是指"内心的意识和活动"③，在《尚书》中"心"与"德"就已互补使用。但是无论从"心"的"德"字是字形演变的结果，还是其本字，都无疑向我们表明，从西周时期开始，"心"与"德"的关系得到显著加强并受到人们的关注。

《五行》延续了先秦学者对"心""德"关系问题的讨论，它在开篇就强调仁义礼知圣"五行"形于内谓之"德之行"、不形于内谓之"行"。"形"是形成或呈现的意思，"内"指心。因此，仁义礼知圣"五行"是否形成或呈现于内心就成为区分"德之行"与"行"的标志，这实际上即意味着是否有"心"的参与已经成为区分个体"成德与否之关键"。④ 当然，这与《五行》对"德"的理解有关，即它将"德"的本质界定为内在性，并且自觉将主体的内在道德意识和外在道德行为区分开来。⑤ 在此意义上，探讨"德"的内在生成也就成为《五行》的思想主题。

那么在《五行》中，"心"与"德"是怎样发生关联的呢？一般来说，二者产生联系的方式不外乎两种：一种是由内而外的呈现，即"发于中

---

① 郭梨华：《竹简〈五行〉的"五行"研究》，http：//www.bamboosilk.org/Zzwk/2003/WUHANHUI/guolihua.htm，2013年7月28日。

② 刘翔：《中国传统价值观诠释学》，上海三联书店，1996，第90~95页。

③ 王中江：《简帛〈五行〉篇"悳"概念的义理结构》，《学术月刊》2011年第3期。

④ 陈丽桂：《从郭店竹简〈五行〉检视帛书〈五行〉说文对经文的依违情况》，载《哲学与文化》1999年第5期。

⑤ 陈来：《竹简〈五行〉篇与子思思想研究》，载《北京大学学报》（哲学社会科学版）2007年第2期。

心"；一种是由外而内的成形，即"具外物于内心"。在前一种方式中，"德"是"自然形成于内在心性的道德"；在后一种方式中，"德"是"通过学习外在的道德规范而形成的道德"①。而在简文中，以上两种"生德于中"的方式是同时并存的，这也许就是荀子批评思孟"五行"说"甚僻违而无类"（《非十二子》）的原因吧？② 由于前一种方式在上文已有详细论述（参见"郭店儒简《五行》的天人观"一节内容），所以本节主要讨论后一种方式。

要讨论《五行》由外而内"生德于中"的方式，就不得不涉及它的认识论思想。对此，前辈学者已有论及，并对这一思想在简文思想体系中的地位和作用也有比较合理的定位。例如，张正明先生认为，一部失传已久的《五行》其实就是"一部结构完整、构思缜密的认识论"③。刘信芳先生也认为，《五行》的认识论虽然具有一定的缺陷，但"与同时代的古希腊哲学相比丝毫未见逊色"④。在探讨简文的认识论思想之前，我们首先需要明确的是，简文并不是就认识论谈认识论，而是表现出使认识论就范于伦理学的倾向，它希望主体借助于认识的手段实现修身养性、得道成德的目的，即以"知"成"德"⑤，所以我们将其称为道德认识论。同时，简文的认识论也表现出全面性和系统性的特点，即它明确提出了认识的主体、对象、动力、方法和目的等，并针对它们的具体内容一一展开分析，这也构成本书探讨《五行》认识论思想的前提和内在理路。

1. 认识的主体

从最普遍的意义上来说，认识的主体只能是人。《五行》的思想贡献在于，它将"心"在认识中的地位和作用凸显了出来，自此全部认识论的问题才算有了"一个真正的起点"⑥。虽然不必如梁涛先生所言，《五行》的

①　郭沂：《郭店竹简与先秦学术思想》，上海教育出版社，2001，第 147 页。
②　其实，在探索德性的源头这一点上，孔子本人也是兼有向内求索与向外探寻这两方面工夫的。仅就《论语》而论，孔子不仅重视内在的德性求索，而且也很重视外在的"礼"，如他说："兴于诗，立于礼，成于乐。"（《泰伯》）"不学礼，无以立。"（《季氏》）参见欧阳祯人《先秦儒家性情思想研究》，武汉大学出版社，2005，第 407 页。
③　张正明：《楚文化史》，上海人民出版社，1995，第 176 页。
④　刘信芳：《简帛〈五行〉述略》，载《江汉考古》2001 年第 1 期。
⑤　庞朴：《〈五行〉篇述评》，载《文史哲》1988 年第 1 期。
⑥　刘信芳：《简帛〈五行〉述略》，载《江汉考古》2001 年第 1 期。

"心"基本上是指"认知心"或"理智心",但无疑"心"的认识功能是《五行》所要着重论述的部分。《五行》将"心"的认识功能概括为"知"的能力(即"中心之知"),并对它的特点做了一番详细解读。

《五行》简 25 说:"见而知之,知也。"《五行》简 20—21 说:"不聪不明,不圣不知"。在定义上,"知"是"见而知之",即基于视觉的知觉能力。《五行》简 23 说:"未尝见贤人,谓之不明。""知"最初体现为一种特殊的视觉能力,是主体对"贤人"的"见"。但是它又不能仅仅停留在最初的感性阶段,而是要上升到更高的理性认识阶段,故《五行》简 24 说:"见贤人而不知其有德也,谓之不知。""见"是"知"之为"知"的必要而不充分条件,在"见"之后还要"知",要充分认识到"贤人"的内在本质,即贤人之"德"。可见,"知"包含了两方面的能力,即感性认识能力和理性认识能力,而且《五行》对这两方面的能力是同时并重的。无疑,这在一定程度上"极大推进并发展了自孔子以来的儒家认识论思想"[1]。因为孔子虽然已经认识到感性认识与理性认识的区别,但他更愿意相信感性认识的可靠性,故《述而》篇说:"多闻择其善者而从之,多见而识之,知之次也。"他将"知",即理性认识的价值排在"闻"和"见"之后,显示出他重感性经验的一面。而《五行》的作者不同于孔子的地方在于,相对于作为感性认识能力的"闻""见",他同样重视作为理性认识能力的"知"。这无疑是儒家认识论思想史上一次质的飞跃,重要性自不待言。

在此基础上,《五行》认为,"知"的能力产生于"知之思"。《五行》简 14—15 说:"知之思也长,长则得,得则不忘,不忘则明,明则见贤人,见贤人则玉色,玉色则形,形则知。""由思之长而得,由得而不忘,由不忘而明,由明而见贤人而知其有德(知其所道),进而玉色,终生成知。"[2]虽然"知"是主体先天具有的认识能力,但在最初它还处在潜在而非完成的阶段,还需要经过一番"思"的工夫,才能由潜在变成现实。

2. 认识的对象

《五行》明确指出,"知"的对象是贤人之"德"。《五行》简 23—24 说:"未尝见贤人,谓之不明。……见贤人而不知其有德也,谓之不知。"

---

① 刘信芳:《简帛〈五行〉述略》,载《江汉考古》2001 年第 1 期。

② 常森:《〈五行〉学说与荀子》,载《北京大学学报》(哲学社会科学版)2013 年第 1 期。

《五行》认为，一个人向贤人学习，就是要有志于学习那个决定贤人之为贤人的本质因素，即贤人之"德"。而贤人之"德"的实际内容就是由仁义礼知圣构成的"五行"。

3. 认识的动力

《五行》简 5-6 说："君子无中心之忧则无中心之知，无中心之知则无中心之悦，无中心之悦则不安，不安则不乐，不乐则无德。"帛书本在此句之后，紧接着还有"君子无中心之忧则无中心之圣，无中心之圣则无中心之悦，无中心之悦则不安，不安则不乐，不乐则无德"一句话。但是正如一些学者已经指出的那样，在简、帛两种版本的《五行》中，"知"均有广、狭两层含义：狭义上的"知"是指"五行"之一，与"仁义礼圣"四者并列；广义上的"知"是指一种"思之知"，它包括"仁之思""知之思""圣之思"[1] 三者在内。帛书本在这里是误将广义上的"知"认作狭义上的"知"了。

如果这里的"知"包含了"仁之思""知之思""圣之思"三者，那么结合文义我们不难得出如下一层递进关系：忧→知之思→知。这与《五行》简 14-15 关于"知之思"与"知"之关系的说法具有内在一致性，实际上是将"忧"作为"知"的根据看待。以"忧"启"知"因此也就成为《五行》的独特思想。

而"忧"何以能够启发主体内在的"知"呢？这与"忧"在简文中的独特所指密切相关。《五行》简 9-12 说：

> 未见君子，忧心不能惙惙；既见君子，心不能悦。"亦既见之，亦既觏之，我心则悦"，此之谓也。……未见君子，忧心不能忡忡；既见君子，心不能降。

这是认为，一个人值得忧虑的地方在于，当他还未见到君子时，毫无忧虑之心；当他已经见到君子后，又不能心生欢悦。其言外之意是，主体理应对自己未见到君子或者见到君子后却不能理解"君子道"的本质内涵感到深深的忧虑，这就是"忧"在《五行》中的独特所指，它代表着个体内心深处强烈的道德自觉感，是个体期望在道德上有所建树的迫切心愿，

---

① 苟东锋：《郭店楚简〈五行〉释义》，载《古籍整理研究学刊》2011 年第 4 期。

是主体内在成德之"志"的一种具体体现。正是在此意义上，《五行》将"忧"视为"仁之端"①，也正是由于有了这种热切的期望，个体才能将自身先天具有的"知"能充分发挥出来，"忧"因此也就成为主体认识能力得以显发的内在动力，所以帛书本才会有"无中心之忧则无中心之知"的说法。

4. 认识的方法

《五行》简 47—48 说："目而知之谓之进之，喻而知之谓之进之，譬而知之谓之进之。几而知之，天也。"这里的"目而知之""喻而知之""譬而知之""几而知之"说的都是一种认识方法。而"知之"和"进之"的对象则是"贤人"及其德性本质。关于"目而知之"的具体内容，帛书《五行·说文》解释说：

> 目之也者，比之也。……循草木之性，则有生焉，而无好恶焉。循禽兽之性，则有好恶焉，而无礼义焉。循人之性，则巍然知独有仁义也。不循其所以受命也，循之则得之矣。是目之已。……文王源耳目之性，而知其好声色也。源鼻口之性，而知其好臭味也。源手足之性，而知其好佚愉也。源心之性，则巍然知其好仁义也。

刘信芳、庞朴先生都认为这里的"目"是"侔"的假借字，是"比"和"比照"的意思。"目而知之"，是逻辑学上的直接推理形式，相当于我们日常说的"类比"，它是对"原判断的词项附加比词，从而构成一个推论形式"。② 帛书《五行·说文》举例说，通过与草木之性、禽兽之性的比较，我们发现人性的独特之处在于有仁义；通过与耳目之性、鼻口之性以及手足之性的比较，我们发现心之性的独特之处在于好仁义。以上两种推论形式就属于"目而知之"。

关于"喻而知之"的具体内容，帛书《五行·说文》解释说："喻之也者，自所小好喻乎所大好。"魏启鹏先生认为，"喻"义为"晓"或"明"，

---

① 陈来：《竹简〈五行〉章句简注——竹简〈五行〉分经解论》，载《孔子研究》2007 年第3 期。

② 徐希文：《郭店楚简〈五行〉集释》，华东师范大学中国语言文学系硕士学位论文，2012年 3 月。

"喻而知之"就是一种"由小及大，由此及彼"① 的类推方法。

关于"譬而知之"的具体内容，帛书《五行·说文》解释说：

> 譬丘之与山也，丘之所以不如名山者，不积也。舜有仁，我亦有仁，而不如舜之仁，不积也。舜有义，而我亦有义，而不如舜之义，不积也。譬之而知吾所以不如舜，进耳。

刘信芳先生指出，"譬"在经典中多作"辟"。《墨子·小取》说："辟也者，举他物而以明之也"。由此可见，"辟"也是一种与"侔"相似的类比方法。② 帛书《五行·说文》以"丘之与山"的关系类比"舜之与我"的关系，即是其例。综上言之，"目而知之""喻而知之""譬而知之"虽然在具体的细节上有所差异，但它们都可以被纳入类比推理的范畴。

关于"几而知之"的具体内容，帛书《五行·说文》解释说："几也者，赍数也。唯有天德者，然后几而知之。"对于"几"，最流行的一种解释是："几者，动之微，吉凶之先见者也。""几而知之"，不同于"侔""喻""譬"等经验性认识方式，它是指一种直觉体悟，可以由微知著、由表及里，帛书《五行·说文》以之表示"由内心德性的萌动而知达'天道'"③。

5. 认识的目的

《五行》简 5-6 说："君子无中心之忧则无中心之知，无中心之知则无中心之悦，无中心之悦则不安，不安则不乐，不乐则无德。"《五行》简 27-28 说："见贤人，明也。见而知之，知也。知而安之，仁也。"简 30 说："见而知之，知也。知而安之，仁也。"上述三句话共同表明，主体对"贤人"及"贤人之德"的理性认识（"知"）并不是终点，在"知"以后，还要经历一个由"知"到"悦"、由"悦"到"安"、由"安"到"乐"、由"乐"到"德"的完整过程，才算是认识在个体层面的完成。而这个过程的实质就是主体将"知"的内容转化为个体内在生命的一部分，成为自

---

① 徐希文：《郭店楚简〈五行〉集释》，华东师范大学中国语言文学系硕士学位论文，2012年3月。

② 同上。

③ 梁涛：《简帛〈五行〉新探——兼论〈五行〉在思想史中的地位》，载《哲学与文化》2003年第2期。

身的意志、情感和行动，做到在意志上"安"于道、在情感上"乐"于道、在行动上时"行"之。《五行》认为，能够做到这一点的只有作为完美人格象征的"君子"，故《五行》简6-7说："五行皆形于内而时行之，谓之君子。""五行"是指"仁义礼知圣"五种德行，亦即"贤人之德"的具体内容。这是说，"君子"不仅要能够认识"贤人之德"，而且还要能够将它们"形于内"，即内化为自身的意志和情感，并适时将它们呈现出来，展现为外在的行动。与此相同，《五行》简20-21说："不聪不明，不圣不知，不知不仁，不仁不安，不安不乐，不乐无德。"帛书《五行·说文》对"不乐无德"四字的解释是："乐也者，流体，机然忘塞。忘塞，德之至也。乐而后有德。"这是认为有德的"君子"在通过"知"的能力认识到"贤人之德"以后，还要将它们"流体"，即流布于全身的每一处，展现为自身的情感（"仁"）、意志（"安"）和行为，才算是这一过程的最终完成，而这本身就是一个由心到身、由知到行的通体呈现过程。

但《五行》又指出，认识的目的还不能仅仅停留在个体层面，所以《五行》简29-30说："和则乐，乐则有德，有德则邦家举。"这是将"德"与"邦家"联系起来，认为主体对"贤人之德"的认识、体悟及力行还不能仅仅停留在个人层面，而应该将其扩大到国家和社会生活的领域。这表明《五行》的道德认识论已经挣脱出个人修养的范围，而扩大到社会政治生活领域。

二 《五行》的身心观

概括而言，先秦学者对身心关系的看法，大致可以分为以下两种。

第一，将身心视为平等的并列关系，认为在心与其他身体官能之间并不存在支配与被支配的关系，如《孟子·告子上》说："口之于味也，有同嗜焉；耳之于声也，有同听焉；目之于色也，有同美焉。至于心，独无所同然乎？心之所同然者何也？谓理也，义也。"帛书《五行·说文》云："源耳目之性，而知其好声色也。源鼻口之性，而知其好臭味也。源手足之性，而知其好佚愉也。源心之性，则巍然知其好仁义也。"两者都认为，心与耳目鼻口手足诸身体官能各有所好，虽然它们所好的对象在价值上有高下之分，但在它们之间并不存在支配与被支配的关系，而是保持着平等的并列关系。至于个人最终是"以心守耳目"，还是"以耳目导心"，全在于他的自主选择。

第二，将心视为其他身体官能的主宰，如《管子·心术》开篇即云："心之在体，君之位也。九窍之有职，官之分也。"这是将身心关系比作君臣关系，认为在它们之间存在着支配与被支配的关系。与此相同，《五行》也认为身心之间存在着主从关系，《五行》简 45-46 说："耳目鼻口手足六者，心之役也。心曰唯，莫敢不唯；诺，莫敢不诺；进，莫敢不进；后，莫敢不后；深，莫敢不深；浅，莫敢不浅。"这是认为，耳目鼻口手足六者为心之"役"，在它们之间存在着役使与被役使的关系。以此为基础，《五行》的目的是要实现好仁义的道德心对好情欲的身体诸官能的主导和支配，达到"有天下美声色于此，不义则不听弗视也。有天下美臭味于此，不义则弗求弗食也。居而不间尊长者，不义则弗为之矣"的纯道德境界，这构成《五行》身心观的第一层内涵。

《五行》虽然追求仁义心对其他身体诸官能的主导和支配，但是它并不以此为满足。这是因为，身心之间的这种支配与被支配关系表明身与心、情与理还处于外在对立的阶段，而《五行》追求的理想境界是身与心、情与理的完美交融，这从《五行》如下一段话中就可以明显看出，《五行》简 28-29 说："五行之所和也。和则乐，乐则有德。"帛书《五行·说文》释云："和者，犹五声之和也。乐者，言其流体也，机然忘塞也。忘塞，德之至也。"这表明在《五行》中，身与心、情与理的合一是通过"五行"的"流体"作用实现的。具体情况是，"形于内"的仁义礼知圣"五行"在实现了相互间的融合并共同成为主体内心的主导性因素后，并没有就此止步，相反，它还要超越内心体验的阶段而流布于全身的每一处，这就是"五行"的"流体"作用。在这一过程中，仁义心与其他身体诸官能、伦理道德与自然情感的和谐统一、完美交融也由潜在变为现实，并充分体现在作为道德情感的"乐"上。在《五行》中，"乐"是一种充满道德喜悦感的自在安适①，在"乐"的阶段，身与心、情与理不再处于紧张的对立状态，而是呈现为一种自在合一、融洽无间的关系，乃至达到若水之流而毫无滞碍的

---

① 陈丽桂：《从郭店竹简〈五行〉检视帛书〈五行〉说文对经文的依违情况》，载《哲学与文化》1999 年第 5 期。

自由境界①，这便构成《五行》身心观的第二层内涵。

《五行》身心观的第三层内涵是指心的"舍体"状态，即心对其他身体诸官能的扬弃和超越，这充分体现在《五行》的"慎独"思想中。《五行》简 16 说："'淑人君子，其仪一也。'能为一，然后能为君子，君子慎其独也。"帛书《五行·说文》释云：

> 淑人君子，其仪一也。……言其所以行之义之一心也。能为一，然后能为君子，能为一者，言能以多为一。以多为一也者，言能以夫五为一也。君子慎其独也，慎其独者，言舍夫五而慎其心之谓也。独然后一也。一者，夫五为一心也。然后德。之一也，乃德已。德犹天也，天乃德已。

《五行》简 17-18 说："'瞻望弗及，泣涕如雨。'能差池其羽，然后能致哀。君子慎其独也。"帛书《五行·说文》释云：

> 差池者，言不在衰绖也。不在衰绖，然后能至哀。夫丧，正绖修领而哀杀矣。言至内者之不在外也。是之谓独也。独者，舍体也。

陈丽桂先生指出，帛书说文对于"独"和"一"的解释很能切中经文原来的意思。② 如果是这样的话，我们就可以根据帛书说文的解释来检讨简文的"慎独"思想。通过对上述两段简文及说文的分析我们不难发现，《五行》的"慎独"思想包含以下两方面的内容。第一，是指专一于内心的工夫。其中，"慎"是指专一的工夫，"独"是指"心"。《五行》认为，心的理性认识能力对于主体的得道成德而言，具有根本性的作用。但在现实中，心知却会受到来自身体内外各方面因素的影响，其中当然也包括感官的诱惑和干扰。为了保证心对道的正确认知并最终实现得道成德的目的，主体就必须自觉抵制各方面因素的影响，始终专注于内心，而这就离不开"慎独"的工夫。第

---

① 常森：《〈五行〉学说与荀子》，载《北京大学学报》（哲学社会科学版）2013 年第 1 期。
② 陈丽桂：《从郭店竹简〈五行〉检视帛书〈五行〉说文对经文的依违情况》，载《哲学与文化》1999 年第 5 期。

二，是指心的"舍体"状态，即心对其他身体诸官能的扬弃和超越，所以帛书《五行·说文》说："独者，舍体也"。《五行》认为，主体要达到始终专注于内心的状态，就必须自觉摒弃来自耳目鼻口手足等身体官能的影响；反过来说，主体如果能始终保持专注于内心的状态，又自然能看轻外在，实现对其他身体诸官能的超越，二者实际上是相互影响、互为因果的关系。

同时，在《五行》看来，实现心对其他身体诸官能的扬弃和超越，也是"为德"的必要条件。《五行》简18-19说："君子之为善也，有与始，有与终也。君子之为德也，有与始，无与终也。"对此，帛书《五行·说文》解释说：

> 君子之为善也，有与始，有与终，言与其体始，与其体终也。君子之为德也，有与始，无与终。有与始者，言与其体始。无与终者，言舍其体而独其心也。

这是认为，"为善"是行为主体对仁义等道德规范的外在坚守，它是主体自身的一种身体力行状态，因而不可能脱离身体而独立存在，"体在则善存，体不在则善不存"是其本质属性；"为德"是主体在"为善"的基础上达到的更高境界，它是主体将外在道德规范内化于心的状态，强调内心的参与，因此"舍体存心"就构成它的独特规定。

而《五行》之所以特别强调心对身体的扬弃和超越，也是与它的社会政治理想密切相关的。简文倡言"有德则邦家举"的政治理想，即"形于内"的仁义礼知圣"五行"或者"普遍的仁义心"不能仅仅停留在内心体验的阶段，也不能仅仅停留在一己之身的阶段，它更应该"拂拭其身体性，超越其界限，一直推至广阔的'国家、天下'"[①]的领域。而要实现这一点，就离不开心对身体的扬弃和超越。

第四节　《五行》与荀子心性论比较

一　荀子的认识论

上文提到，《五行》的认识论体现出以下两点基本特色：第一，它不是

---

① 〔日〕池田知久：《马王堆汉墓帛书五行研究》，中国社会科学出版社，2005，第338页。

就认识论谈认识论，而是表现出使认识论就范于伦理学的倾向，即属于所谓的"道德认识论"范畴；第二，它表现出全面性和系统性的特点，即明确指出了认识的主体、对象、动力、方法和目的等，并针对它们的具体内容一一展开分析。而在上述两个方面，荀子都体现出与《五行》极强的理论相似性。因此，探讨荀子与《五行》在认识论上的关系问题，对于了解荀子思想的来源具有重要意义。

1. 认识的主体

与《五行》相同，荀子明确将"心"确定为认识的主体，如《解蔽》篇说："人何以知道？曰：心。""心生而有知。"而在某些时候，他又将"心"称为"可以知仁义法正之质""知能""天君"。同时，他认为"心"的这一认识能力来自人的自然本性，是所有人先天具有的机能，如《解蔽》篇说："凡以知，人之性也。"《性恶》篇说："然而涂之人也，皆有可以知仁义法正之质。"这也就进一步表明了"心知"的普遍性，所以《荣辱》篇说："材性知能，君子小人一也。"

除了将"心"确定为认识的主体以外，荀子还肯定"天官"的认识主体地位。在《荀子》中，"天官"是指人的感觉器官，包括耳目鼻口手足诸身体官能在内，与"天君"一样，它们也是每个人先天具有的机能。与《五行》将人的感性认识能力和理性认识能力同时归之于"心"的做法不同，荀子则分别将它们归之于"天官"和"天君"。这表明，荀子已充分意识到"天官"在认识中的主体地位，强调要认识外物首先需要发挥感觉器官的作用，即所谓"缘天官""天官意物"。同时，他又指出感觉器官具有以下两方面的特点：一是不同的感觉器官分别能感知事物的不同属性；二是每一种感觉器官只能感知事物的一部分属性，而且它们之间不能相互替代，这也就是《君道》篇说的"耳目鼻口之不可以相借官"，以及《天论》篇说的"耳目鼻口形能各有接而不相能"。以上两点也导致主体通过感觉器官获得的认识难免带有这样或那样的片面性，如果人们受这种片面性认识的左右和支配，就会陷入各种各样的"蔽"中。荀子认为，为了克服感性认识的自身缺陷，并形成对于事物的正确性和全面性认识，就必须发挥"心"的"征知"功能。《正名》篇说："心有征知。征知则缘耳而知声可也，缘目而知形可也，然而征知必将待天官之当簿其类然后可也。""征"，是分析、整理和验证的意思。"征知"是在感性认识的基础上，对感性认识的结果加以整理、分类和综合，使它们成为一个统一体，成为可以说出来的知识和概念，这就是"心"的理性认识能力。相对于"天官"的感性认识能力，荀子更加重视"心"的理性认识能力，并将其视为"心"的最显著和最重要功能。在这一点上，我们可以看出从孔子到《五行》、再到荀子，先秦儒家所走的一条由重感性认识到感性认识和理性认识并重，再到重理性认识的不断趋向于理性化的道路。

2. 认识的对象

与《五行》将贤人及"贤人之德"作为认识的对象相近，荀子也将具有"仁义法正"之质并精通于礼义文理之道的"圣王"作为学习和认识的对象。正是在这个意义上，一些学者倾向于将荀子的认识论归诸"道德认识论"的范畴①。《解蔽》篇说：

> 故学也者，固学止之也。恶乎止之？曰：止诸至足。曷谓至足？曰：圣也。圣也者，尽伦者也；王也者，尽制者也。两尽者，足以为天下极矣。故学者，以圣王为师，案以圣王之制为法。

荀子认为，"圣"是精通于"礼义之道"的人，"王"是精通于"治国之道"的人，"圣王"因此也就成为全天下人所要学习和效仿的对象。与《五行》一样，荀子认为，向"圣王"学习的核心就是要充分认识"圣王"之所以为"圣王"的本质规定——"仁义法正"："凡禹之所以为禹者，以其为仁义法正也。"这是因为，荀子已经认识到"心"的理性认识能力虽然可以成就知识，但它却并不能保证主体一定有德。因此，要使主体具有德性，一方面离不开"心"的理性认识能力，另一方面还要依靠"仁义法正"来确保"心知"的正确性，所以"心"不可以不知"仁义法正"。

3. 认识的动力

在《性恶》篇，荀子提出这样一个问题："圣可积而致，然而皆不可积，何也？"即在理论上，人人都可以成为具有"仁义法正"之质的圣人，然而在现实中，却很少有人能够成为圣人，这是什么原因呢？荀子认为，这是因为虽然一方面每个人都具有认识"仁义法正"的能力，另一方面

---

① 吉兴：《解蔽与成圣：荀子认识论新探》，载《河北学刊》2004 年第 5 期。

"仁义法正"也具有可知之理。然而在现实中，却很少有人肯去认识"仁义法正"并最终成为圣人，这与"小人可以为君子而不肯为君子，君子可以为小人而不肯为小人"的道理一致。和《五行》遇到的情况相似，实际上荀子在这里必须解决好这样一个问题，即激发主体去认识"仁义法正"的内在动力到底有没有？如果有，又是什么？劳思光先生认为，对这个问题的回答直接关系到荀子的理论体系能否成立，而且，这也是荀子思想的"盲区"，他说："荀子以为……人之文化成分，则待自觉努力以成就之。……但问题在于此种自觉努力如何而可能？倘根本上人只具动物性，并无价值自觉，则何能有此努力乎？……盖此乃荀子思想之真纠结所在，或十分糊涂之处。"① 又说："（荀子）不能说明'性恶'之人何以能有'人为之善'，……遂伏下荀子理论之致命因子。"② 蔡仁厚先生也认为，在荀子那里是"欠缺这种内发自发的愤悱不容已的力量"③ 的。

然而，事实果真是这样吗？笔者以为不然。因为《性恶》篇曾明言：

> 凡人之欲为善者，为性恶也。夫薄愿厚，恶愿美，狭愿广，贫愿富，贱愿贵，苟无之中者，必求于外；故富而不愿财，贵而不愿势，苟有之中者，必不及于外。用此观之，人之欲为善者，为性恶也。今人之性，固无礼义，故强学而求有之也；性不知礼义，故思虑而求知之也。

在上述一段话中，荀子明确指出人有"欲为善"的内在欲求。同时，他还将主体的这一内在向善欲求类比于人的自然生理欲望，《荣辱》篇说："凡人有所一同：饥而欲食，寒而欲暖，劳而欲息。"人的自然生理欲望来自主体内部的缺乏状态，"匮乏导致了需要，需要产生了欲望，需要与满足构成了人性存在的基本结构。"④ 同理，人之所以欲为善，乃在于人性中没有礼义，故强学以求有之，而且荀子认为主体这一内在向善欲求的具体内容实际上也是一种"忧"。《修身》篇说："见善，修然必以自存也；见不

---

① 劳思光：《新编中国哲学史》，广西师范大学出版社，2005，第253页。
② 同上书，第252页。
③ 蔡仁厚：《孔孟荀哲学》，台湾学生书局，1984，第397~398页。
④ 毛新青：《荀子"情义"观探析》，载《管子学刊》2011年第2期。

善，愀然必以自省也。善在身，介然必以自好也；不善在身，菑然必以自恶也。"愀然"，杨倞释为"忧惧貌"。忧惧，即主体内心追求善、远离恶的道德意识。那么这也就表明，主体有自觉追求并认识"仁义法正"之道的内在动力，而这也就是唐君毅先生所说的，在《荀子》中，主体"自有一超拔乎恶性，以求知道中理而为善之'能'"①。

4. 认识的方法

在认识方法上，相对于《五行》提出的"目而知之""喻而知之""譬而知之"等类比推理方法，荀子也十分重视"以类度类"的推理方式。《非相》篇说：

> 故以人度人，以情度情，以类度类，以说度功，以道观尽，古今一度也。类不悖，虽久同理。

这里的"度"是推论、测度、衡量之义。在《荀子》中，"类"是一个意涵十分丰富的概念，它既可以指"实体类"，即"由被经验所感知的对象特征的同异所区分的人类和物类"；也可以指"关系类"，即"自然事物和社会人事由因果等关系而相应地联系起来的序列条理"②。如《致士》篇说："川渊深而鱼鳖归之，山林茂而禽兽归之，刑政平而百姓归之，礼义备而君子归之。"其中，"川渊深而鱼鳖归之""山林茂而禽兽归之""刑政平而百姓归之""礼义备而君子归之"就属于同一"关系类"。又如《劝学》篇说："施薪若一，火就燥也；平地若一，水就湿也。草木畴生，禽兽群焉，物各从其类也。是故质的张而弓矢至焉，林木茂而斧斤至焉，树成荫而众鸟息焉，醯酸而蜹聚焉。"以上八种关系也属于同一"关系类"。荀子认为，同类事物或关系具有相同之"理"；不同类的事物或关系其"理"也异。只要事物或关系的类不相悖，那么即使时间再久、距离再远，其"理"也是相同的，这就构成在它们之间进行类比推理的前提和基础。这与《五行》以"丘之与山"的关系来类比"舜之与我"的关系具有一致性，其中，"丘之与山"与"舜之与我"属于同一"关系类"，在它们之间具有某种相

---

① 唐君毅：《中国哲学原论·导论篇》，中国社会科学出版社，2005，第 78 页。
② 黄伟明：《〈荀子〉比类式说理方式研究》，中山大学哲学系博士学位论文，2009 年 6 月。

似的性质，所以也就可以相互推论。

以上说的"以类度类"还是指一种由个别事物或关系到个别事物或关系的类比推理方式。此外，荀子的"以类度类"还可以指，由事物的一般性质去推论该类事物中某一特定事物性质的演绎推理方法。① 在这里，"以类度类"的前一个"类"字是指某类事物的一般性质，即"理"；后一个"类"字是指该类事物中某个特定事物。在他看来，事物的现象虽然纷纭驳杂、千变万化，但其背后的"类"或"理"却相对简单、永恒不变。如果抓住了后者，也就掌握了前者，这也就是荀子所反复倡言的"以类行杂""以一行万""以一知万""以一持万""以道观尽""精于道者兼物物"的认识方法。同时，荀子在《非相》篇将他的这一认识方法称为"譬称以喻之""分别以明之"，这与《五行》"喻而知之""譬而知之"的说法如出一辙，于此也可窥见两者的深层联系。

5. 认识的目的

与《五行》相同，荀子也认为，主体对"仁义法正"之道的理性认识并不是终点，相反，他认为当主体在"知"道以后，还要在意志层面"可"道和"守"道、在情感层面"安"道和"乐"道、在行动层面"依"道和"傍"道。只有经历这样一个由"知"到"志"、由"志"到"情"、由"情"到"行"的完整转化过程，个人身心才能全面呈现为道德的功用。在这个阶段，随着道已经内化为个体生命的组成部分，人性的重要内容，主体的安道、守道、行道实践也将会变得非常自然，故《解蔽》篇说："仁者之行道也，无为也；圣人之行道也，无强也。""至人也，何强，何忍，何危。"

而且，荀子十分强调行道对于知道的意义和价值。《儒效》篇说："不闻不若闻之，闻之不若见之，见之不若知之，知之不若行之，学至于行之而止矣。……知之而不行，虽敦必困。""止"，即终点、目的。荀子认为，行道不但是知道的最终目的，还是检验主体对道的认识是否正确的唯一标准，更是进一步深化主体对道的认识的必由之路。如果一个人只有对道的理论认识而无行道的实际行动，那么就算他的理论认识再为丰富深厚，也是毫无意义的，更不能算作对道的真知，所以《性恶》篇言："凡论者，贵

---

① 廖名春：《荀子新探》，中国人民大学出版社，2014，第 169 页。

其有辨合，有符验，故坐而言之，起而可设，张而可施行。"也就是说，主体要想深化和发展对道的理性认识，就必须付诸个人的实际行动，只有通过行道才能确实地证明知道的恰当与否。为此，荀子提倡"君子之学"，反对"小人之学"，因为前者是学以致用，后者只是停留在口耳之间，荀子认为的"圣人"就是能够将知道与行道有机统一起来的人，所以《儒效》篇说："行之，明也。明之为圣人。"

与《五行》的思路一致，荀子指出，主体还不能仅仅满足于个体层面的知道、守道、乐道、行道实践，他还应该把个体层面的修身养德行为扩大到社会政治领域，并做出一番"参稽治乱""经纬天地""材官万物""制割大理"的伟大事业。而且他认为，主体的这一"推德"实践是效仿上天使"万物各得其和以生，各得其养以成"的行为，所以也可以被称为"天德"，故《王制》篇言："夫是之谓天德，王者之政也。"他甚至认为，主体的这一"推德"实践不仅能够在社会政治领域产生广泛影响，而且还可以对自然界的存在产生影响，这表现为君子可以"理天地""与天地参"，并达到"变化代兴"的效果。

二　荀子的身心观

首先，与《五行》相同，荀子也将"心"当作身体的主宰，如《天论》篇说："耳目鼻口形能，各有接而不相能也，夫是之谓天官。心居中虚以治五官，夫是之谓天君。"《君道》篇说："四肢之从心。"《解蔽》篇说："心者，形之君也，而神明之主也，出令而无所受令。自禁也，自使也，自夺也，自取也，自行也，自止也。故口可劫而使墨云，形可劫而使诎申，心不可劫而使易意。"耳目鼻口四肢作为身体的不同组成部分，不但是"心"的治理对象，而且还要时刻接受并服从"心"的指令，不能脱离"心"的意志而自由活动，这构成荀子身心观的第一层内涵。

其次，与《五行》相同，荀子认为，"君子"学道以成德并不能仅仅停留在内心体验的阶段，更要将内心对"道"的体悟落实到具体行动之中，实现内心之德与外在之行的完美交融，所以《劝学》篇说："君子之学也，入乎耳，著乎心，布乎四体，形乎动静，端而言，蝡而动，一可以为法则。"其中，"入乎耳，著乎心"者乃"形于内"之德，"布乎四体，形乎动静"者乃"现于外"之行，所谓"君子"就是能够做到内外兼修、德行兼善的那一类人，这构成荀子身心观的第二层内涵。

最后，荀子还在《不苟》篇提出"慎独"的观念，其言：

> 君子养心莫善于诚，致诚则无它事矣，唯仁之为守，唯义之为行。诚心守仁则形，形则神，神则能化矣；诚心行义则理，理则明，明则能变矣。变化代兴，谓之天德。天不言而人推高焉，地不言而人推厚焉，四时不言而百姓期焉。夫此有常，以至其诚者也。君子至德，嘿然而喻，未施而亲，不怒而威。夫此顺命，以慎其独者也。

这里的"慎"，《尔雅·释诂》释为"诚"，"独"即"心"，那么"慎其独"即"诚其心"。根据《不苟》篇原文，所谓"诚其心"是指"养心"的专一工夫，具体是指主体通过专注于"仁""义"等外在道德规范的途径养成纯粹道德心的工夫。而且，荀子还认为，"诚"不但是人道层面的养心工夫，也是天道层面的宇宙之本。"夫此顺命，以慎其独"一句话就是强调天地四时之道的本质是"诚"，君子应当效法天道，以"诚"养心。"善之为道者，不诚则不独，不独则不形"中的两个"独"字是用来说明通过"诚"的工夫所达到的某种身心状态，这是一种扬弃了身体性（及其所代表的感官欲望），只专注于内心之德的存在境界，也就是帛书《五行》所说的"舍体"境界，荀子在此以一个"轻"字形容之。"轻"，原是指一种身心轻松的状态。为什么主体在达到"独"的境界以后就能感受到"轻"呢？这是因为，在荀子看来，"独"意味着对身体性的拂拭和超越，实现了只有一心的存在，而摆脱了"沉重的肉身"之束缚的心灵自然会产生出一种相应的轻松感和愉悦感。那么，为什么荀子要强调心对身体性的扬弃和超越呢？这是因为，只有超越了身体性的限制，主体的道德才不会仅仅停留于一己之身的阶段，而是会推广到天下和国家的领域，成为"政事之本"。

由此可见，与《五行》相同，荀子的"慎独"思想也包含了以下两方面的内容：第一，"慎"即"诚"，具体是指主体通过专注于"仁""义"等外在道德规范的途径养成纯粹道德心的工夫；第二，"独"即"心"，具体是指主体通过努力达到的扬弃了身体性，只专注于内心之德的存在境界，亦即帛书《五行》所说的"舍体"境界。因此，道德心对身体性的扬弃和超越也就构成荀子身心观的第三层内涵。

三 小结

综上所述，在认识论层面，《五行》与荀子表现出如下六点关系。

第一，在认识论的性质上，两者都表现出使认识论就范于伦理学的倾向，即认为"知"的核心价值在于它是主体实现修身养性、得道成德（即以"知"成"德"）的手段，所以我们又将两者的认识论称为"道德认识论"。

第二，在认识的主体上，两者都将"心"确定为认识主体，并将"心"的认识能力称为"知"，同时认为它是每个人先天具有的一种能力。所不同的是，《五行》的"知"是"见而知之"，即基于视觉的知觉能力，它包含感性认识和理性认识两种能力在内，而且《五行》对这两方面的能力是同时并重的；而荀子说的"知"是"征知"，仅仅是指人的理性认识能力，这是因为他已经将人的感性认识能力归诸耳目鼻口四肢等身体官能（即"天官"）了。而且相对于《五行》来说，荀子尤其重视人的理性认识能力，这是因为他认识到人的感性认识能力具有自身难以克服的缺陷，如果缺少理性认识的整理、分类和综合，人们就难以形成对于事物的正确性和全面性认识。从这一点可以看出，从孔子到《五行》、再到荀子，先秦儒家所走过的一条由重感性认识到感性认识和理性认识并重、再到重理性认识的不断趋向于理性化的道路。

第三，在认识的对象上，两者都将具有"仁义法正"之质并精通于礼义文理之道的"贤人"或"圣王"作为学习和认识的对象，这正是两者认识论同属道德认识论的典型反映。

第四，在认识的动力上，两者都将代表个人内心深处强烈道德自觉的"中心之忧"作为主体认识能力得以显发的内在动力。

第五，在认识的方法上，两者都十分重视类比推理的方法，但除此之外，荀子还兼重由事物的一般性质去推论该类事物中某一特定事物性质的"演绎推理方法"。这表明在对认识方法的研究上，荀子已经在《五行》的基础上大大向前迈进了一步。

第六，在认识的目的上，两者都认为对"仁义法正"之道的理性认识并不是终点。在"知"以后，主体还要在意志层面安于道、在情感层面乐于道、在实践层面行于道，经历一个由"知"到"志"、由"志"到"情"、由"情"到"行"的完整过程，才算是认识在个体层面的完成。同时，两者都表现出使认识论挣脱出个人修养范围而扩大到社会政治领域的倾向。

在身心观层面，《五行》与荀子则表现出如下三点关系。

第一，两者都将心视为身体的主宰。其中，《五行》将"耳目鼻口手足六者"视为"心之役"，而荀子则将心视为"耳目鼻口形"五者之"君"，这表明两者都认为在心与身之间存在着支配与被支配、役使与被役使的关系。

第二，两者都追求仁义心与其他身体诸官能之间的和谐统一、伦理道德与自然情感之间的完美交融，因为这有助于克服身与心、情与理的外在对立，而且这在内外兼修、德行兼善的"君子"身上很好体现了出来。

第三，两者都追求心的"舍体"境界，即道德心对其他身体诸官能的扬弃和超越，这充分体现在两者的"慎独"思想中。而在两者的"慎独"思想中所明确透露出来的独特而又强烈的政治意向，也从侧面反映出在《五行》与荀子之间存在着密切的思想关联，或者说荀子对《五行》学说是了然于心的。

第三章　郭店儒简与荀子政治思想比较

司马谈在《论六家要旨》中说："夫阴阳、儒、墨、名、法、道德，此务为治者也，直所从言之异路。"① 这表明政治问题向来是先秦主流学派思想家所共同关心的话题。当然，也应该包括郭店儒简的作者在内。虽然郭店儒简的大多数篇章都或多或少地论及政治理论及实践问题，但其中最为全面、系统和有代表性的还要数《尊德义》和《唐虞之道》这两篇文献了。相较而言，《尊德义》较多述及政治教化问题，而《唐虞之道》则更为关注最高权力转移问题。下面我们就从这两篇文献入手，深入分析郭店儒简与荀子在政治思想方面的关系问题。

第一节　郭店儒简《尊德义》的教化观

郭店儒简《尊德义》的简序排列问题向以复杂称，对此，学术界也一直聚讼纷纭、莫衷一是，李零②、刘钊③、王博④、陈伟⑤、丁原植⑥、陈剑⑦、曹峰⑧、詹群慧⑨、顾史考⑩等先生都给出了各自看法。笔者在综合考

---

① （汉）司马迁撰，（南朝）裴骃集解，（唐）司马贞索隐，（唐）张守节正义《史记》（第十册），中华书局，1959，第3288~3289页。

② 李零：《郭店楚简校读记》，北京大学出版社，2002，第139页。

③ 刘钊：《郭店楚简校释》，福建人民出版社，2005，第122页。

④ 王博：《关于郭店楚墓竹简分篇与连缀的几点想法》，载姜广辉主编《中国哲学第二十一辑》，辽宁教育出版社，2000，第260页。

⑤ 陈伟：《郭店简书〈尊德义〉校释》，载《中国哲学史》2001年第3期。

⑥ 丁原植：《郭店楚简儒家佚籍四种释析》，台湾古籍出版有限公司，2004，第266页。

⑦ 陈剑：《郭店简〈尊德义〉和〈成之闻之〉的简背数字与其简序关系的考察》，载《简帛第二辑》，上海古籍出版社，2007，第216页。

⑧ 曹峰：《楚地出土文献与先秦思想研究》，台湾书房出版有限公司，2010，第72页。

⑨ 詹群慧：《简本〈尊德义〉的遍连与分章》，http://www.bamboo silk.org/Wssf/2002/zhanqunhui02.htm，2002年8月29日。

⑩ 顾史考：《郭店楚简〈尊德义〉篇简序新案》，载《台大中文学报》2012年第3期。

虑上述诸家意见的基础上，基本采纳了刘钊先生的观点，但在个别简序的安排上也吸收和借鉴了顾史考先生的研究成果，经过重新排列后的竹简顺序为：1、30、39、2-11、28-29、31-38、17-19、20 上、23 下、21、22、23 上、20 下、24-27、12-16、《六德》49。虽然由于简序的混乱使得《尊德义》成为"郭店简中最难理解的文本之一"①，但是其基本思想还是比较清晰的，即它"比较多地谈到'教'在'导民'中的地位和作用"②的问题，教民和导民由此也成为《尊德义》关注的核心话题。

一 是以为政者，教道之取先

《尊德义》简 12-13 说："是以为政者，教道之取先。"这与先秦儒家对政治的基本定位内在一致，即它并非将政治的本质理解为治理人伦物事的一种具体方式，抑或是关于制度设计的一种具体安排，而是将其理解为成就民众德性的一种基本手段，关于这一点在《论语》中就有体现。根据《论语·颜渊》的记载，季康子曾问政于孔子，孔子说出了一句被后世儒家奉为圭臬的经典名言："政者，正也。子帅以正，孰敢不正？"在孔子看来，政治的核心要义是要为政者通过懋正自己的德性来影响和涵化普通百姓，使他们也能像自己一样修身立命、积善成德。可见，政治的主要功用在于化人。在此意义上，对普通百姓的道德教化就成为为政的关键所在，以教化政、教以导政、政依教立也成为先秦儒家的普遍观念③，《汉书·艺文志》由此将儒者的职责界定为辅助人君上应天道、下化庶民："儒家者流，盖出于司徒之官，助人君顺阴阳明教化者也。"

据典籍记载，孔子在周游列国之际，每至一地都会特别留意于当地的政治状况，而其获取信息的主要渠道就是考察该国的教育状况。这是因为在他看来，政治与教育之间存在着千丝万缕的联系，一国的政治状况会充分反映在其教育状况之中，他还由此总结出以下一套经验：

> 其为人也温柔敦厚，《诗》教也。疏通知远，《书》教也。广博易

---

① 顾史考：《郭店楚简〈尊德义〉篇简序新案》，载《台大中文学报》2012 年第 3 期。
② 刘钊：《郭店楚简校释》，福建人民出版社，2005，第 122 页。
③ 韩星：《寓治于教——儒家教化与社会治理》，载《社会科学战线》2012 年第 12 期。

良，《乐》教也。洁静精微，《易》教也。恭俭庄敬，《礼》教也。属辞比事，《春秋》教也"（《礼记·经解》）

如果我们再进一步追问孔子何以会产生上述观念就不难发现，这与他对政治本质的看法是密切相关的，即他将政治的本质理解为"教化"。因此，良好政治的根本特征就在于教化民众以成就德性。在《论语·为政》篇，他以对比的形式指出："道之以政，齐之以刑，民免而无耻；道之以德，齐之以礼，有耻且格。"这还是在强调，政治的初衷不是要通过制度的设计乃至刑罚的执行使民众因畏惧而不敢为恶；而是要通过对于民众德性的培养，在人心中建立一道牢固的道德堤防使民众因内在的廉耻感而羞于为恶。① 简单来说就是，真正的为政不在于具体制度的设计，而在于民众德性的养成。

在此基础上，孟子有意识地区分了"善教"与"善政"，并比较了两者的优劣："善政不如善教之得民也。善政，民畏之；善教，民爱之。善政得民财，善教得民心。"（《孟子·尽心上》）他认为"善教"优于"善政"，因为良好的政治举措只能使民众因畏惧而外在屈服，而良好的道德教化却能使民众因中心悦而诚服；良好的政治举措只能赢得民财，而良好的道德教化却能赢得民心。也是在这个意义上，《尊德义》简 18-19 说："教其政，不教其人，政弗行矣。"这是明确指出，相对于政治制度而言，道德教化具有治本的功效。而除了上面已经提及的原因外，它还给出以下两点理由：第一，政治制度只能制裁于"既形"②，而道德教化却能防患于未然；第二，政治制度只能消极地诛除恶，而道德教化却能积极地劝导善。

《尊德义》简 2 说："赏与刑，祸福之基也，有前之者矣。"这里的"前之者"就是指道德教化，道德教化相对于赏罚黜陟等政治举措而言，在以下两个方面处于优先（亦即"前之"）的地位：首先，先秦儒家虽然承认使民众服从统治存在两种基本手段，即制度的强制手段和教化的引导手段，并且认为两者不可偏废，但其无疑将教化视作更为根本的手段；其次，先秦儒家主张在实施的顺序上将教化置于赏罚之前，反对不以教化为前提的

---

① 张锡勤：《试论儒家的"教化"思想》，载《齐鲁学刊》1998 年第 2 期。
② 同上。

刑罚，即不教而诛，认为这是对民众的暴虐之举。《论语·尧曰》说："不教而杀谓之虐；不戒视成谓之暴"。对此，宋人李觏解释说：

> 未知为人子而责之以孝，未知为人弟而责之以友，未知为人臣而责之以忠，未知为人朋友交游而责之以信。……是纳民于阱也，虽日诛之，死者弗之悔而生者弗之悟也（《李觏集卷十八·安民策第一》）

这是认为，如果事先不对民众加以引导和教化，在他们触犯刑法时即加以诛罚，这不但有悖于刑罚本身劝善禁暴的初衷，而且也不能真正起到导人为善的作用。

当然，先秦儒家并非认为教化万能，他们也充分意识到道德教化有其自身的不足之处，那就是"即使面对最良好的教化，也会有不听从的人"[①]，因此他们在重视道德教化之余，也主张"教之不从，刑以督之"，即把刑罚当作推行教化的有力后盾，故《尊德义》简2-3说："征陷，所以攻〔战也〕。刑罚，所以□举也。杀戮，所以除怨也。不由其道，不行。"只是它一再强调，刑罚当以教化为本，否则就会失去它的原初效力。

二　教非改道也，教之也

《尊德义》简3-5说："仁为可亲也，义为可尊也，忠为可信也，学为可益也，教为可类也。教非改道也，教之也。学非改伦也，学己也。"教化的最终目的是要塑造出同类型的道德人格，而其楷模就是具有仁义忠信等道德品质的仁人君子。而且它还进一步指出，在普通民众的内心中培养出仁义忠信等道德品质，并不是将这些东西从外部强加给他们，而只是将它们在民众内心中由端绪的形式实现出来，使它们由潜在变为现实。换言之，仁义忠信等道德品质本来就潜藏于普通民众的内心之中，是所有人都先天具有的而且应当遵循的"人道"和"民伦"，这与孟子所言"仁义礼智，非由外铄我也，我固有之也"（《孟子·告子上》）同义。正是在这个意义上，《尊德义》提出："教非改道也，教之也。学非改伦也，学己也。"即道德教化并不是要将原本并不存在于普通民众内心的"人道"强加给他们，而是

[①]　张锡勤：《试论儒家的"教化"思想》，载《齐鲁学刊》1998年第2期。

"以其人之道，还治其人之身"，"其实质就是把人（民）所固有的道'还'给人自己，而初无任何'外铄'的成分"①，所以《尊德义》将"尊德义""尊仁""亲忠""敬庄""归礼"等道德实践看作是对"人道"和"民伦"的理性复归。

同时，《尊德义》还将实现民众内心潜藏的仁德看作为政者的一项重要职责，简文末尾一句说："民之父母亲民易，使民相亲也难。"这是认为，相对而言，要求作为民之父母的为政者端正一己之德性并将其展现为以亲民、爱民为核心内容的政治实践，这还是一件比较容易做到的事；而要求作为民之父母的为政者以自己的道德人格影响和感化普通民众，使他们也能实现内心潜藏的仁德并体现在人伦日用当中，则更加困难。

《尊德义》简 8-9 说："察诸出所以知己。"简文认为，以仁义忠信为核心内容的道德品质不但潜藏于每个人的内心之中，而且还会时不时地流露出来，展现为个体不自觉的道德行为。但人们往往忽视了对这些道德行为内在动机的考察，从而也就忽略了对自身内在善端的体认。为了能充分认识到自己的内在本性，主体就应该对自己的言行举止及内在动机予以悉心关照，此即"察诸出所以知己"之义。"察"，是体察、关照、反思之义。《尊德义》又以"思"来指称这种"察"的工夫，认为"尚思则无昏"，即只要人们时常反思自己的内在天赋善端，就不会迷失本性，这与《孟子》中"思"的用法高度一致，如《孟子·告子上》说："心之官则思，思则得之，不思则不得也。"在这里，"思"也是指主体体察内在善端的工夫和能力。

《尊德义》简 9 说："知己所以知人，知人所以知命，知命而后知道，知道而后知行。"根据上下文义，这里的"知己"应当是指行为主体对自身内在天赋善端的把握。《尊德义》认为，主体若能充分认识到自己的本性，就能认识到他人的本性，因为他人和自我一样，有着相同的本性，乃至全天下人都一样，有着共同的本性，此即"知己，所以知人"。而且在它看来，这一为全天下人所共同具有的善良本性实际上来自上天的赋命，上天以命的形式赋予人类以善性，此即"知人所以知命，知命而后知道"，因此至高至善的天道也就成了人类善性的根本保证。在这里，简文通过拓展形

① 李景林：《"民可使由之"说所见儒家人道精神》，载《人文杂志》2013 年第 10 期。

上的天道领域，将孔子弟子不可得而闻的天道当作人道的根基，这样不但保证了人性的普遍性和至善性，而且也鼓舞了人们的道德自觉和自信，此即"知道而后知行"。同时，这种以人道奠基于天道的思维模式也为道德教化的必要性与合理性提供了形上依据，即首先，既然每个人都具有来自天道的共同本性，那么这就意味着受教者完全可以像教化者一样，通过后天努力将内在天赋善端实现出来，乃至达到与教化者同样的修养境界与人格高度；其次，既然天道是以端绪形式将善性普遍地赋予每个人，那么这就意味着在最初阶段，无论是在教化者那里，还是在受教者那里，天赋善性还都只是一种向善的可能性而非现实性，此即孟子所谓："乃若其情，则可以为善。"（《孟子·告子上》）而教化者不同于受教者的地方在于，他能够先知先觉，率先将自身的天赋善端实现出来；受教者则有待于经历一番"先知觉后知，先觉觉后觉"的工夫，才能将自己的天赋善端实现出来，而这就离不开后天的道德教化。

三 圣人之治民，民之道也

前面提到，在《尊德义》中，教化的本质是为政者通过自身的道德品质来影响和涵化普通民众，帮助他们实现内心潜藏的仁德，使他们也能将自身具有的以仁义忠信为核心内容的"人道"实现出来。而且，在《尊德义》看来，这一普遍的"人道"具有形上的根据，即它来自至高至善的"天道"。这就要求为政者在实施道德教化的过程中，应当充分尊重民心民性，以及作为其主要内容的"人道"和"民伦"，严格按照"人道"的内在规律和特点办事，切实做到"凡动民必顺民心"。

《尊德义》简6-8说："圣人之治民，民之道也。禹之行水，水之道也。造父之御马，马之道也。后稷之艺地，地之道也。莫不有道焉，人道为近。是以君子人道之取先。"以上一段文字与《孟子·公孙丑上》"麒麟之于走兽，凤凰之于飞鸟，太山之于丘垤，河海之于行潦，类也。圣人之于民，亦类也"的说法一致，两者都意在指出"异类则异道，同类则同道"的道理。在《尊德义》看来，由于人与水、马、地分属不同的"类"，而不同类的事物具有不同的"道"，所以"人道"与"水之道""马之道""地之道"便不相同。相反，同类事物则具有相同的"道"，所以圣人君子与普通民众虽然在道德修养与人格境界上有高下之分，但他们内心都具有相同的"人道"。这就要求人们在对待和治理任何一类事物时，都必须充分认识并尊重它们本身固有的"道"，否则就会遇到麻烦，甚至会遭遇失败。这从鲧和禹不同的治水方式和结果中即可看出：鲧在治水时，没有充分体认水之性并尊重"水之道"，他因采用围堵的方法而违逆了水性，最终导致治水的失败；而其子禹则深刻认识到水之性并尊重"水之道"，他因采用疏导的办法而最终取得治水的成功。同理，为政者在治理民众的过程中，也应深刻认识到"人道"和"民伦"的客观性并充分尊重它们。

《尊德义》简30、39说："故为政者，或伦之，或养之，或由中出，或设之外。伦列其类。凡动民必顺民心，民心有恒，求其养。重义集理，言此彰也。"这是认为，为政者在治理民众的过程中可以采取两种不同的方式：一种是"由中出"，即将潜藏在民众内心的"人道"和"民伦"作为教化依据，切实做到"以其人之道，还治其人之身"；一种是"设之外"，即将外在于人心的内容强加于民众身上，强迫民众按照它的要求做。无疑，简文赞成的是前一种方式，因为它顺应了民心民性，势必会取得更加显著的治理成效，所以《尊德义》简19、20上、23下说："故共是物也而有深焉者，可学也而不可拟也，可教也而不可若也，可从也而不可及也。""拟"即"拟"，是效仿、模仿之义；"若"即如、像。"可学也而不可拟也，可教也而不可若也"，是说为政者可以教化民众，使民众主动学习，却不可以强迫民众效仿；"可从也而不可及也"，是说为政者可以引导民众，使民众自愿跟从，却不可以迫使民众就范。而为了使为政者对普通民众的道德教化更加深入人心，并取得立竿见影之效，就应当以"人道"和"民伦"为客观依据。

在此基础上，《尊德义》简21-22接着说："民可使道之，而不可使知之。民可道也，而不可强也。"这是认为，为政者在教化民众时，应当以"人道"引导民众，这样做既顺应了民心民性，又能取得更加良好的治理效果；相反，如果为政者采取强制手段，通过制定不符合民心民性的制度规范迫使民众就范，就会引起后者强烈的反抗，甚至会招致更加激烈的报复，这在历史上有前车之鉴，《尊德义》简22、23上、20下说："桀不谓其民必乱，而民有为乱矣。纣不迪其民，而民不可止也。""迪"即晓，是晓谕、开导之义。这句话是说，桀、纣通过外在的强制手段逼迫民众就范，而不是教化和引导民众，这最终导致民众的反叛，并推翻了他们的统治。

四　德者，且莫大乎礼乐焉

《尊德义》简 29、31 说："德者，且莫大乎礼乐焉。治乐和哀，民不可惑也。反之，斯安矣。"即认为，在为政者教化民众以成就德性的诸种方式中，最重要和最有效的莫过于礼乐了。礼乐能够有效调节人们内心的哀乐之情，使民众不致感到困惑和迷茫，相反，如果不以礼乐教导民众，民众就会陷入偏险不正的境地。《尊德义》简 13-16 说：

> 教以礼，则民果以任。教以乐，则民淑德清壮。教以辩说，则民亵凌长贵以妄。教以艺，则民野以争。教以技，则民小以吝。教以言，则民讦以寡信。教以事，则民力啬以湎利。教以权谋，则民淫昏远礼，无亲仁。

这是认为，以礼教民，民众就会果敢而有责任意识；以乐教民，民众就会具有美善的品德而清新豪健。相反，如果教给民众辩论之术，民众就会凌驾于长者贵人之上而狂妄；教给民众六艺之术，民众就会粗野而相互争斗；教给民众各种技能，民众就会小气而贪吝；教给民众言辞，民众就会诡言而寡信；教给民众职事，民众就会贪吝而一味追求利益；教给民众权谋，民众就会淫乱昏聩并远离礼义。[1] 通过对不同教化手段及其结果的分析和对比，我们可以更加明显地感受到以礼乐教民的优越性。

首先，《尊德义》十分重视"礼"的道德教化作用。《尊德义》简 23下、21 说："君民者治民复礼，民除害；行矣而无违，养心于子谅，忠信日益而不自知也。"这是认为，为政者如果能以礼治理和教导民众，民众就会除去过言过行；民众如果能遵循礼义之道而不违背，就能长养慈爱善良之心，如此则忠信日益增多而自己却毫无觉察。在此基础上，《尊德义》简24-25 说："为邦而不以礼，犹人之无所适也。非礼而民悦，在此小人矣。"这是认为，人君治理国家如果不用礼义之道，那么他就像一个无所适从的人一样。不用礼义之道而民众却喜悦，那是因为民众自身素质不高的关系。这与荀子"人无礼则不生，事无礼则不成，国家无礼则不宁"（《修身》）、

---

① 刘钊：《郭店楚简校释》，福建人民出版社，2005，第 175 页。

"国无礼则不正"（《王霸》）的说法如出一辙。在这里，礼义之道已经成为为政者治国理政的一项基本手段。

其次，《尊德义》也十分重视"乐"的道德教化作用，甚至将"乐"提高到"礼"的位置之上。《尊德义》简9-10说："由礼知乐，由乐知哀。……有知礼而不知乐者，无知乐而不知礼者。"这是认为，由礼知乐，由欢乐知道悲哀。有知礼而不知乐的，却没有知乐而不知礼的。这与《礼记·孔子闲居》"志之所至，诗亦至焉。诗之所至，礼亦至焉。礼之所至，乐亦至焉"的说法具有内在的一致性，即它们都是将"乐"提高到"礼"的位置之上。而《尊德义》之所以如此重视"乐"的作用，与它所秉承的政治理念以及"乐"的自身特点有着密切关系：第一，《尊德义》将实现民众内心潜藏的仁德作为为政的最终目的和为政者的主要职责，对凡是有利于这一目标实现的措施都给予足够的重视。第二，"乐"的特点正好满足了《尊德义》的这一需要。《礼记·乐记》说："致乐以治心，则易、直、子、谅之心油然生矣。""乐"具有强烈的道德感召力和艺术感染力，它能直指人心，陶冶听众内在的性情，使听众浸润其中，反复涵泳，陶然欲醉，所以《尊德义》将其当作实施道德教化的理想工具。《尊德义》简13说："教以乐，则民淑德清壮。"以"乐"教民，民众就会具有美善的品质而清新豪健。

附《尊德义》原文：

尊德义，明乎民伦，可以为君。推忿懥，戒恁胜，为人上者之务也。01 故为政者，或伦之，或养之，或由中出，或设之外。伦列其类。30 凡动民必顺民心，民心有恒，求其养。重义集理，言此彰也。39

赏与刑，祸福之基也，有前之者矣。爵位，所以信其然也。征陷，所以02攻［战也］。刑［罚］，所以□举也。杀戮，所以除怨也。不由其道，不行。

仁为可亲03也，义为可尊也，忠为可信也，学为可益也，教为可类也。教非改道也，教之也。04学非改伦也，学已也。禹以人道治其民，桀以人道05乱其民。桀不易禹民而后乱之，汤不易桀民而后治之。圣人之治民，民之道也。06禹之行水，水之道也。造父之御马，马之道也。后稷之艺地，地之道也。莫07不有道焉，人道为近。是以君子人道之取先。

察诸出所以知$_{08}$己。知己所以知人，知人所以知命，知命而后知道，知道而后知行。由礼知$_{09}$乐，由乐知哀。有知己而不知命者，无知命而不知己者；有$_{10}$知礼而不知乐者，无知乐而不知礼者。善取，人能从之，上也。$_{11}$

为故率民向方者，唯德可。德之流，速乎置邮而传$_{28}$命。其载也无厚焉，交矣而弗知也，亡。德者，且莫大乎礼乐$_{29}$焉。治乐和哀，民不可惑也。反之，斯妄矣。

刑不逮于君子，礼不$_{31}$逮于小人。

攻［则］往者复，依惠则民财足，不时则无劝也。不$_{32}$爱则不亲，不□则弗怀，不勑则无畏，不忠则不信，弗勇则$_{33}$无复。咎则民轻，正则民不吝，恭则民不怨。均不足以平政，受$_{34}$不足以安民，勇不足以懡众，博不足以知善，决不足以知伦，杀$_{35}$不足以胜民。

下之事上也，不从其所命，而从其所行。上好是物也，$_{36}$下必有甚焉者。夫唯是，故德可易而施可转也。有是施，小$_{37}$有利，转而大有害者，有之；有是施，小有害，转而大有利者，有之。$_{38}$行此文也，然后可逾也。

因恒则固，察匸则无僻，不党则无$_{17}$怨，尚思则［无昏］。

夫生而有职事者也，非教所及也。教其政，$_{18}$不教其人，政弗行矣。故共是物也而有深焉者，可学也而不可擬也，$_{19}$可教也而不可$_{20上}$若也，可从也而不可及也。

君民者治民复礼，民除害；$_{23下}$行矣而无违，养心于子谅，忠信日益而不自知也。

民可使道$_{21}$之，而不可使知之。民可道也，而不可强也。桀不谓其民必乱，而民有$_{22}$为乱矣。纣不$_{23上}$迪其民，而民不可止也。

尊仁、亲忠、敬庄、归礼，$_{20下}$知雁劳之究也。为邦而不以礼，犹人之无所适也。非礼而民悦，$_{24}$在此小人矣。非伦而民服，世此乱矣。治民，非怀生而已矣，$_{25}$不以嗜欲害其义。

究民爱，则子也；弗爱，则雠也。民五之方格，$_{26}$十之方静，百之而后服。善者民必富，富未必和。不和不安，不安不乐。$_{27}$善者民必众，众未必治。不治不顺，不顺不平。是以为政者，教道$_{12}$之取先。教以礼，则民果以任。教以乐，则民淑德清壮。教₁₃以辩话，则民衰凌长贵以妄。教以艺，则民野以争。教以技，₁₄则民小以客。教以言，则民讦以寡信。教以事，则民力嗇以涵利。₁₅教以权谋，则民淫昏远礼，无亲仁。先之以德，则民进善安₁₆生。故曰：民之父母亲民易，使民相亲也难。○六德49

第二节　《尊德义》与荀子教化观比较

与《尊德义》相同，荀子也十分重视为政者对普通民众的道德教化。在《大略》篇，他把"富民"和"教民"当作实现王道政治的两条基本途径，并由此提出"不富无以养民情，不教无以理民性"的重要命题。当然，这与他对政治本质的理解密切相关。如果我们从《荀子》一书的整体思想出发就不难发现，荀子实际上是将政治当作一种成就民众德性的基本手段看待的。《君道》篇说："请问为国。曰：闻修身，未尝闻为国也。""为国"即"为政"，这是认为，为政的基本途径和最终目的都是"修身"，即为政者通过个人的修身实践来影响和感化民众，使后者也能自觉投入到修身实践中来，并成就道德人格，所以《富国》篇说："故君国长民者……必先修正其在我者，然后徐责其在人者"。"君国长民者"之所以能够这样做的原因即在于其自身所处的特殊社会政治地位，正如《正论》篇所说"主者，民之唱也；上者，下之仪也""上者，下之本也"。由于"君国长民者"处于政治权力的巅峰，具有无人能及的社会影响力和道德感召力，因此他的一言一行都会对普通民众产生极大触动和极深影响。这种作用如果发挥得好的话，将大大有助于普通民众的得道成德。

一　教化是为政的根本手段

荀子对政治本质的理解，促使他将道德教化视为为政的根本手段。在《王霸》篇，他将现实政治是否"本政教"，即以道德教化为本，当作区分"王政"和"霸政"的最重要标准，道德教化由此也成为他心目中理想政治的基本特征。在《大略》篇，他将"富民"和"教民"当作为政者的首要任务，要求为政者在保障民众物质生活水平的基础上，再对他们施以礼义教化，所谓"明礼义以化之""礼义教化，是齐之也"。而进行礼义教化的最终目的是要成就民众的道德人格，从而使"暴悍勇力之属为之化而愿，旁辟曲私之属为之化而公，矜纠收缭之属为之化而调"，并最终实现"使天下皆出于治、合于善"的理想局面。而荀子之所以要以君为师、将君师同列，也是为了强调道德教化对于为政的根本作用。在他看来，道德教化不但是人君的根本要务，同时也是"乡师""辟公""圣臣"等各级官员的职责所在，所以《王制》篇说："劝教化，趋孝弟……乡师之事也。""广教化，美风俗……辟公之事也。"《臣道》篇说："政令教化，刑下如影……是圣臣者也。"

道德教化作为为政的根本手段，也体现在它与刑罚的关系上。具体来说，第一，相对于刑罚而言，道德教化处于更加重要和根本的位置上。为此，他倡言人君为政应当"本政教"，即以礼义教化为本，所以《强国》篇说："为人上者必将慎礼义、务忠信然后可。此君人者之大本也"，《王霸》篇也认为为政者应当"厚德音以先之，明礼义以道之，致忠信以爱之"。第二，刑罚的实施应当以道德教化为前提。荀子提倡先教后刑，反对不教而诛，如《富国》篇说："故不教而诛，则刑繁而邪不胜。"《宥坐》篇说："不教其民而听其狱，杀不辜也。……不教而责成功，虐也"。他还引用《尚书·康诰》中的话："义刑义杀，勿庸以即，予维曰未有顺事。"即合乎道义的刑罚和杀戮也不要立即执行，并认为这是在说明"先教后诛"的道理。

在此基础上，荀子还进一步指出实施先教后诛这一政治策略的具体措施。《宥坐》篇说：

> 先王既陈之以道，上先服之；若不可，尚贤以綦之；若不可，废不能以单之；綦三年而百姓往矣。邪民不从，然后俟之以刑，则民知罪矣。

这是认为，先王为政，既已宣明治道，自己就应该率先身服之，以此引导和感化普通民众；若民众尚不可化，则礼敬贤者以劝勉之；若民众犹不可化，则罢免不能任职者以畏惮之；至多不过三年时间，民众就将从风而顺化。到了这个时候，如果还有顽民不从教化，则待之以刑罚，那么民众亦当知刑罚之可畏而不敢为恶了。

需要指出的是，荀子虽然肯定道德教化的根本地位，但他并没有因此就否定刑罚的作用。这是因为，他从一开始就认识到即使面对最好的教化，也会有不听从的人，最典型的例子就是尧子丹朱和舜弟象，荀子说这两人是"天下之嵬、一时之琐"，即使是面对全天下最善于教化的尧和舜，他们也独不迁化（《正论》篇所谓："尧、舜者，天下之善教化者也，不能使嵬琐化。"）对于朱、象一类的人而言，为政者也没有更好的办法，只能执行刑罚。因此，在荀子看来，理想的政治模式应该是德主刑辅、先教后诛，这也就是《正名》篇所说的"故明君临之以势，道之以道，申之以命，章之以论，禁之以刑"，以及《性恶》篇所说的："明礼义以化之，起法正以治之，重刑罚以禁之"。

二　教化的人性论基础

不同于《尊德义》将教化的本质理解为帮助受教者实现内在天赋善端的一种基本形式，荀子认为，教化是一种将外在的道德规范赋予自然人性，以改变自然人性的原初存在形态，从而实现人之本质规定的重要手段。

首先，荀子从自然人性论出发，说明道德教化的必要性。众所周知，荀子所讲的人性是指所有人生来就有的自然属性，它具有"不为而成，不求而得"的特点，"饥而欲食，寒而欲暖，劳而欲息，好利而恶害"构成其主要内容。对于这样的人性而言，本无所谓善、无所谓恶，或者说，既可以为善、也可以为恶。但荀子同时又指出，自然人性中有"好利""好悦""好佚"的内在倾向，如果任其发展而不加以适当节制的话，势必会导致"争夺""残贼""淫乱"等现象的发生，从而使"辞让""忠信""礼义文理"等美德丧亡，并使得整个社会陷入混乱无序的境地，这也就是《性恶》篇所说的："今人之性，生而有好利焉，顺是，故争夺生而辞让亡焉；生而有疾恶焉，顺是，故残贼生而忠信亡焉；生而有耳目之欲，有好声色焉，顺是，故淫乱生而礼义文理亡焉。然则从人之性，顺人之情，必出于争夺，合于犯分乱理而归于暴。"为了避免类似情况的发生，就不能对人性采取纯自然主义的放任态度，而是要借助于"师法之化"和"礼义之道"从外部予以正确引导。具体而言，就是扮演君与师双重角色的统治者以"礼义"和"师法"为工具，对庶民百姓进行道德教化。在"礼义"和"师法"的共同作用下，自然人性因为得到伦理规范的规约，就不会仅仅"苟利之为见"，而是会自然而然地"出于辞让，合于文理"，其间的道理正如笔直的木材经过人为加工以后可以做成车轮，其弯曲程度甚至能够合乎圆规的标准一样。

其次，荀子还从他对"人之本质"的理解出发，说明道德教化的必要性。《非相》篇说：

> 人之所以为人者，何已也？曰：以其有辨也。……辨莫大于分，分莫大于礼。

又《王制》篇说：

> 水火有气而无生，草木有生而无知，禽兽有知而无义，人有气、有生、有知，亦且有义，故最为天下贵也。

荀子认为，人的本质或者说"人之所以为人者"实际上是指那些能使人区别于并优于其他存在物的因素。按照这个标准来看，人的本质只能是礼义文理，而不能是荀子所说的"人性"了。这是因为，荀子所谓"人性""在内容上只是指生物学意义上的生理本能""只是人的一种非本质的性质（quality）"，而不是"作为人的本质（essence）存在的"[1]。相反，礼义文理才是决定"人之所以为人者"的根本要素，也是人之所以"最为天下贵"的根本原因。如果没有了礼义文理，人就不成其为人而等同于禽兽了。[2] 正是在此意义上，《修身》篇说："人无礼则不生。"由于荀子将人的本质界定为礼义文理，且礼义文理并非"生于人之性"，而是"生于圣人之伪"。因此，要实现人的本质就只能凭借圣人的后天教化，"圣人化性而起伪，伪起而生礼义"（《性恶》）。正是基于他对人性和人之本质的区分，荀子有力说明了道德教化的必要性。

三　教化的基本特点

类似于《尊德义》要求为政者在实施道德教化的过程中，应当充分尊

---

[1]　王楷：《天然与修为——荀子道德哲学的精神》，北京大学出版社，2011，第55页。

[2]　钱逊：《先秦儒学》，辽宁教育出版社，1991，第148页。

重民心民性以及作为其主要内容的"人道"和"民伦"，荀子也要求统治者
在以"礼义之道"进行道德教化的过程中，应当充分尊重自然人性以及作
为其具体内容的情感欲望。这主要体现在以下两个方面。首先，荀子认为，
作为教化工具的"礼义之道"的制定要从人的自然情性出发。《大略》篇
说："礼以顺人心为本，故亡于礼经而顺人心者，皆礼也。""顺人心"，就
是要充分尊重人之自然情欲的正常需求。由此，荀子反对"禁欲"和"寡
欲"的主张，认为这有悖于人的自然情性，所以《正名》篇说："凡语治而
待去欲者，无以道欲而困于有欲者也。凡语治而待寡欲者，无以节欲而困
于多欲者也。"又《礼论》篇说：

> 礼义文理之所以养情也。
>
> 礼者，养也。刍豢稻粱，五味调香，所以养口也；椒兰芬苾，所
> 以养鼻也；雕琢、刻镂、黼黻、文章，所以养目也；钟鼓、管磬、琴
> 瑟、竽笙，所以养耳也；疏房、檖貌、越席、床笫、几筵，所以养
> 体也。

这是认为，"礼义之道"的制定应当以"养情"和"养欲"为基础。
"养"是一种既尊重和满足自然情欲，又节制、引导和提升自然情欲的方
式，其最终目的就是要实现礼义文理与情感欲望的相顺相合、完美交融，
这就是荀子所反复倡言的"好恶以节""喜怒以当""情文俱尽"的"礼之
中流"[①] 境界。而在某些场合，荀子则根据实际需要径直将人的自然情欲称
为"人之道"，如《乐论》篇说："人之道，声音、动静、性术之变尽是
矣"，同时认为，"礼义之道"的制定应当充分尊重和顺应这样的"人之
道"，所以《儒效》篇说："先王之道……礼义是也。道者，非天之道，非
地之道，人之所以道也。"这样的话，就连在表达方式上，也看不出它与
《尊德义》之间的任何差别了。

其次，荀子认为，"礼义之道"作用于人心的方式在很大程度上决定了
其实际效果。因此，为了有效发挥"礼义之道"的影响力和感染力，就应
该充分考虑作用工具和作用对象（即"人心"）之间的"契合度"问题。

①　祁海文：《论荀子的礼乐教化美育观》，载《东岳论丛》2013年第4期。

由此，荀子十分重视"乐"的作用，这是因为，"乐"在本质上是个人内在情感的真实表达和自然流露，此即《乐论》篇所说："乐者，乐也，人情之所必不免也。""因而，从本质上说，乐之作用于情感实为情感之间的相互作用，即情感作用于情感"①。"乐"的这一特点使它更容易"感动人之善心"，所以《乐论》篇说："夫声乐之入人也深，其化人也速。""可以善民心，其感人深，其移风易俗。"这也使得它成为统治者进行道德教化的有力工具。

四 教化的具体手段

与《尊德义》相同，荀子也将"礼"和"乐"视为统治者教化民众以成就德性的两项基本工具，如《性恶》篇说："明礼义以化之。"《王制》篇说："论礼乐，正身行，广教化，美风俗。"《乐论》篇说："先王之道，礼乐正其盛者也。"

首先，荀子将"礼"视为统治者化民以成德的重要工具。荀子认为，百姓德性的成就集中体现为他同时具备了"厚""大""高""明"四种美德，而这四种美德都是通过"礼义之道"的教化产生的，所以《礼论》篇说："厚者，礼之积也；大者，礼之广也；高者，礼之隆也；明者，礼之尽也。"而统治者之所以将"礼"作为道德教化的一项基本工具，则是由"礼"的本质决定的。荀子通常将"礼""义"并称②，乃是因为在他看来，"义"构成"礼"的本质，这也就是孔子所说的"义以为质，礼以行之"（《论语·卫灵公》）之义。而在荀子的观念中，"义"相对于其他德目而言，处在更加根本的位置上，其他德目都是在它的统摄之下，所以说："义也者，群善之蕰也"。在此意义上，以"礼义"为道德教化的基本工具也就具有了"治本"的功效，故《劝学》篇说："学至乎礼而止矣，夫是之谓道德之极。"

其次，荀子也将"乐"视为统治者实施教化的重要工具，这是由"乐"的自身特点决定的。由于"乐"的产生源于人的情感需要，与内在人心有着强烈的亲和力，所以它最能感动人心，极易引起听众的情感共鸣，使听

---

① 王楷：《天然与修为——荀子道德哲学的精神》，北京大学出版社，2011，第 192 页。
② 据王楷统计，在《荀子》一书中，"礼义"合言，凡 109 次之多，且遍见于各篇。参见王楷：《天然与修为——荀子道德哲学的精神》，北京大学出版社，2011，第 102 页。

众心悦诚服、乐于接受，故《乐论》篇说："夫声乐之入人也深，其化人也速。""其感人深，其移风易俗。"但是"乐"根据其内容又可分为不同类型，不同类型的"乐"会引起听众内心的不同反应。例如，奸邪之声会使听众内心的悖逆之气相感而生，悖逆之气形之于外就会造成社会秩序的混乱；纯正之声会使听众内心的和顺之气相感而生，和顺之气形之于外就会营造出和谐的社会氛围。由于不同类型的"乐"会产生不同的教化效果及社会影响，所以荀子主张在创制和选择乐曲时，一定要小心谨慎，应当"贵礼乐而贱邪音"，不使夷俗邪音扰乱正声雅乐。具体而言，就是以中正平实的乐曲感化普通百姓，使其和睦而不流漫；以严肃庄重的乐曲感化普通百姓，使其齐一而不散乱。

五 小结

综上所述，在教化观方面，《尊德义》与荀子表现出如下五点关系。

第一，两者都将政治的本质理解为一种成就民众德性的基本方式，在此意义上，对普通百姓的道德教化就成为为政的根本手段，故《尊德义》说："是以为政者，教道之取先。"而荀子也提出"本政教"的要求。这是因为，在两者看来，良好的政治制度只能使民众外在屈服，而良好的道德教化却能使百姓心悦诚服，所以《尊德义》说："教其政，不教其人，政弗行矣"，荀子则说："闻修身，未尝闻为国也。"

第二，在对教化与刑罚关系的认识上，两者都认为，一方面，相对于刑罚而言，教化处在更加根本的位置上；另一方面，刑罚应当以教化为前提，强调先教后刑，反对不教而诛，所以《尊德义》说："赏与刑，祸福之基也，有前之者矣。"荀子则说："不教而诛，则刑繁而邪不胜。""不教其民而听其狱，杀不辜也。""不教而责成功，虐也。"在此基础上，荀子还进一步指出实施"先教后诛"这一为政策略的具体措施。同时，两者又都认识到教化本身的不足之处，那就是即使面对最良好的道德教化，也会有不听从之人，因此他们在重视教化之余，也主张教之不从、刑以督之，即把刑罚当作推行教化的有力后盾，所以《尊德义》说："刑罚所以□举也，杀戮所以除怨也"，而荀子则说："明君临之以势，道之以道，申之以命，章之以论，禁之以刑。""明礼义以化之，起法正以治之，重刑罚以禁之。"

第三，两者都认为，教化的最终目的是要塑造出同类型的人，即具有仁义忠信等道德品质的仁人君子。所不同的是,《尊德义》认为,仁义忠信等道德品质本来就潜藏于民众的内心之中,是所有人先天具有而且应当遵循的"人道"和"民伦",因此教化并不是要将原本并不存在于民众内心的"人道"强加给他们,而是"以其人之道,还治其人之身",其实质是把民众本有的道"还"给他们,初无任何"外铄"的成分,故《尊德义》说:"教非改道也,教之也。"而对于持自然人性论的荀子来说,仁义忠信等道德品质原本并不存在于百姓的内心中,因此道德教化就成为一种将外在礼义规范赋予自然人性,以改变自然人性的原初存在形式,并实现人之本质规定的重要手段。而且,荀子还分别从人之自然属性和社会属性的关系,以及他对人之本质理解的角度论证了教化的必要性。

第四,两者都认为,为政者在实施道德教化的过程中,应当充分尊重民心民性以及作为其主要内容的"人道"和"民伦",严格按照"人道"的内在规律和特点办事,切实做到"凡动民必顺民心"。但《尊德义》并没有进一步说明"人道"的具体内容,而荀子则明确指出它就是人的自然情欲,道德教化对人之自然情欲的尊重和顺应就表现在:一方面,作为教化工具的"礼义之道"的制定要坚持从人的自然情性出发;另一方面,"礼义之道"应该以一种契合人之自然情性本身特点的形式发挥作用。

第五,两者都将"礼""乐"视为为政者实施道德教化的重要工具。《尊德义》通过对比分析礼乐、辩说、技艺、言事、权谋等不同教化手段的特点,指出以礼乐教民的内在优越性,而荀子则直接说:"论礼乐,正身行,广教化,美风俗。""先王之道,礼乐正其盛者也。"在此基础上,两者都着重强调了"乐"的教化功能,这是因为"乐"是人之真情实感的自然流露,它能够直指人心,具有强烈的艺术穿透力和道德感染力,因而是进行道德教化的理想工具,所以《尊德义》说:"教以乐,则民淑德清壮",荀子说:"夫声乐之入人也深,其化人也速。""其感人深,其移风易俗"。

第三节　郭店儒简《唐虞之道》的"禅让"说

据《史记·五帝本纪》记载,我国在上古时期存在着有关最高权力转移的两种不同形式:一种是以"黄帝——颛顼——帝喾——帝挚——唐尧"一系为代表的权力在家族内部的传承,可称为"世袭"制;一种是以"唐尧——虞舜——夏禹"一系为代表的权力在异姓之间的承继,可称为"禅让"制。相对于以血缘关系为基础的权力"世袭"制,"禅让"制的精神实质与先秦儒家提倡的一些基本政治理念不谋而合,因此也成为《唐虞之道》所要着重宣扬的思想主题。

一 《唐虞之道》为何要宣扬"禅让"

一提到"禅让",首先引起人们浓厚兴趣的便是这样一个话题,即"禅让"到底是一种人们凭空臆造的神话传说,还是一种渊源有自的历史真实?对此,研究者的回答不外乎以下两种:一是虚构说,其代表性人物有康有为、顾颉刚、童书业,以及日本学者白鸟库吉、高桑驹吉等。持此说者认为,"禅让"不过是战国时期儒家出于自身理论建构的需要有目的、有意识虚构出来的说法,它只是一种理想的传说,而非历史的事实。此说也得到《竹书纪年》《韩非子》等先秦典籍的佐证,如《竹书纪年》就说:"昔尧德衰,为舜所囚。"又说:"舜囚尧于平阳,取之帝位。"《韩非子·说疑》亦云:"舜逼尧,禹逼舜,汤放桀,武王伐纣,此四王者,人臣弑其君者也。"两书均认为,舜、禹是采取强硬手段逼迫尧、舜退位的,其间并无权力的和平过渡可言。二是史实说,其代表性人物有钱穆、郭沫若、范文澜、金景芳、徐中舒、梁韦弦等。持此说者认为,"禅让"绝非是先秦诸子任何一派的伪造故事,而是远古时期流传下来的历史真实,而且它的实质就是存在于原始社会时期的领袖推举制度[1],这从西方学者对原始社会的制度考察中也可以得到证明。[2] 同时,这一说法也得到《尚书》《左传》《论语》《庄子》《淮南子》等多数先秦典籍的印证,在此不一一列举。而笔者也认同后一种观点,即认为"禅让"并非是无根的虚设,而是历史的真实。具体而言,它就是存在于原始社会部落联盟时期的一种领袖推选制度。"领袖出于推举,权位不讲私授"[3],是这一制度的根本特色。

既然"禅让"只存在于原始社会时期,并且随着时代发展,它已慢慢淡出了历史的舞台,那么为何大约成书于公元前4世纪的《唐虞之道》还

---

[1] 单殿元:《尧典三题》,载《扬州师院学报》(社会科学版) 1987 年第 3 期。

[2] 梁韦弦:《郭店简、上博简中的禅让学说与中国古史上的禅让制》,载《史学集刊》2006 年第 3 期。

[3] 姚喁冰:《"禅让"及其历史变幻》,载《文史知识》1986 年第 3 期。

要"旧事重提"呢？其背后的真实原因到底是什么？要准确回答这个问题，就不得不论及《唐虞之道》的写作背景，正如《孟子·万章下》所言"颂其诗，读其书，不知其人，可乎？是以论其世也。"通过检阅历史，我们不难发现，在这一时期中国历史上先后发生了以下几件具有标志性的大事件。一是公元前403年，晋国世卿韩、赵、魏三家瓜分晋地，标志着周王室分封的姬姓诸侯在晋国统治的瓦解。二是公元前387年，田氏夺取姜齐政权，并于次年得到周天子承认，这标志着周王室分封的姜姓诸侯在齐国统治的终结。三是公元前386年至公元前381年，在楚悼王的支持下，吴起对楚国的政治、法律、军事进行大刀阔斧的改革，有力打击了旧贵族势力。四是公元前356年至公元前350年，在秦孝公的支持下，商鞅对秦国的旧制度进行了两次大规模的变革，创立了适应社会发展的新制度。综上可见，新旧制度及政权的交替是伴随这一时期历史发展的主旋律。在这样的时代背景下，如何构建新的理论体系、规划新的制度蓝图以适应社会发展的需要①，就成为思想家们需要直面和回应的问题，当然，也包括《唐虞之道》的作者在内。从这个意义上说，《唐虞之道》之所以要宣扬"禅让"说，乃在于它希望从历史的投影中汲取解决现实问题的智慧。

同时，伴随着这一历史时期新旧制度及政权交替的是政治的混乱和社会的失序，尤其体现在君权授受环节。普遍存在于当时社会的臣弑君、子弑父的残忍夺权行径及其引起的百姓流离丧亡之苦，也深深触动了一大批有良知、有抱负、有责任心的政治家和思想家，使他们愈发向往五帝时代的清平盛世、追慕尧舜之为人及其禅让之举。② 这在当时的政治界和思想界都激起了一场不大不小的风波，例如，在政治界，当时的秦、魏、燕三国都曾发生过禅让或打算禅让的事件：在秦国，秦孝公于病重不起时，欲将君位传给商鞅，"鞅辞不受"；在魏国，魏惠王欲传国于惠施，惠施辞不受；在燕国，燕王哙禅国于相国子之，并由此引发燕国的一场内乱。而在思想界，《孟子》《庄子》《荀子》《韩非子》等战国子书也纷纷围绕"禅让"话题展开了一系列富有意义的热烈讨论。《唐虞之道》的作者也加入到讨论的

---

① 刘宝才：《〈唐虞之道〉的历史与理论——兼论战国中期的禅让思潮》，载《人文杂志》2000年第3期。
② 杨希枚：《先秦文化史论集》，中国社会科学出版社，1995，第788页。

队伍中来，并对尧舜禅让之举极尽推崇仰慕之辞，《唐虞之道》简 21 言："不禅而能化民者，自生民未之有也。"从这个方面来说，《唐虞之道》之所以要宣扬"禅让"，是与简文作者面对当时残酷的社会现状而产生的一种政治希冀密切相关的，即它寄希望于通过"禅让"这一能充分体现民心民意的权力转移形式制止统治集团内部的争夺、倾轧和侵吞之举，从而遏止人性中普遍存在的贪欲，并给社会带来和平与稳定。

其次，《唐虞之道》之所以宣扬"禅让"，也与肇端于孔子的先秦儒家政治理念直接相关。据学者统计，《论语》中共有 6 篇 8 节内容涉及尧舜及其"禅让"之举，分别为《泰伯》3 则、《卫灵公》《雍也》《宪问》《尧曰》各 1 则。其中，《尧曰》篇言："尧曰：'咨！尔舜！天之历数在尔躬，允执其中。四海困穷，天禄永终。'舜亦以命禹。""历数"，即历法。在传统社会，历法一般由最高统治者颁授，因此也就逐渐成为最高政治权力的象征。尧对舜、舜对禹说"天之历数在尔躬"，实际上是在讨论最高政治权力的继承，亦即禅让问题。① 而孔子之所以如此推崇禅让，即在于禅让充分体现了"天下为公""尊贤尚德""立君为民"等一系列符合先秦儒家政治理念的精神和原则。又如《泰伯》篇说："巍巍乎，舜禹之有天下也而不与焉！""大哉尧之为君也！巍巍乎！唯天为大，唯尧则之。""泰伯，其可谓至德也已矣。三以天下让，民无得而称焉。"在孔子看来，尧、舜、禹、泰伯四人在君权授受环节所展现出来的禅让行为是顺天应人和效法天常之举。"天"的特点是大公无私、体恤下民，"天"将德才兼备之人放在"民主"的位置上，也完全是为了照顾百姓的利益。从这个方面来说，《唐虞之道》宣扬"禅让"充分体现了它对先秦儒家"尊贤尚德"的用人方针以及"天下为公""立君为民"的政治原则的继承。

再次，《唐虞之道》还从人之生理特点的角度论证了实行禅让的必要性。《唐虞之道》简 25-27 说："古者圣人二十而帽，三十而有家，五十而治天下，七十而致政。四肢倦惰，耳目聪明衰，禅天下而授贤，退而养其性。"简文认为，人君之所以要选择禅让，一方面是因为生命衰竭、力不从心，另一方面则是出于"养性"的需要。

---

① 梁韦弦：《郭店简、上博简中的禅让学说与中国古史上的禅让制》，载《史学集刊》2006 年第 3 期。

最后，《唐虞之道》从反面指出不实行禅让的危害。《唐虞之道》简27-28 说："《虞诗》曰：'大明不出，万物皆暗。圣者不在上，天下必坏。'治之至，养不肖；乱之至，灭贤。"这是认为，如果人君不实行禅让，贤人就不能在位。如果贤人不在上位的话，天下必然败坏，正如日月不出，万物就不能生长一样。社会陷入极度混乱的标志，就是贤人缺乏升进的机会。因此，要想达到天下大治的状态，就必须实行禅让。

二 "禅让"的精神实质

首先，"禅让"体现了"公天下"的精神。《唐虞之道》简 1-2 说："尧舜之王，利天下而弗利也。……利天下而弗利也，仁之至也。"所谓"利天下而弗利"，即是一种以天下人之利为利、天下人之害为害的"公天下"精神，而非以一己之利为利、一己之害为害的"家天下"原则，它典型反映了《唐虞之道》作者推崇"公天下"，反对"家天下"的昂扬思想风貌。这与孔子"博施济众"、《礼记》"天下为公"的精神一脉相承，凸显了先秦儒家政治理念的公共性价值取向。[①] "公天下"的精神包含以下三方面的内容，并且在禅让中都有所体现。第一，它的形上根据是"天"。因为"天"具有广施博运、周济群生的特点，所以人间的君主也应当效法天道、大公无私。"唯天为大，唯尧则之"的唐尧和"有天下而不与焉"的虞舜是其典型代表，这也是《唐虞之道》篇名之所由来。第二，它的最终目的是要为天下人谋福利，而不是为单个人或少数人谋私利，"利天下而弗利"的禅让精神即是其鲜明体现。第三，它的具体手段是确保政治权力继承的公共性，强调作为公共领域中最重要事物的政治权力应该向全社会敞开，"传贤不传子"的禅让原则即是其典型代表。分而言之，"传贤"确立了君位传承的根本依据是才德，"不传子"杜绝了政治权力的私有化倾向。

其次，"禅让"体现了"尊贤"的精神。要实现"公天下"的崇高理想，就要求为政者不存私心贪念，在政治上选贤任能，传贤不传子，实行禅让。《唐虞之道》简 6-8 说："尧舜之行，爱亲尊贤。爱亲故孝，尊贤故禅。孝之杀，爱天下之民。禅之流，世无隐德。孝，仁之冕也。禅，义之

---

① 马云志：《郭店楚简〈唐虞之道〉的禅让观》，载《兰州大学学报》（社会科学版）2002 年第 5 期。

至也。"这是说，在尧舜身上鲜明体现了"爱亲"和"尊贤"这两种美德。"爱亲故孝，尊贤故禅"一句话中的两个"故"字，分别表达了"爱亲"与"孝"、"尊贤"与"禅"之间的逻辑因果联系①。"爱亲"源于人的血缘亲情，在这里特指子对父的爱。在《六德》篇，"仁"是子德，所以说"孝"是"仁"的冠冕，即是"仁"的最重要体现。"尊贤"则是指对贤人及贤人之德的尊敬和仰慕之意。单独来看，"爱亲故孝"和"尊贤故禅"这两者都可以成立，但是如果把这两个命题放在一起，它们之间就会产生矛盾："尊贤故禅"，要求在位者克服传位给亲人的倾向而传位给贤人。然而，"传位给亲人"这一行为本身不也是"爱亲"的一种体现吗？这样的话，"尊贤故禅"与"爱亲故孝"就形成一对矛盾。②如何才能化解这一矛盾呢？《唐虞之道》认为，这可以通过自觉区分"爱亲"和"尊贤"两项原则各自发生作用的领域和范围实现。具体来说就是，在家族内部，以"亲亲之仁"作为行动的基本准则；在家族外部，以"尊贤之义"作为行动的基本准则，而这也就是《六德》简 30-31 所说的"门内之治恩掩义，门外之治义斩恩"。其中，"门内"和"门外"分别代表家族内外，"恩"即"亲亲之仁"，"义"即"尊贤之义"。根据这样的安排，"亲亲之仁"和"尊贤之义"就分别成为家族伦理和政治伦理的基本原则。

　　由于在家族之外的公共生活领域，"尊贤"的原则优先于"爱亲"，所以作为政治领域核心内容的最高权力继承问题就应该遵循"尊贤"的原则，而禅让正是这一原则的集中体现，故《唐虞之道》简 7 说："禅之流，世无隐德。"从这个意义上说，简文之所以要宣扬禅让，一定程度上是希望将"尊贤"的精神普遍化，以期达到美德张扬、野无遗贤的理想状态。《唐虞之道》强调"爱亲"与"尊贤"的区别，并将"尊贤之义"看作政治领域基本原则的做法，也与它的写作背景密切相关。简文成书于战国中期，这一时期封建宗法关系业已出现松动，基于爱亲观念的"仁"与代表尊贤观念的"义"产生对立，"尊贤"一时也成为思想界讨论的热门话题。

　　虽然《唐虞之道》认为，在政治领域，尤其是在最高权力的继承问题

---

① 夏世华：《禅让政治的基本理论架构及其所要求的德行基础——楚简〈唐虞之道〉第 6 至 13 号简思想析论》，载《社会科学战线》2012 年第 3 期。

② 同上。

上，应当遵循"尊贤之义"的原则，但它同时指出，作为一名合格且称职的统治者，在处理家族内外的关系时，必须同时兼顾"爱亲"与"尊贤"这两项原则，否则在道德上就犹有缺憾，故《唐虞之道》简 8-9 说："爱亲忘贤，仁而未义也。尊贤遗亲，义而未仁也。"《唐虞之道》以虞舜为例来说明这种统一的可能性和必要性，《唐虞之道》简 9-10 说："古者虞舜笃事瞽叟，乃式其孝；忠事帝尧，乃式其臣。爱亲尊贤，虞舜其人也。"虞舜就是集"爱亲"与"尊贤"这两种品质于一身的人格典范，也是人们，尤其是统治者应当效仿的对象。

最后，"禅让"体现了"尚德"的精神。《唐虞之道》认为，在权力继承形式尚未规范化、制度化的前提下，权力授受双方的道德水准就成为决定整个禅让进程能否平稳顺利的主导因素，同时，也成为决定"立君为民"这一崇高政治理念能否得以贯彻落实的关键因素。具体而言，第一，"禅让"体现了权力授予者的高尚品德。《唐虞之道》简 2 以"仁之至"来形容在位者的禅让之举，即是将禅让作为权力授予者高尚品德的象征。第二，"禅让"要求权力继承者必须具备极高的道德水平。《唐虞之道》简 20-21说："禅也者，上德授贤之谓也。上德则天下有君而世明；授贤则民兴教而化乎道。"所谓禅让，是有德的统治者授予贤者大位的行为。只有确保权力继承者有德，才能保证百姓有君而世道清明、民众兴于教而化乎道，"德"成为权力授予者在选择接班人时的首要考虑因素。以尧举舜为例，《唐虞之道》简 22-24 说："古者尧之与舜也：闻舜孝，知其能养天下之老也；闻舜悌，知其能事天下之长也；闻舜慈乎弟〔象□□，知其能〕为民主也。"尧之所以选择舜，是因为舜有孝悌慈爱的懿行，由此推断，他在升为天子，成为君主以后，一定能够将他在家中的孝德懿行推行于国家、天下，在四海之内形成尚德的良好风气，从而使社会呈现出一派祥和的气氛。①

《唐虞之道》之所以如此看中权力继承者的"德"，实际上是与它推重的治世方略密不可分的，即简文强调的是一种由正身到正世、由内圣到外王的德治方针。《唐虞之道》简 3 说："必正其身，然后正世，圣道备矣。""正身"，是要求为政者加强自身道德修养，提升个人的道德水平；"正世"，是要求为政者将一己之德行推广到家、国、天下的领域，实现己欲立而立

① 张盈：《唐虞之道如何可能》，载《中国哲学史》2001 年第 3 期。

人、己欲达而达人的最终目的。这一由"正身"到"正世"的为政理论即是先秦儒家所一致推崇的内圣外王之道，它构成《唐虞之道》极力推崇"尚德"原则的深层动机。

三　"禅让"的主体条件

什么样的人才有资格成为禅让过程中权力继承者的一方呢？《唐虞之道》认为，他必须具备以下几个方面的条件：首先，能够代表百姓的利益。《唐虞之道》简 22-24 指出，尧之所以推举舜，是因为舜"能养天下之老"和"能事天下之长"，即能维护天下人，尤其是弱势群体的利益。为什么要将这一点作为统治者在选择接班人时的首要考虑因素呢？这是与禅让制产生时的社会性质密不可分的，即尧舜时期的中国还处于原始社会部落联盟时期，这时候的"天下万国"都只是些蕞尔小邦，实际上就是些部落集团。这些部落集团的力量十分有限，谁也不具备征服天下的实力，于是它们只能偃武修文、寻求共处之道。为了共同的利益，部落集团结成联盟，并推举出共同的首领，尧、舜、禹就是在这样的背景下产生的。既然这样的"共主"出自不同部落集团的一致推举，那么他们的行事只能以各部落集团的共同利益为标准，而且"所做的事主要是一些公共事业"[①]。因此，对于权力继承者而言，是否代表百姓的利益、体现公众的意愿就成为判定他们称职与否的首要标准。

这一点不但可以证之于史实，而且也能够验之于典籍。在我国西南少数民族的历史上就曾产生过带有部落联盟性质的社会组织，比较有代表性的是侗族的"侗款"和苗族的"议榔"。"款首"和"榔头"分别是"侗款"和"议榔"的首领，他们都是由当地民众一致推举出来的，在他们身上也体现出某些共通性的特点，如德高望重、经验丰富、办事公道等。更为重要的是，他们在处理日常事务时，必须公正合理、维护公共利益、广泛征询群众意见，而不能擅作主张，否则随时都可能被罢免。[②] 另外，在先秦典籍中也有相关内容的记载，如清华简《保训》简 13-16 说："昔舜作小人，亲耕于历丘，恐求中。自稽厥志，不违于庶万姓之多欲。""不违于庶万姓之多欲。"即努力满足

---

① 陈明：《〈唐虞之道〉与早期儒家的社会理念》，载姜广辉主编《中国哲学第二十辑》，辽宁教育出版社，1999，第 243~262 页。

② 范毅：《原始民主：现代跨越的"卡夫丁峡谷"——侗、苗民族"款文化"的政治社会学视角》，载《求索》2002 年第 2 期。

百姓的物质需要、切实提高他们的生活水平，这成为舜能从众多普通人（即"小人"）中被尧看中，并被提拔为人君的关键因素。又如《孟子·万章上》说："昔者，尧荐舜于天，而天受之；暴之于民，而民受之；……使之主事，而事治，百姓安之，是民受之也。"舜之所以能够成为合格的权力继承人，即在于他能够切实维护百姓利益，从而得到天下人的广泛认可。

其次，德才兼备。《唐虞之道》认为，尧之所以选择舜作为他的接班人，不仅在于舜具有崇高的品行，还在于舜具有丰富的政治智慧和行政经验。传说尧在禅位于舜之前，曾对他进行过一次全方位的考察。据《尚书·尧典》记载，尧将自己的两个女儿嫁给舜，以考察他治理家庭的能力，以及他在家庭生活中表现出的私德；了解舜与父母兄弟日常相处的情况，以考察他履行义、慈、友、恭、孝五种道德规范的能力，以及他以身作则、导民向善的能力；让舜管理部落联盟的大小事务，以考察他处理各种政务的能力；让舜站在明堂门口迎接前来觐见的四方部落首领，以考察他接待宾客、处理外事的能力；让舜深入山林川泽之中，以确证他是否受命于天。经过长期的考察，尧发现舜不仅具有卓越的道德品质，而且还具有过人的政治智慧和出色的行政能力，所以才最终决定将部落联盟首领的位子传给他。

最后，勤于职事。《唐虞之道》认为，勤于职事也是权力继承者应当具备的一项基本条件。《唐虞之道》简2-3形容古圣先王"身穷不困，损而弗利躬"，即身处困境而不消沉、受到损害却不自利，并描写了他们一系列的勤劳之举。《唐虞之道》简4-5说："夫圣人上事天，教民有尊也；下事地，教民有亲也；时事山川，教民有敬也；亲事祖庙，教民孝也。太学之中，天子亲齿，教民悌也。"这段话用简练的语言为人们勾勒出一位勤于职事、夙夜在公的圣王形象，而这也与《尚书》《礼记》《史记》《孔子家语》等传世文献的相关记载若合符节。《尚书·尧典》云："舜生三十，征庸三十，在位五十载，陟方乃死。"《孔子家语·五帝德》云：舜"三十年在位，嗣帝五十载，陟方岳，死于苍梧之野而葬焉。""陟方岳"，谓登临四方之高山，亦即巡狩之义。舜死于巡狩途中，这件事本身就深寓其勤劳民事之意，故《礼记·祭法》言："舜勤众事而野死。"而受禅于舜的禹在经典中的形象也如出一辙，《史记·李斯列传》记载："禹凿龙门，通大夏，疏九河，曲九防，决渟水致之海，而股无胈，胫无毛，手足胼胝，面目黧黑，遂以死于外，葬于会稽，臣虏之劳不烈于此矣。"这是说，禹带头参加劳动，疏浚河道，加固堤防，虽然最终治理了水患，但自己却因积劳而死。由此可见，勤于职事是上古禅让时期部落联盟首领必须具备的一项基本品质，这可能是因为当时生产力水平极为低下，人们只有依靠共同劳动才能维持生存，就连社会首领也不例外。

四　"禅让"的具体程序

关于禅让的具体程序问题，虽然在《唐虞之道》中有所论及，但更为详细的记载则出现在《尚书·尧典》和《史记·五帝本纪》这两篇文献之中。《尚书·尧典》说：

> 帝曰："咨！四岳：朕在位七十载，汝能庸命，巽朕位。"
> 岳曰："否德，忝帝位。"
> 曰："明明扬侧陋。"
> 师锡帝曰："有鳏在下，曰虞舜。"
> 帝曰："俞！予闻。如何？"
> 岳曰："瞽子。父顽、母嚚、象傲，克谐以孝，烝烝乂，不格奸。"
> 帝曰："我其试哉！……"

"四岳"，指四方诸侯，实际上是指原始社会时期一个部落联盟所属各部落的首领。而尧"咨"四岳，是说作为部落联盟领袖的尧召集下辖各部落首领集会议事[1]，《唐虞之道》简 22-24 所言："闻舜孝……闻舜悌……闻舜慈乎弟〔象□□，知其能〕为民主也。"说的就是这一集会议事的过程及结果，《史记·五帝本纪》的记载亦与之差别不大。从中我们不难看出禅让的大体程序，即首先由部落联盟领袖召集所属各部落首领召开联盟议事会议，并提出继承人问题，但具体的继承人候选名单一般由部落首领提出。被提名的候选人只有得到联盟领袖和各部落首领的一致同意以后，才能最终通过并具有实际效力。[2] 其次，在确定候选人以后，紧接着便是对他的一

---

① 王汉昌：《禅让制研究——兼论原始政治的一些问题》，载《北京大学学报（哲学社会科学版）》1987 年第 6 期。

② 同上。

系列考察和试用，这在前文已经有所论及，兹不赘述。最后，对于通过各项考察和试用的候选人，联盟领袖则命其"摄行天子之政"（即处理各种政务），以为己之辅佐，待时机成熟后，再将大位授予他。以上就是禅让的大致过程。

据此我们不难发现，尧舜禅让（即"唐虞之道"）虽然已经初具规模，但尚未形成稳固的制度化模式，这也成为舜在继承君位时仍然要向尧子丹朱示以谦让的重要原因。以"尊贤"和"尚德"为基本原则的禅让虽然能在实际的政治运作中最大限度地体现政治生活的公共性原则，但由于它还缺乏制度性保障，这也使得其承担的风险大大增加。如果做得好，就会产生比较理想的结果，否则效果就会大打折扣，甚至还会引起严重的社会问题，战国时期燕王哙让位于相国子之便是其典型案例。这样的话，"尊贤"和"尚德"的原则最终能否实现自然也就变得不确定了，而这也成为荀子批评"禅让"说的一个重要理由。

第四节　荀子对《唐虞之道》"禅让"说的批判

荀子对"禅让"的批判集中体现在《正论》篇。在是篇中，他斥"禅让"说"是虚言也，是浅者之传、陋者之说也"。与之形成鲜明对照的是，《成相》篇却高度颂扬"尧、舜尚贤身辞让"的行为，而且更是将"禅让"上升为治理国家的一项重要手段，认为只有"尚贤推德"才能达到"天下治"的效果。而《正论》篇却认为"礼义之分"完全可以替代"禅让"，甚至可以取得更好的效果，并由此质疑"禅让"说的合理性，那么《正论》和《成相》对"禅让"的相反态度能否代表荀子对这一问题的矛盾心态呢？

一　荀子对"禅让"说的批判态度

从《荀子》一书的整体思想出发，我们不难发现，荀子对"禅让"说是持批判态度的。那么，又当如何理解《正论》和《成相》中出现的这一对矛盾呢？问题的关键即在于认清《正论》和《成相》是否均出自荀子之手，或者能够代表荀子本人的思想，而这就涉及先秦子书的成书体例问题。冯友兰先生指出："现在所有多数题为战国以前某某子之书，当视为某某子一派之书，不当视为某某子一人之书""原非必谓系某某子所亲手写成"①，故《荀子》三十二篇未必皆出于荀子之手。关于《成相》篇是否为荀子自作的问题，古史辨派学者早已提出质疑。张小苹《〈成相篇〉非荀作考》一文给出的三点理由，笔者觉得值得引起注意。她认为，《成相》篇与《荀子》他篇有三大不合之处：一是《成相》篇论及春申君之死（公元前238），而《荀子》他篇所记事件则终于邯郸围解（公元前257），对自邯郸围解至春申君之死这近20年的历史只字未提；二是《荀子》他篇猛烈抨击"禅让"说，而《成相》篇却积极称许之；三是《荀子》他篇猛烈抨击墨学，而《成相》篇却赞许"兼爱"说。以上三大矛盾之处可以证成《成相》篇非荀子自作。② 如果是这样的话，那么《正论》《成相》两篇所表现出来的对"禅让"说的相反态度就不能代表荀子本人思想的前后不一致了。从下文的分析中，我们不难看出，荀子对"禅让"说的批判态度是与其整体思想一脉相承的。

以往学者在分析荀子批判"禅让"说的原因时，往往立足于荀子所处的时代背景，认为荀子提出的"无禅天下"说，"究其实质，仍只是在战国晚期君权观念强化后的一种变通说法。"③ 本书认为，任何思想家的观念固然受到当时社会历史条件的制约，但同时又具有自身的逻辑一贯性。从社会历史的角度考察荀子的"禅让"观只是抓住了问题的一个方面，而且是相对外在的一面，因为它还没有考虑到这一理论的独特性。而从思想体系自身的逻辑出发，不仅可以发现一种观念背后深厚的历史传承，还可以发现这一理论体系的系统性和圆融性，这是思想史内部历史性和逻辑性视角有机结合的考察方法。通过这一方法，我们将会对荀子的"禅让"观有一个更加直观的认识。

本书之所以将《唐虞之道》作为提倡"禅让"说的蓝本，是因为虽然诸如《尚书》《左传》《国语》等传世文献以及上博简《子羔》《容成氏》等出土文献都提到了"禅让"，而且其中一些说法相对于《唐虞之道》而言，甚至更加细致和周密，但是它们对"禅让"的理解并非完全一致。在

---

① 冯友兰：《中国哲学史（上册）》，华东师范大学出版社，2000，第27页。
② 张小苹：《〈成相篇〉非荀作考》，载《浙江社会科学》2011年第5期。
③ 彭邦本：《先秦禅让传说新探》，四川大学历史系博士学位论文，2006年12月。

这诸多文献当中,《唐虞之道》可以说是唯一一篇"直接"出土于楚墓的文献,它避免了在此后流传过程中无意识的损毁和有意识的删削,因而对于我们了解战国时期"禅让"说的思想原貌极为有利。而且,据学者考证,包括《唐虞之道》在内的一批楚简文献的下葬年代不晚于公元前300年,这也就意味着荀子是完全有机会读到这批文献的,因而将之作为荀子批判"禅让"说时所针对的对象是有着充分根据的。

二 从君权合法性来源的角度批判"禅让"说

"禅让"作为上古时期最高政治权力转移的一种代表性形式,其之所以引起人们的高度重视和普遍关注,还在于它所涉及的对象,即君权本身的重要性。在传统社会中,君臣、父子、夫妇三类关系因为最为重要、最受重视而被并称为"三纲"。其中,父子和夫妇关系体现在家族内部,即"门内";君臣关系体现在家族外部,即"门外",所以《孟子·公孙丑下》说:"内则父子,外则君臣,人之大伦也。"关于君臣关系的起源,先秦儒家普遍将其上溯至"天"的层面。例如,《成之闻之》说:"天降大常,以理人伦,制为君臣之义。"这是将君臣之伦理解为上天降命下来的恒常之理,君臣关系的具体形制虽然由圣人创立,但是它的基本原理却来自"天",这就赋予了君臣关系以神秘性、超越性和不容反思的一面,世人只知其然而不知其所以然,正如《庄子·人间世》篇所言:"臣之事君,义也,无适而非君也,无所逃于天地之间。"

荀子继承了先秦儒家对君臣关系的一般看法,《王制》篇言:"有天有地而上下有差",这是将君臣关系看成类似于天地分判的一种客观关系。同时,荀子还从现实主义的角度出发,对君臣关系的产生做了经验性的分析。如《富国》篇说:"(人)离居不相待则穷,群而无分则争。穷者患也,争者祸也,救患除祸,则莫若明分使群矣。"这是认为,一个人的能力是极其有限的,为了生存和发展,他不得不选择群居性的生活方式。然而,群居无分又会引起争斗,为了"救患除祸",就必须创制出包括君臣关系在内的人伦关系。因此,君臣关系的产生是为了维护全天下人的利益,或者用荀子的话来说就是,为了避免天下人"害生纵欲"这一糟糕状况的发生。

君臣关系和父子关系虽然有着相同的起源,即都属于"天降大常",但是它们的性质却决然不同,这在先秦儒家那里似乎是一个共识。具体来说,父子关系的基础是血缘关系，维系父子关系的纽带是自然的亲亲之情，相对于君臣关系来说，父子关系带有浓厚的生物血缘色彩。而君臣关系虽然具有起源上的先天性以及范围上的普遍性，但在具体政治生活中，何人为君却不像何人为父那样是由血缘决定的，而是建立在君臣双方相互肯定基础上的道义关系，故郭店儒简《语丛（三）》简1-5说：　"君犹父也，……所以异于父，君臣不相戴也，则可已；不悦，可去也；不义而加诸己，弗受也。"即君臣双方如果不再相互认可，则可以解除这一关系。这是因为，在先秦儒家看来，维系父子关系的纽带是血缘亲情，维系君臣关系的纽带则是客观道义，所以《孟子·尽心下》说："仁之于父子也，义之于君臣也。"《孟子·滕文公上》说："父子有亲，君臣有义。"郭店儒简《六德》简30-31说："门内之治恩掩义，门外之治义斩恩。"这也就意味着，如果君臣双方有一方违背了道义原则，则另一方有权解除这一关系，所以《论语·微子》说："不士无义。"《语丛三》说："不义而加诸己，弗受也。"而到了荀子那里，君臣关系又多了一分现实利益的考量，即他认为君臣关系是本着"天下之利"结成的，如果统治者不能给臣下百姓带来切实利益，乃至暴虐下民，那么他必然会招致臣下的反对，甚至还会因此丢掉天下。这样的话，臣下倒更像是可以决定何人为君的主体。

荀子在《正论》篇指出，"王"不能徒有其名而无其实，他对"王"的界定是"令行于诸夏之国"。因此，这就意味着，百姓和诸侯是否"受令"就成为"王之为王"的决定因素。如果王令不能行于境内，那么即使他是"圣王之子""有天下之后""势籍之所在"，也不能称为"王"。由此可见，最终还是百姓和诸侯的态度决定了"王之为王"，也就是说，全天下人的选择成为君权合法性的唯一来源。正是从这一立场出发，荀子反对《唐虞之道》"尧禅天下而授舜"的说法，他质疑"尧让天下与舜"的政治合法性，因为决定"有天下"的因素并不是这一权力授受行为，而是全天下人的态度和选择。

在笔者看来，荀子站在君权合法性来源的角度批判"禅让"说并没有切中要害，这是因为两者思考的完全是不同层面的问题。具体来说，荀子思考的是君权合法性的来源问题，这是一个纯粹的理论性问题；而在《唐虞之道》看来，"禅让"乃是针对具体政治实践而发，那么这就是一个实际操作层面的问题了。在最高政治权力转移环节，如何才能发现既爱百姓又受百姓推戴的贤士，以及如何让他升为"天子"，才是《唐虞之道》所要着重思考的问题。《唐虞之道》简 22-24 说："古者尧之与舜也：闻舜孝，知其能养天下之老也；闻舜悌，知其能事天下之长也；闻舜慈乎弟［象□□，知其能］为民主也。"尧在这里已然成为实现民意之代表，他的主要任务就是让既能"养天下之老"又能"事天下之长"的贤士升为"天子"、成为"民主"，全天下人的利益已经成为他在选拔和考核接班人时的首要考虑因素。因此，尧并没有否认全天下人在君权授受过程中的主导性地位，《唐虞之道》一再提及"利天下""爱天下之民"的原则即是其显证，但如何在实际操作层面实现这一理论诉求则是《唐虞之道》的关切所在。

三 从君权转移过程的平稳性角度批判"禅让"说

荀子从君权合法性来源的角度批判"禅让"说固然没有切中要害，然而这并不代表他没有从君权转移的实证层面思考过同样的问题。《唐虞之道》向人们传达出的一条重要讯息是，"舜的被举和受禅为君，乃是多种因素或因缘的合力所致"[1]，这从它对"禅让"的界定中就可以看出。"禅也者，上德授贤之谓"一句话，已向人们透露出实行"禅让"必须具备的两项基本条件，即"上德"和"下贤"。"上德"要求禅让的主体贤明而有德，即所谓"天下有君而世明"；"下贤"要求受禅的主体有"神明将纵"之才、"仁圣可举"之德。由此可见，"要真正做到'禅让'，'贤德'是权力让与者和继承者双方都需要具备"[2] 的一项基本条件，正如上博简《子羔》所记载的："子羔曰：'尧之得舜也，舜之德则诚善欤？抑尧之德则其明欤？'孔子曰：'均也'。"《唐虞之道》这一"上德授贤"的理论架构旨在最大程度地促成自身之实现，即正因为"上德"即"天下有君而世明"，才有"民兴孝而化乎道"的良好效果，如此方有贤德之人在世，在这一方面，"上德"促成"下贤"；正因为下有贤人，才能确保"上德"之人不乏其后，"死则能任天下者必有之"，"下贤"为"上德"提供了丰富的人才储备，在这一方面，"下贤"又促成"上德"。但是，由于"上德"和"下贤"的这种互动关系本身缺乏制度性保障，这就使得其现实功效大打折扣，

① 彭邦本：《先秦禅让传说新探》，四川大学历史系博士学位论文，2006 年 12 月。
② 王中江：《〈唐虞之道〉与王权转移的多重因素》，载《史学集刊》2011 年第 4 期。

荀子就曾提到过"圣王已没，天下无圣，则固莫足以擅天下"的情况。

除了以上两项基本条件外，由于"禅让"发生在最高政治权力转移层面，因此它必然会涉及各种权力及利益集团之间的博弈，"'王冠'只有一个，但有势力的竞争者和野心家就很多了"①，这一过程由此就变得更加复杂，甚至是极端残酷。《唐虞之道》将那些可能影响"禅让"进程的外部因素统统归诸"命"的范畴，《唐虞之道》简 14-15 说："古者尧生为天子而有天下，圣以遇命，仁以逢时。未尝遇贤，虽秉于大时，神明将纵，天地佑之，纵仁圣可举，时弗可及矣。"在理论层面，《唐虞之道》将各种不可预见的、处于人的能力范围以外的客观因素统称为"命"的做法，是符合先秦儒家一贯之思路的。而舜的"知命"一方面体现在他明白何者属于"求则得之，舍则失之""求有益于得""求在我者"的范围，并知道"天爵"和"人爵"的轻重之分，这表现为他"有天下弗能益，无天下弗能损"的高度自觉；另一方面又体现在他明白何者属于"求之有道，得之有命""求无益于得""求在外者"的范围，这表现为他"登为天子而不骄，处草茅之中而不忧"的达观心态。

然而，在具体政治实践层面，特别是在最高权力转移层面，如果我们将当前条件下一切不可知的人力所不能及的因素统统归之于"命"的话，也确实带有模糊性和消极性的一面。"命"的内涵是异常丰富的，无可否认，其中一些内容是不随时间改变的永远属于"命"的范围；而另外一些内容则会随着时代发展，随着人类认识和实践水平的提升，逐渐脱离"命"的范围。因此，"命"的内涵既有其恒定性的部分，又有其变动性的部分。具体到君权转移层面，一些因素在"禅让"制视域下属于"命"的范围，但在另一种政治理论视域下可能就不再属于"命"的内容。因此，这就为我们创设一种新制度以最大限度地缩小不可预见的"命"之范围，从而确保政权转移过程的平稳性提供了理论依据。

荀子认为，在"禅让"制结构下，可能影响政权转移平稳性的偶然性和不确定性因素，即"命"的因素颇多：一方面，存在"圣王已没，天下无圣"的情况；另一方面，又有"纵仁圣可举，时弗可及矣""有其人，无其世，虽贤弗行"的情况。为了确保君权转移过程的平稳性和可控性，荀

① 王中江：《〈唐虞之道〉与王权转移的多重因素》，载《史学集刊》2011 年第 4 期。

子试图诉诸更加制度化和标准化的"礼义之道"。他希望在礼义之道的严格规范下，根据"决德而定次，量能而授官"的基本原则，在总体上达到"皆使人载其事，而各得其宜"的理想效果。分而言之，在最高权力转移层面，根据"决德而定次"的原则，做到"天下有圣而在后者，则天下不离，朝不易位，国不更制，天下厌然与乡无以异也……圣不在后子而在三公，则天下如归，犹复而振之矣"（《正论》），以确保君权转移过程的有条不紊。在各级官员选拔层面，根据"量能而授官"的原则，做到"上贤使之为三公，次贤使之为诸侯，下贤使之为士大夫"（《君道》）、"不能以义制利，不能以伪饰性，则兼以为民"（《正论》），为选贤任能提供一个有效途径，并为王位继承人的选拔提供制度遵循。总而言之，引入礼义之道的目的是确保君权转移过程的平稳性，荀子充分认识到这一点，所以才在《正论》篇反复强调"天下厌然与乡无以异也，以尧继尧，夫又何变之有矣"。

在最高权力转移层面，礼义之道相对于"禅让"而言，可以使整个程序（包括对王位继承人的培养、选拔、考核和试用）变得更加有章可循、有据可依，在这一方面，荀子对"禅让"的批判自有其合理性的一面。但是，"礼义之道"本身的实施却缺乏制度保障，荀子只是诉诸"圣王"的威权这一主观性因素，《正论》篇说："天子生则天下一隆，致顺而治""圣王在上，决德而定次，量能而授官。""圣王"成了礼义之道在实际政治操作层面实施的唯一保障，因此，最终还是人的因素决定了制度的因素。正是由于荀子的礼义之道还带有强烈的主观性和个人性色彩，这就使得礼制视域下的君权转移过程仍然具有浓厚的偶然性和变动性特点。

四 从自然人性论的角度批判"禅让"说

《唐虞之道》简 1-2 说："唐虞之道，禅而不传；尧舜之王，利天下而弗利也。"《唐虞之道》简 19-20 说："极仁之至，利天下而弗利也。""利天下而弗利"是说能给天下人带来利益却不从天下人那里谋取个人私利的行为，这就为人们塑造了一个为了全天下人的利益奔波而不辞辛劳的"圣王"形象，这不禁让人想起孟子对墨子的一句评语："墨子兼爱，摩顶放踵利天下，为之。"（《孟子·尽心上》）那么，《唐虞之道》所颂扬的"圣王"与墨子"摩顶放踵利天下"的形象不正相吻合吗？"弗利"，是一种完全不顾个人的利益与自然欲望，甚至达到自苦地步的精神。"腓无胈，胫无毛，沐甚雨，栉疾风""日夜不休，以自苦为极"的大禹正是这一精神的集中体现。

荀子反对这一忽视人之自然欲望的观点和做法。在他看来，"饥而欲食，寒而欲暖，劳而欲息，好利而恶害"的自然欲望是每个人生来就有的，古之圣王也概莫能外，"为人主者，莫不欲强而恶弱，欲安而恶危，欲荣而恶辱，是禹、桀之所同也"（《君道》），所以人主也有"利己"的要求。不难看出，荀子在《正论》篇所描绘的圣王生活与《唐虞之道》"利天下而弗利"的要求完全不同。他从衣被、饮食、居住、出行四个方面描绘了天子锦衣玉食般的生活，这与墨家歌颂大禹"亲自操耒耜""腓无胈，胫无毛，沐甚雨，栉疾风"的生活状态也完全不同。荀子认为，在礼义之道的严格规范之下，天子的自然欲望可以得到合理的满足，天子的利己要求也可以得到合理实现，而这本身就体现了礼制精神。《富国》篇说："礼者，贵贱有等，长幼有差，贫富轻重皆有称者也。"这是说天子在衣食住行方面的陈设及容止本身就体现了"贵贱有等"的礼制精神，也实现了礼的"养欲"目的。由于荀子承认天子的合理欲望与利己要求，而且在礼制条件下，天子享受着别人无法比拟的优越生活，所以在他看来，也就不存在天子"老衰而擅"的可能性了。

在《唐虞之道》看来，"形劳天下"的天子随着年龄的增长，难免会有"四肢倦惰，耳目聪明衰""不堪其劳而休"的一天，而这就必然涉及"禅天下而授贤"的政权转移实践，这也成为提倡"禅让"说的一个重要理据。然而，荀子却反对这一说法，这是因为在他看来，天子的生活"安乐恬愉""势至重而形至佚，心至愉而志无所诎，而形不为劳"（《正论》），天子的自然欲望和利己要求都可以得到合理满足，天子之位最适合"持老养衰"，因而也就不存在"不堪其劳而休"的可能。

荀子不仅反对"禅让"说忽视天子合理的自然欲望及利己要求的做法，更为重要的是，他质疑"禅让"说将"利己"和"利天下"对立起来的做法。有学者已经指出，《唐虞之道》"利天下而弗利"的原则，"对政治游戏中的个体（个人）在德性上要求太高，它基本上忽略了个体的基本欲望与要求，……违反了人性中'自私'的原则"[1]。而问题是，在"利天下"和

① 欧阳祯人：《论〈民之父母〉的政治哲学内涵》，载《孔子研究》2007年第1期。

"利己"之间一定存在如此尖锐的对立吗？"利天下"就一定要排斥"利己"的要求吗？这不禁让人联想到荀子在《非十二子》篇对陈仲和史鳝的批判："忍情性，綦谿利跂，苟以分异人为高，不足以合大众，明大分。"《唐虞之道》将"利天下"和"利己"对立起来的做法，似乎也有"忍情性，綦谿利跂"的嫌疑。荀子认为，"利天下"和"利己"之间似乎并不存在如此大的冲突，而他所追求的理想状态正是两者之间的相互兼容，甚至是相互促进。所以"道德纯备，智惠甚明"的圣人南面而听天下，不仅能使"生民之属莫不振动从服以化顺之，天下无隐士，无遗善"，从而达到"天下一隆，治顺而治"的"利天下"之效；而且在"利天下"的同时，他还可以实现"利己"的要求，即所谓"天子者，势至重而形至佚，心至愉而志无所诎，而形不为劳，尊无上矣"。这也构成荀子反对"禅让"说的另一个重要理由。

站在自然人性论的角度，荀子对"禅让"说的另一个批判集中在后者的现实可能性上。荀子既然肯定人人都有"好荣而恶辱""好利而恶害"的生理本性和自然欲望，而天子之位又是最为体面、最为尊贵的，那么在他看来，人人都有想当天子的欲望，所以《荣辱》篇说："夫贵为天子，富有天下，是人情之所同欲也。"在这种情况下，他质疑"禅让"的现实可能性："天子者，势位至尊，无敌于天下，夫有谁与让矣？"（《正论》）他似乎是在追求一种制度性保障，以实现君权的平稳过渡，而不仅仅是依靠天子个人的道德觉悟。

五　小结

郭店儒简《唐虞之道》"禅让"主题的确立不仅与当时的社会历史状况密切相关，而且与肇端于孔子的儒家思想传统一脉相承，它集中体现了先秦儒家一致推崇的"公天下""尊贤""尚德"的精神原则。而荀子分别从三个方面激烈批判了《唐虞之道》的"禅让"说。第一，从君权合法性来源的角度出发，荀子反对《唐虞之道》"尧禅天下而授舜"的说法，他质疑"尧让天下与舜"的政治合法性，因为决定"有天下"的根本因素并不是这一权力授受行为而是全天下人的态度和选择。第二，从君权转移过程的平稳性角度出发，荀子指出在"禅让"制结构下，可能影响政权转移平稳性的不确定因素，即"命"的因素颇多。为了最大限度地减少不可知、不确定因素的影响，确保君权转移过程的平稳性，他试图诉诸更加制度化和标准化的礼义之道。第三，从自然人性论的角度出发，荀子认为，人的自然情欲是所有人生而具有的，古之圣王也概莫能外。由于他承认天子的合理欲望与利己要求，所以他反对《唐虞之道》"利天下而弗利"的说法。更为重要的是，他质疑这一将"利己"和"利天下"对立起来的极端做法。

结语　以类行杂：从"礼"看荀子对郭店儒简的批判与继承

　　在本书的"引言"部分，笔者就已经指出郭店儒简的"杂凑合集"性质，即它原非一人一派之作品，而是孔子、七十子及其后学的部分言论和论文汇编。通过本书主体部分的详尽论证，该结论的可靠性得到显著加强，这主要体现在以下两个方面。首先，从郭店儒简不同篇章的核心观点来看，它们的问题意识并不相同，如《穷达以时》《成之闻之》《五行》三篇比较关注天人关系问题，《性自命出》较为注重心性论问题，而《尊德义》《六德》《唐虞之道》《鲁穆公问子思》四篇则更多涉及社会伦理及政治问题。其次，在具体论点上，郭店儒简不同篇章也表现出相互不一致乃至相互冲突的地方。如在天论上，《五行》比较关注"天"之德性义，《穷达以时》较为注重"天"之运命义，《成之闻之》继续聚焦"天"之主宰义，而《性自命出》则更多涉及"天"之自然义，以上四篇文献所论之"天"在内涵上有着明显区别；在性论上，《性自命出》之"性"是自然人性，《成之闻之》之"性"是伦理人性，《五行》之"性"则兼具自然人性和伦理人性的双重意涵；在心论上，《五行》较为注重"心"之认知义，《性自命出》更为关注"心"之意志义；在德论上，《五行》持"仁义礼知圣"五德之说，而《六德》《成之闻之》则持"知信圣仁义忠"六德之说。凡此两点，均能说明郭店儒简并非一人一派之作品。

　　郭店儒简的"杂凑合集"性质也与它的文本属性和用途密切相关。这批儒简出土于郭店1号楚墓，该墓位于战国时期楚国首都纪南城北约9公里处的楚国贵族墓地——纪山楚墓群中，墓主人属于楚国士级贵族阶层。同时，考古工作者还从墓穴中发现漆耳杯1个，杯底刻有4字铭文，原整理者释为"东宫之杯"，李学勤、罗运环先生则释为"东宫之师"，并指出"东宫"就是楚太子，"东宫之师"即楚太子的老师，也就是墓主人。他们还根据墓穴年代进一步推断，这里的楚太子就是楚怀王的太子熊横，即后来的顷襄王。① 如果这一推论成立的话，那么郭店儒简在很大程度上就当是太子横的老师用以教授和自诵的典册。② 这在郭店儒简的内容中也有所反映，如它较多论及社会伦理和政治方面的问题，即是其证。在一定程度上，正是由于郭店儒简的"教材"而非"专著"性质决定了它在内容上的驳杂性。

据专家考证，郭店儒简的下葬年代为公元前 4 世纪中期至公元前 3 世纪初，其写作年代自当更早，应在孟子之前。正如一些学者已经指出的那样，"既然这批包括子思学派在内的原始资料早在孟子之前，当然也即是荀卿学派的源头，能找到不少与荀学一脉相承的痕迹，也是合情合理的"③。"竹简的内容不仅与以后的孟子存在联系，对以后的荀子也产生影响，这说明子思以后儒学的分化实际是双向的，而不是单向的，将郭店简定位为'孔子与孟荀之间'可能更合适。"④ 在这样的理论视域下，试图理清"孔子—郭店儒简—荀子"这一常被后人忽视的儒学传承路线，便成为本书的写作意图。而从天人观、心性论和政治思想三个方面论证荀子对郭店儒简的批判性继承，则是本书的写作思路。

当然，荀子并不是毫无保留地继承郭店儒简中的思想。对于其中一些观点，他也提出批评，如对于《唐虞之道》所宣扬的"禅让"说，他就分别从君权合法性的来源、君权转移过程的平稳性以及自然人性论三个角度给予了激烈批判。而且在笔者看来，无论是荀子对郭店儒简的继承也好、还是批判也罢，都不是无根据的盲目之举，而是有着明确的理论出发点，这个出发点就是"礼"。通过分析我们不难发现，荀子这一理论出发点的确立，与他自身强烈的政治抱负和深刻的现实关怀密切相关。

---

① 李学勤：《先秦儒家著作的重大发现》，载姜广辉主编《中国哲学第二十辑——郭店楚简研究》，辽宁教育出版社，1999，第 2 页；罗运环：《郭店楚简的年代、用途及意义》，载《湖北大学学报》（哲学社会科学版）1999 年第 2 期。

② 胡治洪：《试论郭店楚简的文化史意义》，载《武汉大学学报》（哲学社会科学版）1999 年第 6 期。

③ 杜维明：《郭店楚简的人文精神》，载《郭店楚简国际学术研讨会论文集》，武汉大学中国文化研究院编，湖北人民出版社，2000，第 23 页。

④ 梁涛：《我的十年思孟学派研究》，http://yishujia.findart.com.cn/244082-blog.html，2009 年 12 月 11 日。

一　社会治乱是荀子的关注焦点

任何一种学说的产生都离不开特定的社会历史时代，荀子对社会治乱问题的关注和思考也与战国后期恶劣的政治环境密切相关。此外，还与荀子自身的治学经历有着千丝万缕的关系。《史记·孟子荀卿列传》记载："荀卿，赵人。年五十始来游学于齐。"① 晁公武《郡斋读书志》认为，这里的"五十"应当是"十五"之误，"始"当训为"初"。那么这句话就是说，荀子在十五岁的时候，初到齐国读书。这一解释还可以得到应劭《风俗通义》的佐证，其言："齐威、宣王之时，聚天下贤士于稷下，尊宠之。……是时，孙卿有秀才，年十五，始来游学。"② "有秀才"，是"年少英俊之称"③。通过上述材料不难看出，荀子早年确曾有过一段游学稷下的经历，而且这也是他三番游学于齐的第一次，同时也是持续时间最长的一次。根据游国恩先生的考证，这次游学前后大约有 14 年④，夏甄陶先生则认为是 16 年。⑤ 但无论如何这都是相当漫长的一个时期，在如此长的时间中，正处于思想形成期的荀子不可能不受到周围环境的影响。

据《史记》记载，当时最受稷下学者关注的话题便是社会治乱问题——"自驺衍与齐之稷下先生，如淳于髡、慎到、环渊、接子、田骈、驺奭之徒，各著书言治乱之事，以干世主，岂可胜道哉！"⑥ 这样的思想氛围也促使荀子自觉养成了关注现实的精神品质，并使得对治乱问题的思考成为其社会学说的核心，这主要表现在以下四个方面：第一，在《非十二子》篇，他广泛点评了当时社会上最有影响力的十几位思想家，而他批评的出发点，"都是有关治国之道的"⑦；第二，在《解蔽》篇，他审视当时社会上流行的一系列思想观念时，都是从"凡语治"的角度展开的；第三，

① （汉）司马迁撰，（南朝）裴骃集解，（唐）司马贞索隐，（唐）张守节正义《史记》（第七册），中华书局，1959，第 2348 页。
② （汉）应劭撰，王利器校注《风俗通义校注》，中华书局，1981，第 322 页。
③ 钱穆：《荀卿考》，载《古史辨第四册》，罗根泽编，上海古籍出版社，1982，第 115 页。
④ 游国恩：《荀卿考》，载《古史辨第四册》，罗根泽编，上海古籍出版社，1982，第 96 页。
⑤ 夏甄陶：《论荀子的哲学思想》，上海人民出版社，1979，第 26 页。
⑥ （汉）司马迁撰，（南朝）裴骃集解，（唐）司马贞索隐，（唐）张守节正义《史记》（第七册），第 2346 页。
⑦ 韩德民：《荀子与儒家的社会理想》，齐鲁书社，2001，第 212 页。

在《性恶》篇，他提出衡量是非善恶的标准，也是以"正理平治"作为根本依据，即"凡古今天下之所谓善者，正理平治也；所谓恶者，偏险悖乱也。是善恶之分也已"；第四，治乱甚至成为荀子选择理论研究对象、确定理论探讨范围的唯一标准，在《天论》篇，他质疑当时社会上一些人试图"知天"的做法，即在于他认为治乱在人而不在天。在将社会治乱问题确定为理论探讨焦点的基础上，荀子还进一步指出造成社会混乱的根本原因，他认为这就是人的自然属性与社会属性的内在矛盾和冲突。

首先，荀子肯定人有自然属性，即人人都有自然情欲的客观事实，而且他还进一步将人的自然情欲分为三类，分别是"饥而欲食，寒而欲暖，劳而欲息"的生存之欲、"食欲有刍豢，衣欲有文绣，行欲有舆马"的享乐之欲、欲"贵为天子，富有天下，名为圣王，兼制人"的权势之欲。同时，他明确指出，只要人活着就有欲望，欲望的存在不会因为个体身份的差异而改变，这也就是《正名》篇所说的"虽为守门，欲不可去，……虽为天子，欲不可尽"。尤其重要的是，他认为人之自然情欲的有无和多寡并不关乎社会的治乱，"有欲无欲，异类也，生死也，非治乱也。欲之多寡，异类也，情之数也，非治乱也"（《正名》）。可以设想，一个人生活于广袤的大地之上，如果以丰富的资源奉养一人，那么即使他的欲望再多，也无害于社会的和谐与稳定。① 现在的问题是，社会的混乱又是如何产生的呢？这就不得不谈到人的社会属性。

其次，荀子肯定人有社会属性，即群居本性，这就是《王制》篇说的"人生不能无群"。对于人何以必须集群而居的问题，荀子主要从以下两个方面做出分析。第一，从人与自然的关系看，结成群体是人类在恶劣的自然环境下和优胜劣汰的自然规律下得以生存并发展壮大的前提，此即《王制》篇所言："（人）力不若牛，走不若马，而牛马为用，何也？曰：'人能群，彼不能群也。'"第二，从人与人的关系看，正如《富国》篇所言："百技所成，所以养一人也。而能不能兼技，人不能兼官，离居不相待则穷。"即任何一个人的衣食住行都需要有来自诸多方面的物质资料，但是一个人的能力却是有限的，他不可能做到一人而营百工之业。为了维持个体的生存和发展，"离居不相待"是完全行不通的，人们必须结成群体、组成社会、分工协作、互通有无，如此方能达到"百工居肆，各致其事，各精

---

① 卞修全、朱腾：《荀子礼治思想的重新审视》，载《中国哲学史》2005 年第 8 期。

其业，则生产精美而丰饶"的理想状态。因此，无论是从个体生存的角度而言，还是从社会发展的角度来看，"人生不能无群"都是一个必然得出的结论。也正是在这个意义上，牟宗三先生说，荀子所谓人"从未孤离其所牵连之群"①，郭沫若先生认为："在先秦诸子中，能够显明地抱有社会观念的，要数荀子。"②

如果将人的自然属性和社会属性分开来看，则其中任何一方都不致引起社会的混乱；但如果将两者放在一起，并置于特定的社会历史条件下，则它们就会产生矛盾和冲突，并使得整个社会陷入失序状态。这是因为，在任何一个特定的历史发展阶段，如荀子生活的战国末期，社会整体的财富创造能力是一定的，自然能够提供给人的物质资源也是有限的。然而，生活在特定社会群体中的人们却有着相同的欲望——"欲恶同物"，而且这样的欲望具有无限扩张的本性——"欲多而不欲寡"，这就使得有限的自然和社会资源在无限扩张的人类欲望面前显得极为脆弱，并将导致生存斗争在人类社会内部的全面暴发，于是就会出现"强胁弱""知惧愚""下违上""少陵长""老弱有失养之忧，而壮者有分争之祸"的混乱局面，进而使社会整体秩序走向瓦解。

二 "礼"是解决社会混乱的根本途径

在找出社会混乱的产生根源以后，荀子进一步指出，要从根本上解决这一问题，就应该妥善处理好人的自然属性和社会属性的关系问题。而处理好这一关系的前提则是处理好在一定历史条件下，人的自然情欲和有限的物质资源之间的内在紧张关系，即"物""欲"冲突问题。为了有效解决这一问题，荀子将目光投向了"礼"，正如《礼论》开篇所言："使欲必不穷乎物，物必不屈于欲，两者相持而长，是礼之所起也。""礼"的产生在根本上是为了解决"物""欲"冲突问题，即使得人的自然欲望不致因物质资源的有限性而受到压抑，有限的物质资源不致因人之自然欲望的无限性而最终穷竭，进而实现"物""欲"两得、相持而长的理想状态。

具体而言，"礼"是通过规定物质资源分配原则的方式来解决这一问题的，这也构成荀子之"礼"的一个基本功能。《王制》篇说："分均则不

① 牟宗三：《名家与荀子》，学生书局，1979，第 210 页。
② 郭沫若：《十批判书》，东方出版社，1996，第 231 页。

偏……先王恶其乱也，故制礼义以分之，使有贫富贵贱之等，足以相兼临者，是养天下之本也。"也就是说，"礼"所规定的物质资源分配方式并不是一种绝对平均的分配制度，而是有差异的分配原则，它强调的是在形式的差别中实现实质的平等，这就要求为政者将具体的分配制度建立在对社会群体进行等级划分的基础上。确立社会群体的等级划分原则，也就构成荀子之"礼"的另一个重要功能。"礼"所规定的等级划分原则，用荀子的话来说，就是一种"德必称位""无德不贵，无能不官"的原则，也就是将社会成员的"才"和"德"作为最终的划分依据。打破世袭制和终身制，强调主体性和流动性，是这一原则的鲜明特点，当然这也是战国晚期一个重要的政治发展趋向，《王制》篇"虽王公士大夫之子孙，不能属于礼义，则归之庶人。虽庶人之子孙也，积文学，正身行，能属于礼义，则归之卿相士大夫"，是其具体体现。依据社会成员的才德（"德"）确立他的等级地位（"位"）、依据他的等级地位规定他的物质资源占有份额（"物"）、依据他的物质资源占有份额限定他的生活用度（"欲"），这一有序且严格的"德必称位，位必称禄，禄必称用"制度，正是荀子礼分原则的精练表达。它是在物质资源匮乏前提下的一种不得已而为之，同时也是最佳选择。荀子认为，只要为政者能够切实贯彻这一礼分原则，社会成员之间的争端就会消弭于无形，整个社会也会呈现出一派"或禄天下而不自以为多，或监门、御旅、抱关、击柝而不自以为寡"的祥和气氛。

但荀子也意识到，要从根本上解决"物""欲"冲突问题，还得从"物"的角度寻求有效方案，着力解决物资匮乏问题。这就有赖于人类社会财富创造能力的显著提升。而在社会生产力水平一定的情形下，要有效提升社会整体的财富创造能力，唯一的途径就是优化生产关系，这就涉及"礼"的又一重要功能，即社会分工功能。在荀子看来，进行社会分工是"兴天下同利，除天下同害"的根本手段，所以《王制》篇："兼利天下，无它故焉，得之分义也。"《富国》篇："兼足天下之道在明分。"这是因为，"社会分工促使人们的职业固定下来，有利于稳定社会秩序，并对传授专业技能创造了良好的条件"[①]，从而可以极大提高生产效率。以"礼"进行社会分工，要兼顾以下两项原则。第一，在微观层面，要根据个体的不

---

① 裘是：《略论荀子的经济思想（上）》，载《金融管理与研究》1991年第4期。

同特点进行分工。《荣辱》篇说："先王案为之制礼义以分之，使有贵贱之等，长幼之差，知愚、能不能之分，皆使人载其事而各得其宜。"这是认为，在进行社会分工时，要综合考虑个体在身份、等级、年龄等诸多方面的差异，尤其是要考虑个体在才能方面的差异（"能不能兼技，人不能兼官"），这甚至已成为荀子论证分工必要性的主要理据。第二，在宏观层面，合理安排社会职业结构。《富国》篇说："士大夫众则国贫，工商众则国贫……故田野县鄙者，财之本也；垣窌仓廪者，财之末也。"荀子认为，在士农工商四业之中，农业是"财之本"，其他三者是"财之末"，而且，工商士人太多就会导致国力虚耗，这就要求国家在进行职业结构设计时，应当切实遵循"农夫多和工贾少、士大夫少的社会职业分层结构理论"[1]，以确保经济结构的稳定和国家的富强。

三　从"礼"看荀子对郭店儒简的批判与继承

由于"礼"在解决社会治乱问题上所发挥的根本作用，它由此也成为荀子理论体系的核心，荀子探讨的主要问题都是围绕"礼"、都是为了解决"礼"的问题服务的。[2] 正是由于这个原因，"礼"也成为他批判、吸收、综合前人思想成果，构建自身理论体系的基本依据。当然，于郭店儒简而言亦然，这主要表现在以下几个方面。

（1）为了说明"礼"的存在合理性，荀子吸收了《性自命出》即"生"言"性"的自然人性论，并以"性恶"称之。这是因为，如果人性不是自然人性，而是伦理人性，那么"礼"就丧失了其存在价值，正如《性恶》篇所言："今诚以人之性固正理平治邪？则有恶用圣王、恶用礼义矣哉！虽有圣王礼义，将曷加于正理平治也哉！"这里的"正理平治"即荀子所谓"善"，因为《性恶》篇有"凡古今天下之所谓善者，正理平治也"的说法。与《孟子·告子上》将当时社会上流行的人性论归纳为"性善""性无善无不善""性可以为善、可以为不善""有性善、有性不善"四种类型不同，荀子对人性则报以非善即恶的二分论。在他看来，如果像孟子

---

① 徐志新：《简论荀子分职分工思想——从"礼义""法度"原则到"农士工商"职业序列变化》，载《现代财经》2009 年第 8 期。

② 陆建华：《荀子之礼本质论》，载《江淮论坛》2002 年第 3 期。

那样主张"性善"（即以"性"为"正理平治"），就必然会导致对礼义存在价值的否定，也就是《性恶》篇说的"性善则去圣王、息礼义"，即如果人性本善，那么天下原本就已经是秩序井然的了，当然也就用不着礼义和圣王了。在这种理论预设下，只有主张"性恶"，才能凸显礼义的固有价值，这也就是《性恶》篇说的"性恶则与圣王、贵礼义"。当然，荀子言"性恶"，还是从自然人性论的角度出发，他认为人性中包含"好利""疾恶""好声色"等自然倾向，如果顺而纵之，则必有争夺之行，此亦"不待而然者"①。只有承认礼义和圣王的存在，才能矫正人性中这股流于下和流于恶的倾向，使之合于道而达于治，此即《性恶》篇所言："古者圣王以人之性恶……是以为之起礼义，制法度，以矫饰人之情性而正之，以扰化人之情性而导之也。始皆出于治、合于道者也。"这就告诉我们，荀子对人性善恶的讨论并非仅仅关注这一问题本身，而是在为礼义的产生寻找人性的根据，并以此为个人的修身和社会的治理提供合理性论证。从这个意义上来说，荀子的自然人性（性恶）论构成其"礼"论诞生的理论基石之一。

（2）为了说明"礼"的存在合法性，荀子吸收了《五行》及《成之闻之》以"天"为"礼"之起源的观点。上文提到，自然人性容易流于下和流于恶的内在倾向决定了礼义存在的必要性，但这还只是从外部或者说是从反面说明礼义的存在价值。而从"天"的角度说明礼义的起源，则可以说是从内部或者说是从正面回应礼义何以能成为"治性"乃至"治国"之依据的问题。荀子认为，"礼"虽然在形式上起于"圣人之伪"，是人为创造的结果，但就其本质而言，乃是源于圣人对超越天道的顺应、把握以及效仿，是超越天道在人间的具象化反映，所以《礼论》篇说："礼有三本：天地者，生之本也"。"生"，乃起源之义。是篇又提到，礼"上取象于天，下取象于地，中取则于人"，足见正是超越天道的绝对性和至善性确保了"礼"获得了同样性质，所以在《荀子》中，"礼"不再只是作为人间的伦理政治规范，它更成为贯通天地人的整体性法则，是天地之仪文、宇宙之正理、人道之极致，故《乐论》篇说："礼也者，理之不可易者也"，《王制》篇也说："（礼）始则终，终则始，与天地同理，与万世同久"。正是从这个意义上说，荀子的天论构成其"礼"论诞生的另一块理论基石。

---

① 乔安水：《荀子礼论研究》，华东师范大学哲学系博士学位论文，2004 年 5 月。

（3）为了说明"礼"的现实起源，荀子吸收了《性自命出》的"圣人制礼"说。《性自命出》简 15—18 说："诗、书、礼、乐，其始出，皆生于人。诗，有为为之也。书，有为言之也。礼、乐，有为举之也。圣人比其类而论会之，观其先后而逆顺之，体其义而节文之，理其情而出入之，然后复以教。"这是认为，诗书礼乐都是由圣人创作出来的，圣人根据一定的目的和意图创作它们，并以之教化和引导百姓。荀子完全吸收了这一观点，他在《性恶》篇反复倡言："礼义法度者，是圣人之所生也。""礼义者，是生于圣人之伪，非故生于人之性也。"荀子认为，虽然在形上层面，"礼"起源于主体对超越天道的顺应和效仿，但是在形下层面，"礼"却是由圣人创作出来的。当然，荀子肯定"圣人制礼"说的初衷还是为了借助古之圣人的权威来重新奠定战国末期已濒临崩溃的"礼"之绝对地位。① 这是因为，在《荀子》中，圣人是集道德、智慧和才干于一身之人，他"在智上是与天地相参，在德上是人伦之至，在才干上是无所不能"②，是超越天道的积极践行者，故《礼论》篇说："圣人者，道之极也。"《正论》篇说："圣人备道全美者也。"《儒效》篇说："圣人也者，道之管也。"作为"道之极"和"道之管"的圣人，通过对超越天道的体验、提炼和会综，按照超越天道的内在规定创作出礼义文理，这就使得礼义文理成为超越天道在人世间的表征（故《天论》篇称"礼"为"表"），从而获得了无上的权威，一般人对它当然只能绝对服从。

（4）为了说明"礼"的现实合理性，荀子在吸收《性自命出》"道始于情"和"礼作于情"观念的基础上，提出了"称情立文"说，亦即根据人的情感类型和程度来制定礼义文理。换句话说就是，礼义文理的制定不得不参考人的情感属性和特点。由此可见，荀子十分重视"情"在礼义规范制定过程中的重要作用。当然这里的"情"已不再是贬义的"情欲"，而是中性甚至褒义的"情感"。③ 在《性自命出》中，这样的情感又被称为"美情"，其典型代表就是作为自然情感的"仁"，即出自人类本性的温良慈爱之情。而到了荀子那里，作为"礼"之产生根据的情感类型得到进一步

---

① 王毓：《论荀子的"圣人制礼说"》，载《周易研究》2015 年第 4 期。
② 孙文持：《荀子"圣人制礼"说探析》，载《邯郸学院学报》2006 年第 1 期。
③ 李晨阳：《荀子"称情而立文"的命题如何成立》，载《邯郸学院学报》2013 年第 1 期。

明规范，它又被称为"孝子之情"或"志意思慕之情"，即孝子对父母的尊敬、感激和报答之情①，这无疑是一种好的情感。在《礼论》篇，荀子以丧祭之礼为例说明"情""礼"关系，他说："三年之丧，称情而立文，所以为至痛极也。""祭者，志意思慕之情也。"荀子从人的真情实感出发说明制定丧祭之礼的必要性，指出丧祭之礼分别表达了人们对失去亲人的悲痛和对已故亲人的怀念、思慕之情，这无疑是将主体内心以亲亲之情为表现形式的真情实感作为礼义文理的一个产生根据。因此，礼义规范虽由外作，但却并非是强加于人、矫枉过正的人性枷锁，而是尊重和顺应人情的率性而为，它有着深厚的人性论基础，是无适不易之术。对此，王国维先生评价说："考荀子之真意，宁以为（礼）生乎人情，故曰：'称情而立文'。"②将"礼"的产生根据溯源到人的内在真情实感，也就充分说明了"礼"的现实合理性和有效性。

（5）为了让人们将主要精力放在对"礼"的认识和把握上，荀子在吸收《穷达以时》"天人有分"观的基础上，提出了"明于天人之分"说。这一理论的提出不但为"天"与"人"划定了各自作用的领域、撇清了两者之间的因果关系，更为重要的是，它在对"天""人"做出价值上的主次区分时，直接要人们将注意力放在"人"而非"天"上，这就自然引出了对礼之价值和功能的强调。这是因为，在"明于天人之分"的理论背景下，"天"与"人"各有以下两层内涵：第一，"天"是指客观世界变化发展的必然规律，它不受人的主观意志影响，具有不为而成、不求而得的性质，并为人的行为立定了限度。与此相应，"人"的职分即在于认识和利用规律指导实践和造福社会。第二，"天"是指个体的现实境遇，它具有一种无法为人完全支配和掌控的性质，并决定了现实中个体选择的非自主性。与此相应，"人"的职分即在于修身以俟，待当时命之机一旦来临即可反转眼前的困迫而见用于世。而以上两方面"人"之职分的实现，都离不开对礼的认识和把握。这是因为，在《荀子》中，礼构成自然秩序和人伦规范的共同基础，即一方面，它是自然秩序的客观反映，礼的制定"除了取法于人

---

① 李晨阳：《荀子"称情而立文"的命题如何成立》，载《邯郸学院学报》2013 年第 1 期。
② 王国维：《王国维文集》（第 3 卷），中国文史出版社，1997，第 215 页。

之外，尚取象于天地，效法天地运行变化规律以及天地的本然属性"①。《礼论》篇说礼可以使天地以合、日月以明、四时以序、星辰以行、江河以流、万物以昌，即是其体现；另一方面，它也是个人治心、修身、待人、接物的根本准则，并"以其特有的形式化、外显性和操作性而在众德之中居于终结和完成的位置"②。《礼论》篇说："礼者，所以正身也。"《劝学》篇说："礼者，……夫是之谓道德之极。"是其显证。因此，荀子从"明于天人之分"出发在逻辑上必然得出对礼的重视和强调。

（6）为了说明"礼"何以能被主体认识的问题，荀子在吸收《五行》道德认识论思想的基础上，全面探讨了认识的主体、动力、方法和目的等一系列问题。首先，荀子肯定人人都有认识的能力，《解蔽》篇说："凡以知，人之性也。"《礼论》篇说："凡生乎天地之间者，有血气之属必有知。"他还进一步将"心"确定为认识能力的承担者，《解蔽》篇说："人何以知道？曰：心。""心生而有知。"这里的"道"即"礼"、"知"即"征知"。这是认为，人们要形成对于礼的正确性和统一性认识，就必须发挥心的征知功能，即心的理性认识能力。其次，荀子还谈到激发主体去认识礼的内在动力问题。《性恶》篇说："凡人之欲为善者，为性恶也。"这是明确指出，人有"欲为善"的内在欲求。同时，他还将主体的这一内在向善欲求类比于人的自然生理欲望。《荣辱》篇说："凡人有所一同：饥而欲食，寒而欲暖，劳而欲息。"人的自然生理欲望来自主体内部的缺乏状态，"匮乏导致了需要，需要产生了欲望，需要与满足构成了人性存在的基本结构"③。同理，人之所以欲为善乃在于人性中没有礼义，故强学以求有之。与《五行》一样，荀子认为，主体这一内在向善欲求的具体内容实际上也是一种"忧"。《修身》篇说："见善，修然必以自存也；见不善，愀然必以自省也。""愀然"是忧惧之义，即主体内心追求善、远离恶的道德意识。那么这就表明，在主体内部自有一追求并认识礼义的内在动力。再次，在认识方法上，相对于《五行》提出的"目而知之""喻而知之""譬而知之"等类比推理方法，荀子也十分重视"以类度类"的推理方式。《非相》篇说：

① 张欣：《荀子礼论》，载《邯郸学院学报》2013年第2期。
② 张奇伟：《荀子礼学思想简论》，载《中国哲学史》2002年第2期。
③ 毛新青：《荀子"情义"观探析》，载《管子学刊》2011年第2期。

“故以人度人，以情度情，以类度类，以说度功，以道观尽，古今一度也。”“度”有推论、测度之义。这表明，通过观察众多感性事物去体认其背后之“理”（“礼”），再借此去把握更多的现象界事物，是荀子总结出来的一套普遍认识方法。最后，与《五行》相同，荀子认为，对个体而言，对礼义的认识并不是终点，相反，在知礼以后，他还应该在意志上依于礼、在情感上安于礼、在行动上立于礼，即经历一个由“知”到“志”、由“志”到“情”、由“情”到“行”的完整转化过程，才算是认识的完成。

（7）为了突出“礼”的政治教化功能，荀子继承并发展了《尊德义》的礼乐教化思想，将礼乐视为圣人化民以成德的一项基本工具。《尊德义》简13-16说：“教以礼，则民果以任。教以乐，则民淑德清壮。”这是认为，人君以礼教民，民众就会果敢而有责任意识；以乐教民，民众就会具有美善的品德而清新豪健。《尊德义》简23下、21说：“君民者治民复礼，民除害；行矣而无违，养心于子谅，忠信日益而不自知也。”这是说，人君如能以礼治理和教化民众，民众就能除去过言过行，民众如能遵循礼义之道而不违背，就能长养慈爱善良之心，如此则忠信日益增多而自己却不知道。《尊德义》简29、31说：“德者，且莫大乎礼乐焉。治乐和哀，民不可惑也。反之，斯安矣。”这是认为，在人君教化民众以成就德性的诸种方式中，最重要最有效的莫过于礼乐了。礼乐能够有效调节人们内心的哀乐情感，使民众不致感到困惑和迷茫，相反，如果不以礼乐教民，民众就会陷入偏险不正的境地。荀子完全吸收了《尊德义》的上述思想，而又向前大大迈进了一步。他十分重视礼乐的政治教化功能，并在《尊德义》“礼乐并用”说的基础上进一步发展出“礼外乐内”和“礼主乐辅”的思想。[①] 荀子认为，政治教化的最终目的是要实现社会的“正理平治”和个人的“化性起伪”，而前一目标的实现在根本上又有赖于后一目标的完成，因为社会的基础是个人。那么，如何才能实现个人层面的“化性起伪”呢？在荀子看来，这就需要同时发挥礼的修身功能和乐的治心功能，而且，应该以礼的外在规范为主、乐的内在熏陶为辅[②]，此即《礼记·文王世子》所说的

----

① 蒋颖荣：《荀子的“礼乐”教化思想及其现代价值》，载《东洋伦理与文化——第18次韩中伦理学国际学术大会论文集》，2010，第55页。
② 同上书，第56页。

"乐，所以修内也。礼，所以修外也"和《乐论》篇所说的"乐行而志清，礼修而行成"。只有通过礼乐的相互配合和共同作用，才能实现化民成德的最终目的。另外，与《尊德义》相同，荀子进一步指出，要充分发挥礼乐的政治教化功能，还要做到以下两点，即一方面，礼乐的创作要从人的自然情性出发；另一方面，应该让礼乐以一种更容易令人接受的方式深入人心，从而更加和顺畅达地影响人的内在情感。

（8）为了突出"礼"的制度保障功能，荀子激烈批判了《唐虞之道》宣扬的"禅让"说。他指出，在"禅让"制结构下，可能影响政权转移平稳性的不确定因素，即"命"的因素颇多，一方面有"圣王已没，天下无圣"的情况；另一方面又有"纵仁圣可举，时弗可及矣""有其人，无其世，虽贤弗行"的情形。因此，为了最大限度地降低不可知和不确定因素的影响，以确保君权转移过程的平稳有序，就必须诉诸更加标准化制度化的礼义之道。他希望在礼义之道的有力保障下，根据"论德而定次，量能而授官"的基本原则，在总体上实现"皆使人载其事，而各得其宜"的理想状态。分而言之，在最高权力转移层面，根据"论德而定次"的原则，做到"天下有圣而在后者，则天下不离，朝不易位，国不更制""圣不在后子而在三公，则天下如归，犹复而振之矣"（《正论》），以确保君权转移过程的有条不紊；在各级官员选拔层面，根据"量能而授官"的原则，做到"上贤使之为三公，次贤使之为诸侯，下贤使之为士大夫"（《君道》）、"不能以义制利，不能以伪饰性，则兼以为民"（《正论》），为选贤任能提供一个有效途径，并为王位继承人的选拔提供制度遵循。

梁启超先生在《先秦政治思想史》中说："儒家之礼治主义，得荀子然后大成"[①]。在先秦儒学中，荀子礼学堪称是最全面、最系统、最完善和最具现实性的理论体系了，以至于有研究者说，荀子创立了儒家第一个礼学体系。而且，荀子并非单纯地就礼论礼，而是从天道、人性、社会、政治、道德等不同维度广泛拓展了礼的内涵和外延，涉及本体论、人性论、方法论、伦理学等多个领域，形成了一个广角度、多层次的立体结构，具有既超越又现实、既传承又创新的显著特点，从而将先秦礼学推向了一个新高度，并对后世礼学的发展产生了深远影响。而如果我们从整体上对荀子礼

---

① 梁启超：《先秦政治思想史》，天津古籍出版社，2003，第114页。

学予以全面系统把握的话就不难发现，它更多的具有综合性特征①，即它是在广泛吸收前人研究成果的基础上形成的统合性思想体系。当然，关于这一点我们从上文的分析中已有深切感受。同时，这对于纠正以往人们过多关注荀子对前人思想的修补和改铸之处②，而较少注意到他对前人成果的吸收与整合之处的致思倾向，也具有重要意义。

事实上，作为先秦时期最后一位有着极高理论素养的儒学大师，无论是在作为其核心思想的礼学方面，还是在其他思想方面，荀子都自觉承担起总结者的角色。他力图吸收各家各派的思想精华，从而建立起一个更加全面、合理、完善、有效的理论体系，以回应社会发展的实际问题。于他而言，这既是历史提供的难得机遇，也是时代赋予的重要使命。在一定程度上，他也确实完成了对儒家思想，乃至对先秦主要流派思想的整合与统一。站在研究者的角度，我们可以说，对于这样的综合型和总结型思想家，要准确、深入、详尽地把握他的思想全貌，除了要抓住其理论体系中独具特色的内容，即他对前人思想的创新及发展之处以外，还应该抓住他对前人思想的吸收与整合之处。在一定意义上，后一方面甚至更加重要。而在这一方面，本书可以说是一次粗浅的尝试，然而它仅仅只是一个开端而已，后续的在更多领域和更深层次的研究还有待并值得进一步展开。

---

① 储昭华：《关于荀子思想特征与地位的再认识》，载《河北学刊》2012 年第 5 期。

② 余冬林：《试析荀子之"礼"》，载《河海大学学报》（哲学社会科学版）2002 年第 3 期。

参考文献

一 经典文献：

[1] （汉）司马迁撰，裴骃集解，司马贞索隐，张守节正义《史记》［M］. 中华书局，1959。

[2] （汉）班固撰，颜师古注《汉书》［M］. 中华书局，1962。

[3] （宋）朱熹撰《四书章句集注》［M］. 中华书局，1983。

[4] （清）王先谦撰，沈啸寰、王星贤点校《荀子集解》［M］. 中华书局，2013。

[5] （清）焦循撰，沈文倬点校《孟子正义》［M］. 中华书局，1987。

[6] （清）孙希旦撰，沈啸寰、王星贤点校《礼记集解》［M］. 中华书局，1989。

[7] （清）王先慎撰，钟哲点校《韩非子集解》［M］. 中华书局，1998。

[8] （清）孙星衍撰，陈抗、盛冬铃点校《尚书今古文注疏》［M］. 中华书局，1986。

[9] 苏舆撰，钟哲点校《春秋繁露义证》［M］. 中华书局，1992。

[10] 王国轩、王秀梅译注《孔子家语》［M］. 中华书局，2009。

[11] 何建章：《战国策注释》［M］. 中华书局，1990。

[12] 梁启雄：《荀子简释》［M］. 中华书局，1983。

[13] 李涤生：《荀子集释》［M］. 台湾学生书局，1979。

[14] 王天海：《荀子校释》［M］. 上海古籍出版社，2005。

[15] 熊公哲：《荀子今注今译》［M］. 台湾商务印书馆，1977。

[16] 严灵峰编《无求备斋荀子集成》［M］. 成文出版社，1977。

[17] 杨伯峻：《论语译注》［M］. 中华书局，1980。

[18] 杨伯峻：《孟子译注》［M］. 中华书局，2005。

［19］杨柳桥：《荀子诂译》［M］.齐鲁书社，1985。

二 研究著作：

［1］范文澜：《中国通史》第一册［M］.人民出版社，1978。

［2］翦伯赞：《中国史纲要》第一册［M］.人民出版社，1979。

［3］张岂之：《中国思想学说史·先秦卷》［M］.广西师范大学出版社，2007。

［4］刘泽华：《中国政治思想史·先秦卷》［M］.浙江人民出版社，1996。

［5］萧公权：《中国政治思想史》［M］.辽宁教育出版社，1998。

［6］徐复观：《中国思想史论集》［M］.上海书店出版社，2004。

［7］徐复观：《中国人性论史》［M］.华东师范大学出版社，2005。

［8］任继愈：《中国哲学发展史》（先秦）［M］.人民出版社，1983。

［9］冯友兰：《中国哲学史》［M］.华东师范大学出版社，2000。

［10］胡适：《中国哲学史大纲》［M］.商务印书馆，1987。

［11］劳思光：《新编中国哲学史》［M］.广西师范大学出版社，2005。

［12］唐君毅：《中国哲学原论·导论篇》［M］.中国社会科学出版社，1997。

［13］唐君毅：《中国哲学原论·原性篇》［M］.中国社会科学出版社，2005。

［14］杨希枚：《先秦文化史论集》［M］.中国社会科学出版社，1995。

［15］钱逊：《先秦儒学》［M］.辽宁教育出版社，1991。

［16］欧阳祯人：《先秦儒家性情思想研究》［M］.武汉大学出版社，2005。

［17］蒙培元：《情感与理性》［M］.中国社会科学出版社，2002。

［18］庞朴：《文化一隅》［M］.中州古籍出版社，2005。

［19］余嘉锡：《目录学发微·古书通例》［M］.中华书局，1963。

［20］裘锡圭：《中国出土古文献十讲》［M］.复旦大学出版社，2004。

［21］郭沫若：《十批判书》［M］.东方出版社，1996。

［22］郭沫若：《郭沫若全集·历史编第二卷》［M］.人民出版社，1982。

［23］蔡仁厚：《孔孟荀哲学》［M］.学生书局，1984。

［24］陈大齐：《荀子学说》［M］.中华文化出版事业社，1956。

[25] 陈登元:《荀子哲学》[M].商务印书馆,1928。

[26] 孔繁:《荀子评传》[M].南京大学出版社,2003。

[27] 韩德民:《荀子与儒家的社会理想》[M].齐鲁书社,2001。

[28] 廖名春:《荀子新探》[M].中国人民大学出版社,2014。

[29] 梁启超:《荀子正名篇》[M].中国社会科学出版社,1997。

[30] 路德斌:《荀子与儒家哲学》[M].齐鲁书社,2010。

[31] 卢永凤、王福海:《荀子与兰陵文化研究》[M].山东人民出版社,2013。

[32] 谭绍江:《荀子政治哲学思想研究》[M].华中科技大学出版社,2014。

[33] 王恩洋:《荀子学案》[M].东方文教研究院,1943。

[34] 王军:《荀子思想研究:礼乐重构的视角》[M].中国社会科学出版社,2010。

[35] 王楷:《天然与修为——荀子道德哲学的精神》[M].北京大学出版社,2011。

[36] 韦政通:《荀子与古代哲学》[M].商务印书馆,1992。

[37] 夏甄陶:《论荀子的哲学思想》[M].上海人民出版社,1979。

[38] 向世陵、冯禹:《儒家的天论》[M].齐鲁书社,1991。

[39] 杨筠如:《荀子研究》[M].商务印书馆,1931。

[40] 牟宗三:《名家与荀子》[M].学生书局,1994。

[41] 张光裕:《郭店楚简研究》[M].艺文印书馆,1999。

[42] 周炽成:《荀韩人性论与社会历史哲学》[M].中山大学出版社,2002。

[43] 周绍贤:《荀子要义》[M].中华书局,1977。

[44] 黄俊杰:《孟学思想史论卷二》[M]."中研院"中国文哲研究所筹备处,1997。

[45] 李零:《郭店楚简校读记》[M].中华书局,2002。

[46] 刘钊:《郭店楚简校释》[M].福建人民出版社,2005。

[47] 丁原植:《郭店楚简儒家佚籍四种释析》[M].台湾古籍出版社,2000。

[48] 丁原植:《楚简儒家性情说研究》[M].万卷楼图书,2002。

［49］欧阳祯人：《从简帛中挖出来的政治哲学》［M］．武汉大学出版社，2010。

［50］梁涛：《郭店楚简与思孟学派》［M］．中国人民大学出版社，2008。

［51］郭沂：《郭店楚简与先秦学术思想》［M］．上海教育出版社，2001。

［52］魏启鹏：《简帛〈五行〉笺释》［M］．万卷楼图书，2000。

［53］黄意明：《道始于情——先秦儒家情感论》［M］．上海交通大学出版社，2009。

［54］金景芳、吕绍纲：《〈尚书·虞夏书〉新解》［M］．辽宁古籍出版社，1996。

［55］荆门市博物馆编《郭店楚墓竹简》［M］．文物出版社，1998。

［56］〔日〕池田知久：《马王堆汉墓帛书五行研究》［M］．中国社会科学出版社，2005。

［57］马承源主编《上海博物馆藏战国楚竹书二》［M］．上海古籍出版社，2001。

三　论文集：

［1］陈鼓应主编《道家文化研究》第十七辑［C］．三联书店，1999。

［2］姜广辉主编《中国哲学》第二十辑［C］．辽宁教育出版社，1999。

［3］姜广辉主编《中国哲学》第二十一辑［C］．辽宁教育出版社，2000。

［4］李学勤：《中国传统哲学新编》［C］．九州出版社，1999。

［5］廖名春选编《伟大传统——荀子二十讲》［C］．华夏出版社，2009。

［6］罗根泽编《古史辨》第四册［C］．上海古籍出版社，1982。

［7］顾颉刚编《古史辨》第六册［M］．上海古籍出版社，1982。

［8］吕思勉、童书业编《古史辨》第七册下［C］．上海古籍出版社，1982。

［9］王曰美主编《儒家政治思想研究》［C］．中华书局，2003。

［10］吴少眠、赵金昭主编《二十世纪疑古思潮》［C］．学苑出版社，2003。

［11］武汉大学中国传统文化研究院编《郭店楚简国际学术研讨会论文集》［C］．湖北人民出版社，2000。

［12］武汉大学简帛研究中心主编《简帛第二辑》［C］．上海古籍出版社，2007。

［13］谢维扬、朱渊清主编《新出土文献与古代文明研究》［C］．上海大学

出版社，2004。

[14] 顾颉刚：《顾颉刚古史论文集》第一册［M］．中华书局，1988。

[15] 郑振铎：《郑振铎古典文学论文集》［M］．上海古籍出版社，1984。

四 学术论文：

B

[1] 白欲晓：《旧邦新命：周人的"上帝"与"天"之信仰》，《宗教学研究》2011 年第 4 期。

[2] 卞修全、朱腾：《荀子礼治思想的重新审视》，《中国哲学史》2005 年第 8 期。

C

[1] 蔡树才：《荀子对思孟"五行"说批判的再认识》，《周易研究》2010 年第 5 期。

[2] 常森：《简帛〈五行〉篇与孟子之学》，《中国典籍与文化》2009 年第 3 期。

[3] 常森：《〈五行〉学说与〈荀子〉》，《北京大学学报》（哲学社会科学版）2013 年第 1 期。

[4] 晁福林：《论荀子的"天人之分"说》，《管子学刊》2001 年第 2 期。

[5] 陈代波：《儒家命运观是消极宿命论吗?》，《上海交通大学学报》（哲学社会科学版）2004 年第 2 期。

[6] 陈代波：《郭店楚简〈性自命出〉篇的人性论简析》，《东疆学刊》2000 年第 4 期。

[7] 陈坚：《荀子"性恶"再探析》，《江南学院学报》2001 年第 1 期。

[8] 陈来：《竹简〈五行〉章句简注——竹简〈五行〉分经解论》，《孔子研究》2007 年第 3 期。

[9] 陈来：《竹简〈五行〉篇与子思思想研究》，《北京大学学报》（哲学社会科学版）2007 年第 2 期。

[10] 陈来：《荆门楚简〈性自命出〉篇初探》，《中国哲学》1998 年第 3 期。

[11] 陈丽桂：《从郭店竹简〈五行〉检视帛书〈五行〉说文对经文的依违情况》，《哲学与文化》1999 年第 5 期。

［12］陈林，乐爱国：《荀子"天人关系"辨正》，《管子学刊》2012 年第
4 期。

［13］陈曼平、张克：《尧典中的"尚贤"及其他》，《山西师大学报》（社
会科学版）1984 年第 4 期。

［14］陈少明：《"孔子厄于陈蔡"之后》，《中山大学学报》（社会科学版）
2004 年第 6 期。

［15］陈少明：《儒家的历史形上观——以时、名、命为例》，《华东师范大
学学报》（哲学社会科学版）2012 年第 5 期。

［16］陈豪殉：《王权与礼制——荀子天人思想的实质》，《船山学刊》2008
年第 1 期。

［17］陈光连：《论荀子德性教化的养情思想——基于〈郭店竹简〉为理论
资源的比较考量》，《人文杂志》2010 年第 3 期。

［18］陈英立：《与〈荀子〉有关出土简帛文献综述》，《边疆经济与文化》
2009 年第 11 期。

［19］崔宜明：《荀子"明于天人之分"之再考察》，《上海师范大学学报》
（哲学社会科学版）2013 年第 1 期。

［20］崔宜明：《"命运"观念的起源和理性内涵》，《中国哲学史》1996 年
第 3 期。

D

［1］邓小虎：《〈荀子〉中"道"的内容的探讨》，《邯郸学院学报》2013
年第 1 期。

［2］丁四新：《论孔子与郭店儒简的天命、天道观》，《湘潭师范学院学报》
2000 年第 9 期。

［3］丁四新：《略论郭店楚简〈五行〉思想》，《孔子研究》2000 年第 3 期。

［4］方东朔：《"无君子则天地不理"——荀子"心与道"的关系片论》，
《伦理学与公共事务》2009 年第 6 期。

［5］丁淳薇：《论〈穷达以时〉与荀子〈天论〉之天人关系》，《东吴中文
线上学术论文》2012 年第 12 期。

［6］董平：《儒家德治思想及其价值的现代阐释》，《孔子研究》2004 年第
1 期。

［7］杜保瑞：《中国哲学的基本哲学问题与概念范畴》，《文史哲》2009 年

第 4 期。

F

[1] 范骏:《原始民主:现代跨越的"卡夫丁峡谷"——侗、苗民族"款文化"的政治社会学视角》,《求索》2002 年第 2 期。

[2] 范赟:《〈性自命出〉的思想及其对先秦儒家心性学说的推进》,《社会科学论坛》2010 年第 17 期。

G

[1] 苟东锋:《郭店楚简〈五行〉释义》,《古籍整理研究学刊》2011 年第 7 期。

[2] 苟东锋:《当"天"失去德性之后——荀子天论思想探微》,《武陵学刊》2012 年第 6 期。

[3] 顾炯:《荀子气论思想浅析》,《理论界》2011 年第 2 期。

[4] 顾史考:《郭店楚简〈成之〉等篇杂志》,《清华大学学报》(哲学社会科学版)2006 年第 1 期。

[5] 顾史考:《郭店楚简〈尊德义〉篇简序新案》,《台大中文学报》2012 年第 3 期。

[6] 郭齐勇:《郭店儒家简与孟子心性论》,《武汉大学学报》(哲学社会科学版)1999 年第 5 期。

[7] 郭齐勇:《郭店楚简〈性自命出〉的心术观》,《安徽大学学报》(哲学社会科学版)2000 年第 5 期。

[8] 郭齐勇:《再论"五行"与"圣智"》,《中国哲学史》2001 年第 3 期。

[9] 郭齐勇:《出土简帛与经学诠释的范式问题》,《福建论坛》(人文社会科学版)2001 年第 5 期。

[10] 郭齐勇:《再论儒家的政治哲学及其正义论》,《孔子研究》2010 年第 6 期。

[11] 郭振香:《〈性自命出〉性情论辨析——兼论其学派归属问题》,《孔子研究》2005 年第 2 期。

H

[1] 韩德民:《荀子天人观的哲学透视》,《哲学与文化》2000 年第 2 期。

[2] 韩星:《寓治于教——儒家教化与社会治理》,《社会科学战线》2012

年第 12 期。

［3］ 韩肇明：《论瑶族农村公社》，《云南社会科学》1984 年第 2 期。

［4］ 何石彬、王庆勋：《性与天道：荀子礼学的形上学依据》，《河北学刊》
2005 年第 5 期。

［5］ 黄熹：《儒学形而上系统的最初建构——〈五行〉所展示的儒学形而上
体系》，《中国哲学史》2001 年第 3 期。

［6］ 黄意明：《"情气为性"与〈郭店儒家简〉之情感论》，《中州学刊》
2010 年第 1 期。

［7］ 黄意明：《先秦儒学"情欲知"关系及定位》，《江淮论坛》2007 年第
3 期。

［8］ 胡锐军：《儒家政治秩序构建的本体论依据》，《中南大学学报》（社会
科学版）2007 年第 4 期。

［9］ 胡锐军：《儒家政治秩序建构的合法性基础》，《中南大学学报》（社会
科学版）2008 年第 3 期。

［10］ 胡天祥：《儒学性善论及其政治秩序重建之价值方向》，《西部人文科
学评论》2005 年第 3 期。

［11］ 惠吉兴：《中国传统哲学的内在性实践精神》，《兰州学刊》2006 年第
6 期。

J

［1］ 吉兴：《解蔽与成圣：荀子认识论新探》，《河北学刊》2004 年第 5 期。

L

［1］ 李春青：《论"时"——兼谈儒家处世之灵活性》，《中国文化研究》
1996（冬之卷）。

［2］ 李景林：《思孟五行说与思孟学派》，《吉林大学学报》（社会科学版）
1997 年第 1 期。

［3］ 李景林：《伦理原则与心性本体——儒家"仁内义外"与"仁义内在"
说的内在一致性》，《中国哲学史》2006 年第 4 期。

［4］ 李泰芬：《荀子礼学思想简论》，《新东方杂志》1940 年第 5 期。

［5］ 李启谦：《子思及〈中庸〉研究》，《孔子研究》1993 年第 4 期。

［6］ 李英华：《荀子天人论的几个问题——兼论郭店竹简〈穷达以时〉》，
《海南大学学报》（人文社会科学版）2001 年第 6 期。

[7] 李锐:《仁义礼智圣五行的思想渊源》,《齐鲁学刊》2005 年第 6 期。

[8] 李绍连:《殷的"上帝"与周的"天"》,《史学月刊》1990 年第 4 期。

[9] 李伟民、张惠君:《荀子认识论新探》,《惠阳师专学报》(社会科学版)1988 年第 1 期。

[10] 李友广:《"俟时"与"用时"——先秦儒家与汉儒政治态度之比较》,《人文杂志》2013 年第 7 期。

[11] 李友广:《伦理的政治化:早期儒家政治文化的理论建构向度》,《江西社会科学》2012 年第 11 期。

[12] 梁右典:《论荀子思想的宗教性面向》,《当代儒学研究》2011 年第 11 期。

[13] 梁涛:《简帛〈五行〉新探——兼论〈五行〉在思想史中的地位》,《哲学与文化》2003 年第 2 期。

[14] 梁涛:《先秦儒家天人观辨证——从郭店竹简谈起》,《哲学与文化》2006 年第 1 期。

[15] 梁涛:《荀子"天人之分"辨证》,《邯郸师专学报》2003 年第 4 期。

[16] 梁涛:《荀子对思孟"五行"说的批判》,《中国文化研究》2001 年第 2 期。

[17] 梁涛:《竹简〈性自命出〉的人性论问题》,《管子学刊》2002 年第 1 期。

[18] 梁韦弦:《郭店简、上博简中的禅让学说与中国古史上的禅让制》,《史学集刊》2006 年第 3 期。

[19] 廖名春:《思孟五行说新解》,《哲学研究》1994 年第 11 期。

[20] 廖名春:《荀子"虚壹而静"说新释》,《孔子研究》2009 年第 1 期。

[21] 廖名春:《荀子人性论的再考察》,《吉林大学社会科学学报》1992 年第 6 期。

[22] 廖晓炜:《从礼论的视角看荀子天人关系说》,《邯郸学院学报》2009 年第 2 期。

[23] 廖于萱:《郭店楚简〈六德〉中的儒学思想初探》,《问学集》2012 年第 19 期。

[24] 林启屏:《先秦儒学思想中的"遇合"问题——以〈穷达以时〉为讨

论起点》，《鹅湖学志》2003 年第 12 期。

[25] 刘宝才：《〈唐虞之道〉的历史与理念——兼论战国中期的禅让思潮》，《人文杂志》2000 年第 3 期。

[26] 刘宝俊：《郭店楚简"仁"字三形的构形理据》，《中南民族大学学报》（人文社会科学版）2005 年第 5 期。

[27] 刘冠生：《荀子的尚贤使能思想》，《管子学刊》1996 年第 4 期。

[28] 刘信芳：《简帛〈五行〉述略》，《江汉考古》2001 年第 1 期。

[29] 刘延福：《荀学与郭店楚简儒家文献关系新探》，《西南交通大学学报》（社会科学版）2013 年第 7 期。

[30] 刘光胜：《出土文献与荀学研究》，《孔子研究》2009 年第 4 期。

[31] 刘丰：《从郭店楚简看先秦儒家的"仁内义外"说》，《湖南大学学报》（社会科学版）2001 年第 6 期。

[32] 刘又铭：《合中有分——荀子、董仲舒天人关系论新诠》，《台北大学中文学报》2007 年第 2 期。

[33] 刘太恒：《荀子〈天论〉篇探析——兼论先秦时期的"天人"之辩》，《郑州大学学报》（哲学社会科学版）1986 年第 5 期。

[34] 柳俊杰：《"家国一体"与中国古代伦理政治分析》，《内蒙古社会科学》（汉文版）2006 年第 6 期。

[35] 柳熙星：《试论荀子"礼"的价值根源问题》，《鹅湖月刊》1997 年第 3 期。

[36] 陆建华：《荀子之礼本质论》，《江淮论坛》2002 年第 3 期。

[37] 罗新慧：《〈容成氏〉、〈唐虞之道〉与战国时期禅让学说》，《齐鲁学刊》2003 年第 6 期。

[38] 吕学远：《郭店楚简〈性自命出〉与荀子心性观比较初探》，《问学集》2009 年第 2 期。

M

[1] 马育良：《郭店简书"信情"解读》，《孔子研究》2005 年第 5 期。

[2] 马云志：《郭店楚简〈唐虞之道〉的禅让观》，《兰州大学学报》（社会科学版）2002 年第 5 期。

[3] 毛新青：《荀子"情义"观探析》，《管子学刊》2011 年第 2 期。

[4] 蒙培元：《〈性自命出〉的思想特征及其与思孟学派的关系》，《甘肃社

会科学》2008年第2期。

O

［1］欧阳祯人：《论〈民之父母〉的政治哲学内涵》，《孔子研究》2007年第1期。

P

［1］潘小慧：《〈五行篇〉的人学初探——以"心—身"关系的考察为核心展开》，《哲学与文化》1995年第5期。

［2］庞朴：《〈五行〉篇述评》，《史学月刊》1988年第1期。

［3］彭邦本：《楚简〈唐虞之道〉与古代禅让传说》，《学术月刊》2003年第1期。

Q

［1］钱杭：《周代宗法制度在我国历史上的演变》，《河北学刊》1987年第4期。

［2］钱耀鹏：《尧舜禹禅让故事的考古学研究》，《中原文物》2002年第4期。

［3］钱宗范：《周代宗法制度新论》（上），《历史教学问题》1990年第2期。

［4］强中华：《反者道之动：荀子"化性起伪"对庄子"性"与"伪"的因革》，《中国哲学史》2009年第2期。

［5］强中华、曹嘉玲：《荀子天人观的四重内涵》，《大连理工大学学报》（社会科学版）2012年第4期。

［6］祁海文：《论荀子的礼乐教化美育观》，《东岳论丛》2013年第4期。

R

［1］任怀国：《儒家伦理政治学说中的天人关系》，《昌潍师专学报》2001年第3期。

［2］任剑涛：《天道、王道与王权——王道政治的基本结构及其文明矫正功能》，《中国人民大学学报》2012年第2期。

S

［1］鄯爱红：《试论荀子乐教与成人之道》，《孔子研究》1999年第4期。

［2］单殿元：《尧典三题》，《扬州师院学报》（社会科学版）1987年第3期。

［3］商聚德：《〈荀子·仲尼〉篇作者问题辨析》，《河北大学学报》1984 年第 3 期。

［4］邵汉明：《原始儒家君臣观的历史演变》，《社会科学战线》1998 年第 4 期。

［5］宋启发：《从〈论语〉到〈五行〉——孔子与子思的几点思想比较》，《安徽大学学报》（哲学社会科学版）1999 年第 9 期。

［6］宋志明：《荀子的礼学、人学与天学——兼论荀孟异同》，《东岳论丛》2009 年第 1 期。

［7］孙伟：《郭店楚简与〈荀子〉思想关系研究：以心性论为视角》，《管子学刊》2014 年第 4 期。

T

［1］谭绍江：《论荀子的"民本"政治哲学》，《武汉大学学报》（人文科学版）2011 年第 5 期。

［2］唐琳：《荀子的知"道"心与"养心"》，《理论月刊》2012 年第 4 期。

［3］田文军、李富春：《帛简〈五行〉篇与原始"五行"说》，《武汉大学学报》（人文科学版）2003 年第 1 期。

W

［1］王汉昌：《禅让制研究——兼论原始政治的一些问题》，《北京大学学报》（哲学社会科学版）1987 年第 6 期。

［2］王中江：《简帛〈五行〉篇"惪"概念的义理结构》，《学术月刊》2011 年第 3 期。

［3］王中江：《〈唐虞之道〉与王权转移的多重因素》，《史学集刊》2011 年第 4 期。

［4］王举忠、于世君：《"天人相分"论质疑——与施昌东、富恩同志商榷》，《辽宁大学学报》（哲学社会科学版）1980 年第 1 期。

［5］王军：《荀子天人观新探：基于明分的思维》，《江苏科技大学学报》2010 年第 1 期。

［6］王新春：《〈周易〉时的哲学发微》，《孔子研究》2001 年第 6 期。

［7］王树民：《尧舜禹禅让的历史真相》，《河北学刊》1999 年第 4 期。

［8］王晓庆：《孙卿赋十篇考》，《图书馆》2008 年第 6 期。

[9] 王永平：《郭店楚简研究综述》，《社会科学战线》2014 年第 3 期。

[10] 温克勤：《略谈孔子"论政"——兼论先秦儒家政治、伦理相贯通的伦理政治思想》，《伦理学研究》2006 年第 3 期。

[11] 吾敬东：《中国人"命"即命运观念的形成》，《学术界》2009 年第 4 期。

X

[1] 夏世华：《禅让政治的基本理论架构及其所要求的德行基础——楚简〈唐虞之道〉第 6 至 13 号简思想析论》，《社会科学战线》2012 年第 3 期。

[2] 谢宝笙：《尧舜禅让与五帝文化》，《许昌师专学报》（社会科学版）1997 年第 4 期。

[3] 谢君直：《郭店儒简〈性自命出〉与荀子心术观之对比》，《哲学与文化》2012 年第 4 期。

[4] 谢耀亭：《郭店简〈六德〉篇探析》，《陕西师范大学学报》（哲学社会科学版）2012 年第 1 期。

[5] 谢科峰：《郭店简〈穷达以时〉与〈荀子〉对读札记三则》，《湖南科技学院学报》2013 年第 10 期。

[6] 徐进：《荀子尚贤思想初探》，《东岳论丛》1988 年第 4 期。

[7] 徐中舒：《论尧舜禹禅让与父系家族私有制的发生和发展》，《四川大学学报》（社会科学版）1958 年第 1 期。

Y

[1] 颜炳罡：《郭店楚简〈性自命出〉与荀子的情性哲学》，《中国哲学史》2009 年第 1 期。

[2] 颜世安：《荀子人性观非"性恶"说辨》，《历史研究》2013 年第 6 期。

[3] 颜世安：《荀子、韩非子、庄子性恶意识初议》，《南京大学学报》（人文社会科学版）2010 年第 2 期。

[4] 颜世安：《肯定情欲：荀子人性观在儒家思想史上的意义》，《南京大学学报》（人文社会科学版）2015 年第 1 期。

[5] 杨高男、何咏梅：《原始儒家伦理政治的理论创设》，《云南社会科学》2006 年第 1 期。

[6] 姚春鹏、姚丹：《从郭店楚简再论〈乐记〉成书年代》，《孔子研究》

2011 年第 4 期。

［7］ 姚彦淇：《荀子"制天命"说的形成及思想内蕴》，《先秦两汉学术》2010 年第 14 期。

［8］ 姚喁冰：《"禅让"及其历史变幻》，《文史知识》1986 年第 3 期。

［9］ 尹红：《简论郭店楚简的乐教思想》，《华南农业大学学报》（社会科学版）2006 年第 2 期。

［10］ 虞圣强：《荀子"性恶"论新解》，《复旦学报》（社科版）1996 年第 4 期。

［11］ 于宝华：《周代宗法制度研究》，《大同高专学报》1997 年第 2 期。

［12］ 余开亮：《〈性自命出〉的心性论和乐教美学》，《孔子研究》2010 年第 1 期。

［13］ 余治平：《"命"的哲学追问》，《东南学术》2006 年第 1 期。

Z

［1］ 曾振宇：《从出土文献再论荀子"天"论哲学性质》，《齐鲁学刊》2008 年第 4 期。

［2］ 曾振宇：《"性质美"：荀子人性论辩诬》，《中国文化研究》2015（春之卷）。

［3］ 詹世友：《教化：荀子伦理思想的本旨》，《南昌大学学报》（人文社会科学版）2005 年第 2 期。

［4］ 张桂光：《殷周"帝""天"观念考索》，《华南师范大学学报》（社会科学版）1984 年第 2 期。

［5］ 张家成：《荀子"道"论探析》，《浙江大学学报》1996 年第 2 期。

［6］ 张路园：《"群分"视野下的"治道"——荀子政治哲学解读》，《管子学刊》2006 年第 2 期。

［7］ 张云英：《论荀子的德治思想》，《湖湘论坛》2003 年第 1 期。

［8］ 张立文：《略论郭店楚简的"仁义"思想》，《孔子研究》1999 年第 1 期。

［9］ 张茂泽：《〈性自命出〉篇心性论大不同于〈中庸〉说》，《人文杂志》2000 年第 3 期。

［10］ 张军：《早期儒学语境中的"时"范畴析解》，《孔子研究》2004 年第 1 期。

[11] 张奇伟：《荀子礼学思想简论》，《中国哲学史》2002 年第 2 期。

[12] 张小苹：《〈成相篇〉非荀作考》，《浙江社会科学》2011 年第 5 期。

[13] 张盈：《唐虞之道如何可能》，《中国哲学史》2001 年第 3 期。

[14] 张银银：《论荀子的民生思想》，《湖北经济学院学报》（人文社会科学版）2010 年第 6 期。

[15] 张锡勤：《试论儒家的"教化"思想》，《齐鲁学刊》1998 年第 2 期。

[16] 赵馥洁：《郭店楚简〈性自命出〉篇的价值意识》，《西安联合大学学报》（社会科学版）2000 年第 3 期。

[17] 赵广明：《神圣与世俗的先验根基——试论先秦性情思想》，《云南大学学报》（社会科学版）2014 年第 1 期。

[18] 赵明：《论作为政治哲学的先秦儒学》，《山东大学学报》（哲学社会科学版）2005 年第 3 期。

[19] 赵新：《德与法：荀子的德治思想及其对孔孟的发展》，《东岳论丛》2008 年第 1 期。

[20] 郑杰文：《禅让学说的历史演化及其原因》，《中国文化研究》2002（春之卷）。

[21] 郑吉雄：《试论子思遗说》，《文史哲》2013 年第 2 期。

[22] 郑力为：《荀子〈天论〉篇以外的"天"论》，《鹅湖月刊》1981 年第 1 期。

[23] 周炽成：《逆性与顺性——荀子人性论的内在紧张》，《孔子研究》2003 年第 1 期。

[24] 周苏平：《尧舜禹"禅让"的历史背景》，《西北大学学报》（哲学社会科学版）1993 年第 2 期。

[25] 〔日〕佐藤将之：《荀子哲学研究之解构与建构：以中日学者之尝试与"诚"概念之探讨为线索》，《"国立"台湾大学哲学论评》2013 年第 34 期。

[26] 〔日〕佐藤将之：《天人之间的帝王——〈庄子〉和〈荀子〉的"道德"观念探析》，《汉学研究》2013 年第 1 期。

[27] 〔日〕佐藤将之：《〈荀子〉文献与荀卿思想的关系探析》，《邯郸学院学报》2013 年第 4 期。

五 学位论文：

[1] 柴永昌：《先秦儒家、道家、法家君道论研究》，西北大学中国思想文化研究所博士学位论文，2014。

[2] 黄伟明：《〈荀子〉比类式说理方式研究》，中山大学哲学系博士学位论文，2009。

[3] 胡锐军：《理想的诉求与没落——儒家政治秩序理论的现代视角研究与考量》，吉林大学行政学院博士学位论文，2005。

[4] 李锐：《孔孟之间"性"论研究——以郭店、上博简为基础》，清华大学历史系博士学位论文，2005。

[5] 彭邦本：《先秦禅让传说新探》，四川大学历史文化学院博士学位论文，2006。

[6] 曲爱香：《孔孟荀的天人观及其生态伦理》，浙江大学人文学院博士学位论文，2003。

[7] 石磊：《先秦至汉儒家天论新探》，上海师范大学哲学学院博士学位论文，2012。

[8] 孙希国：《简帛文献〈五行〉篇与思孟学派》，吉林大学古籍研究所博士学位论文，2012。

[9] 张羽：《郭店儒家简心性思想研究》，吉林大学古籍研究所博士学位论文，2003。

[10] 张琳：《荀学三论》，复旦大学哲学学院博士学位论文，2003。

[11] 吴敬华：《先秦儒家君臣观念探源》，东北师范大学历史文化学院硕士学位论文，2011。

[12] 吴礼明：《郭店儒简综治思想研究》，郑州大学历史学院硕士学位论文，2005。

[13] 徐希文：《郭店楚简〈五行〉集释》，华东师范大学中国语言文学系硕士学位论文，2012。

[14] 于尔河：《从天道、伦理到政治》，曲阜师范大学哲学系硕士学位论文，2005。

[15] 刘文朝：《郭店楚简〈性自命出〉与〈中庸〉的性情哲学》，曲阜师范大学哲学系硕士学位论文，2012。

［16］ 张红：《郭店简〈穷达以时〉集释》，吉林大学古籍研究所硕士学位论文，2006。

［17］ 吕玉霞：《荀子"天人合一"思想研究》，山东大学哲学与社会发展学院硕士学位论文，2008。

［18］ 陈林：《论荀子之"心"的二重义》，华中科技大学哲学系硕士学位论文，2006。

［19］ 张志伟：《论郭店楚简乐教观及其在儒家文艺美学中的地位》，青岛大学文学院硕士学位论文，2011。

后 记

　　拙著是在我的博士论文基础上修改而成的。在拙著行将付梓之际，首先我要感谢我的博士生导师欧阳祯人教授。欧阳老师治学严谨而又待人谦和，思维缜密而又恢廓大度，这不仅见诸其等身的哲学著作和诗歌作品中，更见诸其平时对弟子们的耳提面命和言传身教中。从论文的选题、设计、开题，到后期的撰写、修改、统稿、定稿，欧阳老师都给予了精心指导，而且毫无保留地将他的有关资料提供给我阅读。犹记得2015年岁末，时在国外访学的欧阳老师仍不时通过电子邮件的形式将他的一些宝贵意见发给我参考，以便帮助我更好地修改和完善论文。可以说，如果没有欧阳老师的无私帮助和精心指导，我的这篇博士论文是很难完成的。

　　感谢我的硕士生导师李耀南教授。李老师可以说是一位标准意义上的严师。在为学上，他对学生的要求十分严格，甚至可以用"严厉"来形容，但是在日常生活中，他却能够发自肺腑的关爱学生，倾听学生的心声，甚至为家庭困难的学生慷慨解囊。我想这都与他高尚的道德情操和严格的自律精神密不可分。在李老师身上，我深切感受到传统学人的傲然风骨。我想在这一点上，他对我的影响已经超越了为学而深入到做人的层面。

　　感谢华中科技大学哲学学院和武汉大学哲学学院的各位老师。在华中科技大学学习期间，我有幸聆听到欧阳康教授、邓晓芒教授、董尚文教授、张廷国教授、韩东屏教授、万小龙教授、唐琳教授、赵建功教授、黄熹教授的课程；在武汉大学学习期间，我有幸聆听到郭齐勇教授、吴根友教授、丁四新教授、李维武教授、徐水生教授的课程。这些课程风格别具、匠心独运，对于初窥哲学堂奥的我有着极深影响和极大启发。在这里我尤其要感谢西南大学的黄其洪教授，因为在一定意义上说，他是我步入哲学殿堂的引路人，正是在由他主持的于每周末准时举办的"黑格尔哲学读书会"

上，我第一次意识到了哲学思维的独特性，并深深地为这样的思维模式所触动和吸引。

拙著出版得到教育部人文社会科学研究基金和安徽财经大学马克思主义学院"江淮学苑"经典文库的资助，马克思主义学院张斌院长、曾娟书记、周宁副院长和诸位同事给予了热切关心和大力支持；社会科学文献出版社宋月华老师和本书责任编辑刘丹老师也付出了辛劳，在此由衷表示感谢。

在拙著出版之前，其中的部分内容曾先后以论文形式发表在《阜阳师范大学学报》（社会科学版）、《社会科学论坛》、《武陵学刊》、《南昌大学学报》（人文社会科学版）、《长春大学学报》、《合肥工业大学学报》（社会科学版）、《江汉论坛》等学术期刊上。上述期刊的编辑老师在审稿、编稿和发稿的整个过程中付出了辛劳和汗水，并为论文的完善提供了一系列宝贵意见，在此一一表示感谢。

最后，我要感谢我的家人，尤其是我的妻子李晓雅，正是由于他们的理解宽容和默默支持，我才能暂离生活的喧嚣而安坐于书桌旁并完成拙著的写作。

李加武

二○二一年七月三日

于龙子湖畔

图书在版编目（CIP）数据

郭店儒简与荀子思想比较研究 / 李加武著 . -- 北京：
社会科学文献出版社，2021.8
ISBN 978-7-5201-8892-0

Ⅰ.①郭…　Ⅱ.①李…　Ⅲ.①荀况（前 313-前 238）
-哲学思想-研究②竹简文-研究-中国-楚国（？-前
223）　Ⅳ.①B222.65②K877.54

中国版本图书馆 CIP 数据核字（2021）第 166227 号

郭店儒简与荀子思想比较研究

著　　者 / 李加武

出 版 人 / 王利民

责任编辑 / 吴　超　刘　丹

出　　版 / 社会科学文献出版社·人文分社（010）59367215
　　　　　　地址：北京市北三环中路甲 29 号院华龙大厦　邮编：100029
　　　　　　网址：www.ssap.com.cn
发　　行 / 市场营销中心（010）59367081　59367083
印　　装 / 三河市尚艺印装有限公司

规　　格 / 开　本：787mm×1092mm　1/16
　　　　　　印　张：14　字　数：219 千字
版　　次 / 2021 年 8 月第 1 版　2021 年 8 月第 1 次印刷
书　　号 / ISBN 978-7-5201-8892-0
定　　价 / 138.00 元

本书如有印装质量问题，请与读者服务中心（010-59367028）联系